# MÉMOIRES MILITAIRES

## DU

# BARON SÉRUZIER

## COLONEL D'ARTILLERIE LÉGÈRE

Commandant de la Légion d'honneur, Chevalier de l'ordre royal
et militaire de Saint-Louis,
et Chevalier de l'ordre impérial de la Couronne de fer

MIS EN ORDRE ET RÉDIGÉS PAR SON AMI

## M. LE MIERE DE CORVEY

Officier supérieur en retraite, Chevalier de plusieurs ordres militaires

## AVEC UNE INTRODUCTION

DE

## Joseph TURQUAN

---

PARIS

GARNIER FRÈRES, LIBRAIRES-ÉDITEURS

6, RUE DES SAINTS-PÈRES, 6

# MÉMOIRES MILITAIRES

## DU

# BARON SÉRUZIER

### COLONEL D'ARTILLERIE LÉGÈRE

# MÉMOIRES MILITAIRES

## DU

# BARON SÉRUZIER

### COLONEL D'ARTILLERIE LÉGÈRE

Commandant de la Légion d'honneur, Chevalier de l'ordre royal
et militaire de Saint-Louis,
et Chevalier de l'ordre impérial de la Couronne de fer

MIS EN ORDRE ET RÉDIGÉS PAR SON AMI

## M. LE MIERE DE CORVEY

Officier supérieur en retraite, Chevalier de plusieurs ordres militaires

## AVEC UNE INTRODUCTION

DE

## Joseph TURQUAN

---

PARIS

GARNIER FRÈRES, LIBRAIRES-ÉDITEURS

6, RUE DES SAINTS-PÈRES, 6

# INTRODUCTION

Il y avait déjà plus d'une année, en 1817, que le baron Séruzier, colonel d'artillerie légère en retraite, vivait paisiblement dans la petite ville de Charmes (Aisne), son pays natal, où il espérait finir ses jours entre sa femme et ses enfants, lorsqu'un matin sa maison est subitement entourée par la gendarmerie. Un brigadier pénètre dans sa chambre et exhibe un mandat d'arrêt contre lui. Le colonel se lève et s'habille. Pendant ce temps, sa femme se désole, ses petits enfants pleurent : le brigadier de gendarmerie opère une perquisition dans les tiroirs du secrétaire et de la commode qui meublent la chambre du colonel, et fait main-basse sur les papiers qui s'y trouvent : puis, le colonel étant habillé, il lui donne l'ordre de le suivre. Toujours respectueux de la loi, le baron Séruzier obéit. Il est conduit à la prison de Laon, enfermé dans un cachot sans air et reste cinq mois au secret, sans être interrogé, sans savoir même pourquoi il a été arrêté et mis en prison.

Enfin, un jour il comparaît devant le tribunal. On lui apprend qu'il est accusé d'avoir conspiré contre la sûreté de l'État. Il se défend lui-même, est acquitté à l'unanimité des juges et rentre chez lui porté en triomphe par ses concitoyens qui professaient à son égard autant d'estime que d'affection.

Mais il y avait à Charmes quelques individus qui l'avaient dénoncé comme conspirateur, et dont le colonel ne voulait plus voir les visages. Dans les petites villes, il est impossible de sortir sans se rencontrer. Aussi, afin d'éviter des ennuis et des difficultés qui ne pouvaient manquer de surgir un jour ou l'autre, le baron Séruzier quitta son pays et alla, pour ne pas trop s'en éloigner, — tant l'amour du pays où il est né est ancré au cœur de l'homme, — s'établir à Château-Thierry. Là il vécut dans une tranquille paix achetée par plus de vingt ans de guerre.

C'est dans cette retraite qu'il écrivit ses *Souvenirs*. Il ne leur donna pas une grande extension. Le tout tenait en quarante pages. Il destinait ces pages à rappeler à ses enfants la carrière honorable de leur père. Mais il les montra à un de ses amis, M. le Miere de Corvey, officier supérieur en retraite, qui avait fait les mêmes campagnes que lui et avait eu l'honneur, dans la seconde moitié de sa carrière, de servir constamment sous ses ordres. M. le Miere de Corvey le pria de lui confier le manuscrit et lui demanda la permission de lui donner les développements nécessaires pour en faire un livre. Séruzier hésitait.

— « Il sera utile à nos jeunes officiers, répliqua son ami ; ils y trouveront de bons conseils et de nobles exemples. » Ces mots firent céder Séruzier. Le livre se fit et fut publié en 1823 (1).

Deux ans après, le colonel Séruzier mourait dans toute la force de l'âge.

Lorsqu'on lit certains livres, comme les Mémoires du général de Marbot, ceux du général Thiébault, les Souvenirs du commandant Parquin, du général Curély, etc., on rencontre si souvent des pages tellement remplies de brillantes actions, de faits glorieux, et cela dans une suite non interrompue d'événements extraordinaires, que l'on se prend involontairement à douter de la véracité de l'écrivain ; on pense que cette série d'exploits quasi fabuleux n'est que la fiction d'une imagination fertile qui veut amuser son public en lui donnant à lire ce qu'elle s'est amusée elle-même à écrire.

Telle est aussi l'impression que produit la lecture des *Mémoires* du colonel Séruzier, dont je présente une réédition au public. Je pourrais presque dire que je les lui révèle, car, à part quelques militaires, quelques travailleurs et écrivains spéciaux,

(1) De même, les Mémoires du roi Jérôme, les Mémoires du prince Eugène, etc., ont été écrits par M. le baron du Casse, les Mémoires de Masséna par le colonel de Koch, d'après des documents mis à leur disposition.

qui donc avait connaissance de ce livre? Publié en
1823, tiré vraisemblablement à un très petit nombre
d'exemplaires, il était devenu absolument introuvable;
et, comme on revient volontiers, depuis quelques
temps, sur l'histoire de la fin du siècle dernier et du
commencement de celui-ci, le moment n'était-il pas
venu de rappeler le souvenir de ce soldat héroïque,
de faire revivre ce grand mort ? Elle commence à
revêtir les teintes de l'antiquité, l'histoire des guerres
de la Révolution et de l'Empire ; elle nous apparaît
dans un lointain horizon, enveloppée d'éclairs et
de fumée, comme ces étincelants couchers de soleil
qu'on se rappelle, l'hiver, après les avoir admirés
à la fin des belles et chaudes journées de l'été ; les
soldats de ces temps nous semblent même, évo-
qués par l'imagination, des êtres aussi fabuleux que
les héros d'Homère. Et pourtant il n'y a pas plus d'un
siècle que s'ouvrait, étonnante, cette grande épopée
de gloire et de sang qui fut, pendant vingt-cinq ans,
l'admiration et la terreur de l'Europe.

C'est alors que surgirent de tous nos régiments
des pléiades de héros qui, sans ces guerres gigan-
tesques, auraient végété, dénués d'avenir, souvent
même sans carrière et sans espoir de s'en faire une
ni de trouver jamais l'occasion de donner la mesure
de leur capacité et de leurs talents. Parmi ces
hommes, quelques-uns sont arrivés, pour ainsi dire
d'emblée, aux plus hauts grades de la hiérarchie

militaire : tels Hoche, Marceau, Bonaparte, Joubert, Championnet, Moreau, Pichegru, etc. ; d'autres, montrant dans les armes spéciales une science de leur métier poussée jusqu'à ses dernières limites par le génie incarné qu'ils avaient de l'emploi de ces armes spéciales dans la grande guerre, sont cités encore aujourd'hui dans nos écoles militaires comme les maîtres de leur arme : tels sont dans la cavalerie, Murat, Montbrun, Lasalle, Pajol, etc. ; dans l'artillerie, Sénarmont, Lariboisière, Marmont, Eblé, Pernety, Songis, Sorbier, Drouot, Ruty, Valée, etc. Au-dessous de ces grands maîtres de la cavalerie et de l'artillerie brillaient d'autres hommes qui, tout en ayant des capacités égales et peut-être supérieures à celles de leurs chefs, n'arrivèrent pas à obtenir les grades suprêmes qui leur eussent permis de dépasser un jour en talents et en gloire, ceux qui semblaient alors ne devoir être égalés par personne. Soit que l'avancement, ralenti, ne l'eût point permis, soit qu'ils eussent été dévorés par les champs de bataille, soit plutôt que la chute de l'Empire, qui termina ces interminables guerres, les eût rejetés dans la paix de la retraite — paix qui tua rapidement, en pleine vie, un si grand nombre de ces hommes de guerre —, presque tous demeurèrent, à peu près inconnus du public, au second ou au troisième rang. Et pourtant ils étaient désignés par les suffrages de leurs compagnons de fatigues et de dangers pour commander en chef à leur

tour l'arme dans laquelle ils s'étaient acquis une gloire toute personnelle.

Les noms de ces hommes de *seconde grandeur*, s'il est permis de les qualifier ainsi, eux qui semblaient faits pour briller au premier rang, étaient et sont restés longtemps populaires dans la vieille armée française. Qui donc, dans la cavalerie, ignorait les actions d'éclat des trois Franceschi, de Fournier, de Chamorin, des trois frères Colbert, de Marulaz, de Castex, de Van Marisy, de Milhaud, de Curély ? Ce dernier avait la réputation, méritée, du reste, d'avoir détruit à lui tout seul, à coups de sabre, la valeur d'un régiment entier de uhlans. Comme la cavalerie, l'artillerie avait aussi ses héros populaires, et, dans la cordiale réunion annuelle de la Sainte-Barbe, les *anciens* ne manquaient pas de répéter aux *conscrits* les étonnantes prouesses des demi-dieux de leur arme. Parmi ceux-ci, Duchand, Marin-Dubuard, à qui les canonniers avaient donné le sobriquet de *Mitraille,* Séruzier, que ses soldats appelaient le *Père-aux-boulets* et que Napoléon avait surnommé *Jupiter - Moustache*, étaient le plus souvent cités. Aussi, les exploits de ces grands soldats semblaient-ils voués à l'immortalité. Peu à peu, cependant, avec les transformations de l'armée française et son nouveau mode de recrutement, avec la disparition des vieux soldats de profession, ces souvenirs héroïques s'oublient, cette immortalité se meurt ! On pourrait même dire qu'elle est morte, si quelques-uns de ces vaillants soldats n'avaient consacré les loisirs de la retraite à jeter sur le papier les souvenirs de leurs fabuleuses campagnes. Ils avaient ainsi le plaisir de revivre par la pensée ces temps héroïques, d'apporter eux aussi leur petite pierre au grand monument de l'histoire, de refaire cette histoire à coups de plume, après l'avoir faite à coups de sabre et à coups de canon, de l'écrire avec de l'encre, après l'avoir écrite de leur sang.

La personnalité de Séruzier, son audace et son énergie extraordinaires, la haute réputation qu'une série de faits d'armes éclatants lui avait acquise, non seulement dans l'artillerie, mais dans l'armée française tout entière et aussi dans les armées étrangères, lui avaient fait une place à part parmi les héros les plus connus de la grande armée. N'était-ce pas justice et le moment n'était-il pas venu de tirer de l'oubli le nom d'un des grands soldats de nos grandes guerres, et de donner une réédition, qui a toute la saveur d'une œuvre nouvelle, des *Mémoires militaires* du colonel baron Séruzier ?

La vocation militaire du jeune Séruzier se développa en entendant son père, ancien soldat du temps de Louis XV, raconter ses campagnes. Il est plus d'un grand soldat dont les goûts se manifestèrent ainsi : un vaillant officier de l'Empire, qui s'arrêta

dans la carrière au même grade que Séruzier, le colonel de Gonneville, ne dit-il pas dans ses *Souvenirs
militaires* qu'il fut saisi d'un enthousiasme ou plutôt d'un délire tel, à la lecture de la *Jérusalem délivrée* du Tasse, que sa vocation militaire se décida
sur le champ ? Les récits du bonhomme Séruzier
n'avaient sans doute pas la pompe entraînante des
immortelles strophes du Tasse, mais ils avaient sûrement une originalité à eux. Toujours est-il qu'ils
suffirent à déterminer la vocation militaire du jeune
garçon ; tant il est vrai que l'esprit et le cœur, chez
les enfants, sont prompts à s'enflammer pour les
choses de la guerre et les actions héroïques !

Séruzier venait de faire tout un congé dans le régiment de dragons colonel-général. Soldat il y était
entré, soldat il en sortait après cinq ans de services. Mais il s'était aperçu que, dans la cavalerie, il
n'arriverait jamais à l'épaulette ; les grades étaient
alors la propriété exclusive de la noblesse, et si l'avenir était en train de lui tresser un tortil de baron, il
n'était, en attendant que le fils d'un modeste culti-
vateur. Malgré tout, à peine sorti du colonel-général
dragons, la nostalgie du métier militaire le prend.
Ses parents veulent le marier : il refuse et, au lieu de
s'engager dans le mariage, il court s'engager au régiment d'artillerie de Toul (1).

(1) Les régiments d'artillerie, avant le règlement du 1er janvier 1791, étaient désignés par les noms des villes où ils

L'arme de l'artillerie, où l'on exigeait plus de science, où le service était plus dur et le travail plus en honneur que dans les autres armes, était par cela même composée d'une façon moins aristocratique. La Révolution commençant, l'indiscipline qui régnait alors dans l'infanterie et dans la cavalerie, provoqua l'émigration d'un grand nombre d'officiers. Cette indiscipline ne se produisit pas dans l'arme plus démocratique de l'artillerie, et Gouvion Saint-Cyr, le meilleur peut-être de nos écrivains militaires, a pu écrire : « Les régiments de l'artillerie ne subirent pas à la révolution toutes les alternatives d'institutions qui tourmentèrent les cadres des autres armes ; c'est qu'il y avait un fonds d'hommes et de doctrines de guerre dont l'ancien régime pouvait s'enorgueillir et que la nouvelle armée adopta avec confiance, presque avec ostentation. » Séruzier était un de ces hommes auxquels fait allusion le maréchal Gouvion Saint-Cyr. Dans ce corps d'élite, un bon sujet comme lui ne devait pas tarder à attirer l'attention. C'est ce qui arriva. Aussi, quand on créa l'artillerie légère, Séruzier fut-il envoyé dans une compagnie de cette arme (1).

avaient été créés. C'est ainsi que le régiment de la Fère devint le 1er régiment d'artillerie; celui de Metz, le 2e; celui de Besançon, le 3e; celui de Grenoble, le 4e; celui de Strasbourg, le 5e; celui d'Auxonne, le 6e; celui de Toul, le 7e; celui des colonies, le 8e.

(1) Les batteries, alors, s'appelaient compagnies; on disait

Je ne veux pas entrer dans les détails de la carrière du colonel Séruzier, ni même la résumer : je
craindrais de déflorer ce livre et d'enlever au lecteur
le plaisir de faire directement la connaissance du colonel Séruzier. Mais il est quelques observations que
je ne puis me dispenser de faire. Le lecteur s'étonnera
peut-être tout d'abord du ton un peu avantageux
qui règne dans cet ouvrage : il y trouvera une confiance en soi qui surprend, une franchise et une naïve
assurance qui sentent un peu ce bon pays qu'arrose
la Garonne ; et pourtant, sous aucun rapport, le
colonel Séruzier n'était un gascon. Cet excès de fran-

la 3e compagnie du 4e à cheval. L'artillerie à cheval, ou
artillerie légère, dont le véritable créateur est le général
Sorbier, fut formée en 1792. Elle fut recrutée avec des
hommes de bonne volonté pris dans les compagnies de grenadiers qui, en même temps qu'elles perdirent leurs meilleurs soldats, profitèrent de l'occasion pour se débarrasser
de leurs sujets les plus turbulents. Aussi, les *canonniers
volants*, comme on disait alors, s'ils étaient renommés pour
leur courage, ne l'étaient pas moins pour leur esprit querel-
leur. L'artillerie légère, ou *volante*, avait plus de brillant que
l'artillerie à pied ; elle poussait l'esprit de corps à un point
qui était loin d'être une qualité, et les canonniers *volants*
s'estimaient infiniment supérieurs à leurs camarades des
autres armes à cheval, et surtout à pied. « Ceux qui n'ont
pas servi dans l'artillerie, a dit le maréchal Marmont, ne
peuvent pas deviner l'espèce de dédain qu'avaient autrefois
les officiers d'artillerie pour le service de la ligne. » (*Mémoires du duc de Raguse*, t. I, p. 63.) Les officiers des compagnies de canonniers attachés aux demi-brigades comptaient dans l'infanterie.

chise est un des défauts de ce livre. Mais il ne faut jamais perdre de vue, en le lisant, qu'il n'a pas été écrit par Séruzier, mais rédigé d'après ses notes, par un de ses amis, M. le Miere de Corvey, qui fut témoin de ses belles actions de guerre ; cet ami conçut une telle admiration pour son colonel qu'il oublie en tenant la plume, le brave homme, qu'il s'est substitué à lui et qu'il est malséant, quand on écrit à la première personne, de parler de soi comme un autre peut-être le pourrait faire. M. le Miere de Corvey fait parler Séruzier et ne peut, en même temps, s'empêcher de le faire mousser. Que le lecteur veuille bien ne pas s'en formaliser et pardonner au rédacteur en faveur de son amitié et de son admiration pour le colonel.

Une chose curieuse à remarquer, c'est le grand nombre d'erreurs qui se glissaient, sous l'Empire, dans les états de services des officiers. Y a-t-il lieu de s'en étonner lorsqu'on pense que la solde, cette partie du service si importante à la guerre, si l'on veut avoir de bonnes troupes, bien disciplinées, ne fut jamais à jour sous Napoléon ? Elle était souvent arriérée de six mois et même davantage (1) ; recevoir un mois de solde était un rare événement ; on y pensait long-temps à l'avance et l'on en parlait longtemps après

(1) Il en était de même pour les traitements des fonctionnaires civils ; même au palais des Tuileries, les chambellans, les dames d'honneur, etc., étaient payés fort irrégulièrement. (Voir les Lettres de madame de Rémusat, *passim*.)

l'avoir touché. L'administration de l'armée étant assez négligée, et partant assez négligente, les états de services dressés par ses soins devaient s'en ressentir ; de plus, les communications, en temps de guerre, étaient souvent fort difficiles et amenaient forcément une foule d'omissions ou d'erreurs. Ainsi, qui ne sait que l'illustre général Lasalle fut tué à la bataille de Wagram d'une balle en plein front ? Eh bien, ses états de services le portent comme enlevé par un boulet de canon. Comme il y a quelquefois désaccord entre les états de services du colonel Séruzier délivrés par les archives du ministère de la guerre et le texte de ses *Mémoires militaires*, il faut penser que des erreurs se sont glissées soit dans les uns, soit dans les autres, peut-être même dans les uns et les autres. Un grand nombre de blessures que le colonel semble avoir reçues dans le cours de sa périlleuse carrière ne sont point mentionnées dans ses états de services ; d'autres qui s'y trouvent portées, ne sont point relatées dans ses *Mémoires*, par exemple : deux coups de sabre et un coup de baïonnette à la poitrine, le 30 octobre 1793, à l'affaire de Marchiennes ; un coup de feu à la jambe gauche à l'affaire devant Ypres. Quoiqu'il en puisse être, on pourra s'étonner que le colonel Séruzier ait reçu soixante-cinq blessures. Il faut croire que la plupart de ces blessures étaient surtout des contusions comme on en recevait si souvent dans l'artillerie, les boulets labourant le sol, bondissant et couvrant souvent de terre et de cailloux plus ou moins violemment projetés en éventail, tout ce qui se trouvait devant eux. Mais, d'un autre côté, on a vu beaucoup de militaires recevoir, dans le cours de leur carrière, un nombre prodigieux de blessures. Le général Houchard, le vainqueur d'Hondschoote, avait à son actif quarante-huit blessures ; le général Achard en reçut vingt-huit ; le général Rapp, vingt-six ; le maréchal Grouchy vingt-cinq, le général Junot dix-huit. Le maréchal Oudinot, lui, était blessé à toutes les affaires auxquelles il prenait part, et l'on ne se battait guère sans lui ; il reçut trente-deux blessures et ses états de services n'en portent que dix-neuf. On cite enfin des militaires qui reçurent à une même affaire, un nombre presque incroyable de blessures : le commandant Chipault du 4$^{me}$ cuirassiers, entre autres, fut frappé, à la seule bataille d'Heilsberg, de cinquante-six coups de sabre ! Il en guérit parfaitement, et cela pour aller mourir, le pauvre homme, de la fièvre, quelques années après, en Italie.

D'autres erreurs se produisaient aussi dans les états de services sur le nombre et sur le chiffre des dotations. Si l'on trouve belles les dotations que reçut Séruzier, il faut se rappeler qu'un chef d'escadron d'artillerie, le célèbre Marin-Dubuard, ou plutôt Dubuard, dit Marin, reçut après la bataille de Wagram, une dotation de douze mille francs, indépendamment d'une gratification de six mille francs et du grade de major dans la garde, ce qui donnait le rang de colonel dans la ligne et la qualification de colonel-major. Eh bien, quoique Séruzier ait reçu plusieurs dotations, il ne s'en trouve qu'une portée à ses états de services. De même pour ses décorations : sa croix de chevalier de la couronne de fer n'est pas mentionnée aux états de services, mais est portée à son acte de décès.

La carrière du colonel Séruzier se termina en Russie. Fait prisonnier au moment où, la campagne finie, il allait repasser le Niémen et dire adieu à cette terre glacée qui avait dévoré tous ses canons et presque tous ses canonniers, si vaillants pourtant et si vigoureux, il revint en France en 1814. Les évènements de 1815 le trouvèrent prêt à combattre de nouveau, mais il n'eut point à paraître sur les champs de bataille. Sa carrière de guerre était terminée, mais sa carrière d'honnête homme ne finit qu'avec sa vie.

Retraité en 1816, en pleine force de l'âge, le colonel Séruzier mourut en 1825. Après sa mort, la baronne Séruzier, sa veuve, réduite presque à l'indigence, n'ayant pas droit à une pension, quitta le pays avec ses enfants et depuis l'on n'a plus entendu parler d'eux. Elle était, sans doute, retournée en Saxe, son pays natal. Quelques vieillards de Château-Thierry se la rappellent encore, ainsi que la physionomie énergique de son mari. Mais, qui sait si, par une étrange ironie du destin, les enfants et les petits-enfants de l'héroïque Séruzier, de ce bon français, n'étaient pas, en 1870, dans les rangs de l'armée allemande? On y vit bien les petits-fils d'un autre héros de nos grandes guerres, du commandant Parquin, qui, comme le colonel Séruzier, a laissé de si remarquables *Souvenirs de guerre.*

Joseph TURQUAN.

Janvier 1894.

# AVANT-PROPOS

Ces mémoires n'étaient pas destinés à voir le jour : le colonel Séruzier, mon ami et mon compagnon d'armes, voyant l'acharnement de ses dénonciateurs lors de son arrestation en 1815, et les manœuvres perfides qu'ils employaient pour l'englober dans une conspiration, dont il n'avait même pas la moindre idée, crut qu'il était de son devoir, dans le cas où il eût succombé sous les efforts de la calomnie de laisser à ses enfants quelques souvenirs honorables et l'exemple de leur père, connu de toute l'armée par des actions brillantes et par les circonstances extraordinaires où il s'était trouvé. Ce fut dans cette intention qu'il employa les moments pénibles de sa réclusion à écrire quelques notes sur ses campagnes. Tous ses papiers lui avaient été enlevés, et il ne restait aucune pièce pour le guider dans ce travail, qu'il se trouva forcé de faire totalement de mémoire. Il fut acquitté le 12 avril 1818 de la manière la plus honorable et me fit part alors, ainsi qu'à plusieurs militaires qui avaient servi avec lui, des *Mémoires* qu'il avait écrits dans sa prison. Nous l'engageâmes à les faire paraître, en les revoyant avec soin pour rectifier les dates. Cette publication ne pouvant rien ajouter à la célébrité du colonel Séruzier, ce ne fut point par un vain motif d'amour-propre qu'il y consentit, mais seulement pour répondre aux pressantes sollicitations de ses amis, qui lui firent envisager qu'il rendrait un service essentiel aux jeunes militaires qui servent dans l'artillerie en leur offrant les détails des diverses actions qui ont honoré la carrière qu'il a parcourue dans cette arme pendant les guerres de la Révolution.

Se rendre utile à nos jeunes guerriers, leur rappeler de glorieuses époques, était un délassement digne du colonel Séruzier. Cette idée le détermina donc à rendre cet ouvrage public et il me choisit pour y faire les changements nécessaires, rectifier les dates, en un mot, il me donna carte blanche pour faire (d'après ses notes) un ouvrage suivi, depuis son entrée au service jusqu'au moment où il fut mis en retraite.

J'acceptai avec reconnaissance ce travail agréable car le choix du colonel ne pouvait qu'honorer celui qu'il chargeait ainsi de toute sa confiance ; et d'ailleurs, ayant fait avec lui toutes les campagnes d'Allemagne dans le même corps d'armée, j'étais plus à même qu'un autre de réparer les erreurs de dates ou quelques détails qui auraient pu lui échapper.

Je préviens le lecteur que j'ai dû faire de grands

développements, soit dans mes notes, soit dans mes récits, car le manuscrit du colonel ne contenait que quarante pages ; mais je n'ai rien altéré ni changé ; peut-être ai-je été obligé d'affaiblir quelques peintures et quelques expressions un peu trop mâles, mais j'ai conservé tout l'ensemble, tous les détails essentiels, et même j'ai cru devoir citer souvent ses propres paroles. Il a quelquefois tant d'énergie, de noblesse et d'élévation d'âme dans la pensée, que ce serait, suivant moi, une susceptibilité déplacée de se montrer trop sévère en fait de style. Quand une phrase adressée à propos au soldat, réveille son courage et le précipite en vainqueur sur l'ennemi, cette phrase est toujours bien française.

Une des locutions du colonel, que j'aurais désiré changer, était l'emploi trop fréquent des pronoms possessifs, comme mon artillerie, mes canonniers, ma troupe, etc. Mais comme c'est une habitude à l'armée, et qu'un capitaine de grenadiers, par exemple, ne dit pas les grenadiers de la compagnie que je commande, mais bien, mes grenadiers, je me suis décidé à les laisser, pour conserver, autant que possible, la couleur que le colonel avait adoptée dès le commencement de sa narration.

J'ai cru devoir diviser ces mémoires en chapitres, parce que l'attention du lecteur doit-être reposée souvent dans un ouvrage rempli de faits militaires et de détails souvent arides. J'ai toujours fait aussi parler le colonel : cette manière est assez généralement adoptée dans les ouvrages de ce genre, en ce qu'elle donne plus de vivacité aux narrations. Enfin, j'ai fait mes efforts pour ne point diminuer le vif intérêt que doit inspirer le récit des faits militaires du colonel, qui se lient nécessairement à la gloire de nos armées ; puisse le lecteur juger que j'ai réussi.

LE MIERE DE CORVEY.

# MÉMOIRES MILITAIRES

DU

# BARON SÉRUZIER

COLONEL D'ARTILLERIE LÉGÈRE

---

## CHAPITRE PREMIER

*Mon entrée dans l'état militaire. — Coup d'œil rapide
jusqu'à ma promotion au grade de capitaine.*

---

Je suis né le 22 mai 1769, à Charmes, département de l'Aisne. Mon père, ancien militaire retiré, s'était fait laboureur et cultivait dans ce village une petite propriété qui suffisait amplement à ses besoins. Il me parlait souvent, dans ma jeunesse, de ses campagnes pendant les guerres de Hanovre, et ses récits, qui enflammaient mon imagination, me donnèrent dès l'âge de quatorze ans un désir très vif d'entrer dans la carrière des armes ; ma vocation paraissait décidée, mon père m'accorda son consentement.

Quoique fort jeune, j'avais une taille avantageuse et l'espoir de grandir encore ; je fus admis dans le régiment de colonel-général dragons. J'entrai au service dans ce corps le 11 mars 1783, et quittai la maison paternelle à quatre heures du matin, pour éviter les obstacles que la tendresse de ma mère aurait mis à mon départ.

Après cinq ans de service, sans avoir rien fait qui méritât l'attention de mes chefs, parce que je crois que je ne servais pas alors dans l'arme à laquelle j'étais véritablement propre, ma mère, désolée de me voir toujours simple dragon, obtint de mon père qu'il achetât mon congé.

Je revins donc dans ma famille le 3 mars 1788 ; et, comme on avait deviné que l'activité de ma tête ne me permettrait pas de me fixer dans mon pays, on avait résolu de me marier.

Tout était arrangé d'avance ; il n'y avait plus qu'à signer le contrat, et la future était très jolie. Mais ces préparatifs que j'avais ignorés, ce lien que je n'avais pas prévu et que j'allais contracter sans y avoir consenti, me donnèrent subitement une telle aversion pour la vie sédentaire dans laquelle j'allais rentrer, que je refusai net la proposition matrimoniale et tous les avantages qui devaient en résulter. Ma réponse négative indisposa tous mes parens, réunis pour la cérémonie. « Qu'il prenne une femme, ou « nous l'abandonnons ? » s'écrièrent-ils. Je vis bien que j'allais me trouver en guerre ouverte, ou qu'il fallait céder. Je prends sur-le-champ mon parti : « Eh bien ! (leur dis-je), vous voulez que je me marie ? Je me marierai, mais à mon gré ! »

Je sors aussitôt, j'achète la plus grande cocarde qu'on ait jamais attachée à un chapeau ; je reviens, et, m'adressant à mes parents, inquiets de ma disparition subite, je dis en montrant cette cocarde : « Voilà la femme que je veux, et jamais il n'y aura de divorce entre nous ! Adieu, mon père, adieu, ma mère ! »

La future s'enfuit avec ses parents ; ma mère se trouve mal, et mon père, irrité, s'écrie : « Malheureux, sors d'ici, et ne repasse jamais LE SEUIL DE CETTE PORTE ! » — Je vous jure, lui dis-je du même ton, de ne point repasser LE SEUIL DE CETTE PORTE sans votre consentement ; mais permettez-moi de vous écrire une fois chaque année. »

Mon père ne me répondit rien. Comme je connais la sévérité de son caractère, je sentis que ma justification ne serait pas écoutée et je partis très affecté ; mais je jurai dans mon âme de mourir au champ d'honneur ou de mériter par ma bonne conduite que mon père rappelât un jour auprès de lui le fils qu'il bannissait ainsi de sa présence.

Le même soir, j'entrai dans le corps royal d'artillerie, au régiment de Toul.

Je fus dirigé sur Metz, où j'arrivai le 11 mars, ce qui fait que je n'ai que neuf jours d'interruption dans mon service militaire, interruption qui ne compte pas. Depuis lors, je ne quittai plus l'artillerie, service pour lequel on crut me reconnaître bientôt une aptitude évidente.

Je me flatte d'avoir justifié de plus en plus la confiance que j'inspirai. D'abord simple soldat, j'ai passé par tous les grades jusqu'à celui de colonel. Fait officier au choix en 1793, tous les autres grades, titres et récompenses me furent décernés au champ d'honneur. J'ai fait toutes les campagnes de la République et de l'Empire et je me glorifie d'avoir servi trente-trois ans et demi sans avoir été puni au régiment une seule fois pour aucune infraction à la discipline militaire, et j'ose ajouter que je ne l'ai jamais mérité.

Ce que je dis, et qui ferait l'éloge de quelques personnes, n'est pas cité ici pour faire le mien, car j'envisageais avec tant de satisfaction mon état, j'y voyais des moyens d'exécution si grands et de si belles choses à faire, que je ne concevais pas l'idée de m'écarter volontairement d'aucun de mes devoirs, devenus des plaisirs pour moi.

Je n'entrerai dans aucun détail sur les premiers combats où je me suis trouvé; qu'aurais-je à dire? J'obéissais, et je n'ai pu prendre qu'une part très faible à ces différentes actions. Je n'y montrai que du courage et du sang-froid, chose naturelle à tous nos soldats. Je ne daterai donc ma vie militaire que de l'époque où j'ai commandé comme capitaine au moins, une compagnie d'artillerie légère, parce que, de ce moment, j'eus des occasions fréquentes d'agir seul et que je pus juger ce que je faisais. Je dois ajouter que je ne rapporterai pas un très grand nombre d'engagements où je n'ai fait que suivre les mouvements de l'armée, et où, par conséquent, je n'eus que ma part de danger, sans nul mérite de combinaison; enfin, dans ces mémoires, je m'applique à ne citer avec détail que les affaires dont j'ai dirigé ou ménagé les résultats, et les cas où j'ai hasardé avec succès des manœuvres qui n'avaient pas encore été essayées. Si jamais je publiais ces notes, qui me sont chères à plus d'un titre, j'avoue que la principale considération qui pourrait me déterminer serait l'envie d'offrir quelques bons exemples aux jeunes élèves d'artillerie à qui je me ferais un devoir comme un plaisir de dédier les souvenirs de ma longue et honorable carrière.

Un de mes amis me fit observer que je courais le risque, en publiant mes Mémoires, d'apprendre aux ennemis de la France à faire usage contre nous des moyens employés par moi et mes officiers. Je lui répondis que j'étais loin de partager cette crainte (1) : en effet, les détails que je donne ne sont point des choses que l'on puisse imiter, parce que les circonstances sont rarement les mêmes;

(1) C'est ici le cas de citer une anecdote dont le général Thoumas garantit l'authenticité absolue : « Manteuffel, qui commandait après la guerre de 1870-71 l'armée d'occupation en France, et dont le quartier général était à Nancy, causait un jour avec un officier supérieur français attaché officiellement à son état-major, officier de qui je tiens le fait. « Nous avons, dit le général prussien, une école de tacticiens et de stratégistes qui prétend avoir perfectionné l'art de la guerre. Quant à moi, je le déclare, j'ai appris tout ce que je sais dans les livres de Napoléon et de Gouvion Saint-Cyr. » Général Thoumas, *Causeries militaires*, 4e série, p. 106.)

mais on verra, par ce que j'ai eu occasion de faire, qu'un officier d'artillerie qui a le génie de son arme, est en état, par la rapidité de ses combinaisons inspirées par le moment, de produire des effets qui passent toute espérance. De plus, le Français seul est susceptible, par son caractère et l'impétuosité de son attaque, d'imaginer et d'exécuter des mouvements semblables ou équivalents à ceux dont je ferai le récit; et, sans recommander à un jeune capitaine de s'écarter des routes frayées par l'expérience, j'affirme que, dans une situation douteuse ou désespérée, un officier français d'artillerie, conduisant des troupes de cette nation, peut tout oser, avec l'espoir presque certain de réussir. Il n'est aucun peuple de l'Europe duquel on en puisse dire autant avec la même certitude.

Avant de raconter ma première affaire, j'arrête avec plaisir mon souvenir sur un événement heureux qui la précéda. J'ai dit que mon père m'avait laissé partir contre son gré et chargé, en quelque sorte, du poids de sa colère. Cette idée me poursuivait sans cesse, et je ne jouissais d'aucun plaisir dans ce temps. J'avais lieu cependant d'être satisfait de mon sort. Après avoir passé par tous les grades subalternes, j'avais été nommé lieutenant le 2 messidor an II, et le 4 messidor an IV, deux ans après, j'avais reçu le grade de capitaine.

Chaque fois que j'obtenais de l'avancement, j'en faisais part à mon père dans la lettre qu'il m'avait permis, tacitement, de lui adresser au premier jour de l'année; mais j'avais le chagrin de ne recevoir aucune réponse. Je commençais à croire qu'il ne me pardonnerait jamais. Cette pensée empoisonnait tout mon bonheur présent et me rendait presque indifférent sur mon sort à venir, lorsqu'un jour, le 14 messidor an IV, me trouvant dans le pays de Juliers, à la tête des compagnies de guerre du 7e régiment d'artillerie à cheval (1), cantonnées dans les envi-

(1) Il est à remarquer que le colonel Séruzier obtint une telle confiance de la part de tous les généraux de division auxquels il fut attaché, qu'il eut presque toujours, dans les différentes affaires où il s'est trouvé, beaucoup plus de monde à commander que son grade ne semblait lui accorder. Ici il était adjudant-major et capitaine de 1re classe; en cette

rons d'Aldenhowen, un de mes maréchaux-
des-logis vint m'avertir qu'un citoyen, conduisant un cheval par la bride, demandait
le capitaine Séruzier. Je le fais prier d'entrer.
Qu'on juge de ma surprise et de ma joie :
c'était mon père! Il s'arrêta une minute à me
considérer au milieu de mes sous-officiers,
avec lesquels j'achevais de régler la compta-
bilité des différentes compagnies, puis il me
dit : « C'est bien, j'aime à voir qu'on s'occupe. » En reconnaissant sa voix, je me levai
rapidement et fis trois pas pour aller l'embrasser ; puis, songeant à la défense qu'il
m'avait faite lors de mon départ, je lui dis
avec une vive émotion : « Mon père, et *le
seuil de la porte ?* » — « Va, répondit-il en
se jetant dans mes bras, je le ferais plutôt
arracher pour te rendre le passage plus libre. »

Je voulus faire dîner mon père avec tous
mes officiers, que j'invitai pour lui faire honneur.

---

qualité, il commandait les compagnies de guerre du 7ᵉ régiment d'artillerie à cheval en l'absence des officiers supérieurs.
(*Note de M. Le Miere de Corvey.*)

Lorsqu'il fallut se mettre à table, ce bon vieillard me dit en riant : « J'étais jadis bon fantassin, mais je n'ai jamais été bon cavalier; or, je viens de faire cent lieues en poste, à toutes selles, pour te visiter; cela fait qu'il m'est impossible de m'asseoir. »

Alors je le fis placer entre deux chaises. Ce dîner a été le meilleur que j'aie fait de ma vie, je n'ai jamais été plus heureux, ni aussi glorieux, bien que je me sois trouvé plus tard à table, comme on le verra par la suite, avec des princes souverains à qui j'avais appris qu'un homme en valait un autre.

Pendant le repas, mon père dit à mes camarades : « Tant que mon fils a été dans les grades inférieurs, même lorsqu'il a été lieutenant et adjudant-major, je n'ai pas voulu le voir; mais apprenant que le Gouvernement lui confiait des *hommes* et des *pièces*, avec le pouvoir de les guider comme capitaine, j'ai jugé que je ne pouvais plus refuser ma confiance à un homme à qui l'État donnait la sienne. Alors, ajouta-t-il en me regardant, je suis venu le visiter, parce que je savais bien qu'il n'aurait jamais osé enfreindre mes ordres. »

Dans ce moment, je reçus un paquet cacheté. On m'ordonnait de passer le Rhin et d'attaquer subitement l'ennemi. Je me lève, feignant d'aller passer une revue, afin de ne pas troubler la joie de mon père.

Laissant donc le commandement du dépôt au capitaine Cabrié, je défile avec mes compagnies de guerre, j'embrasse mon père et je pars. Trois heures après, ce bon vieillard entend le bruit du canon et s'écrie avec transport, en parlant à l'officier qui était près de lui : « Ah ! voilà la revue où mon fils allait. Je suis heureux de l'avoir embrassé et d'être arrivé quatre heures auparavant. »

Depuis lors, je n'eus le bonheur de le serrer dans mes bras qu'à l'époque de la mort du général Hoche en me rendant au camp de Soissons. Je pris à mon tour la poste pour aller passer vingt-quatre heures avec lui et ma mère, et je crus devoir y aller à cheval, comme il l'avait fait en venant me voir, bien que j'eusse alors la possibilité de m'y rendre dans une bonne voiture.

Si ces Mémoires paraissaient jamais, on me pardonnerait, je l'espère, de m'être arrêté quelques instants à retracer cette scène.

Il est des gens qui font leur généalogie avec grand soin; moi, je me contente de dire un mot de l'homme vertueux à qui je dois le jour et les principes d'honneur qui m'ont servi à parcourir noblement ma carrière. Nous aimons à rapporter ce qui est à notre avantage, et moi je suis aussi fier de mon père, ancien militaire et honnête laboureur, que ce bon père l'a été de son fils, devenu colonel et baron.

# CHAPITRE II

*Campagnes de l'an V, l'an VI et l'an VII.*

La première bataille où je crois avoir fait quelque chose de remarquable, eut lieu le 5 germinal an V. J'étais sous les ordres du général Hoche, qui venait d'achever ses dispositions pour passer le Rhin à Neuwied.

Je me trouvais dans l'île de ce fleuve, entre Neuwied même et Witterthur ; il fallait, pour effectuer le passage, enlever de vive force les redoutes que les Autrichiens avaient établies en face de notre pont, et l'on me commande pour faire tête de colonne, avec injonction d'approcher l'ennemi autant que possible.

Je partis à l'instant avec ma seule compagnie d'Artillerie. A peine avais-je parcouru la moitié du pont, que je reconnus, par la position et la grandeur des ouvrages garnis de fossés, non seulement qu'il était impossible de les prendre de vive force, mais que j'allais sacrifier inutilement mes pièces et mes hommes en les mettant en batterie devant le front des redoutes, suivant mes instructions.

Cette idée affligeante me frappait d'autant plus qu'il n'y avait plus moyen de rétrograder, car plusieurs bataillons étaient engagés sur ce pont, en colonne serrée, derrière moi.

Dans cette situation critique, je conçus un projet hardi, dont il me sembla que l'exécution n'était pas impossible. Nous débouchions sur le rivage. Tout à coup, au lieu de me mettre en ligne, je forme au galop mes sections et, sans tirer, je m'élance rapidement entre les redoutes ; je poursuis ma course et me place en batterie derrière elles. J'ordonne le feu, dirigeant mes pièces à mitraille sur les gorges ouvertes du retranchement, où l'ennemi n'a rien à m'opposer. Foudroyés au milieu de leurs points fortifiés, les Autrichiens voient encore sauter leurs magasins à poudre par l'effet de mes obus. Alors, profitant de leur désordre, je commande la charge et je pénètre au milieu des redoutes avec mes pièces. Je fus soutenu par mes carabiniers et par le brave 4ᵉ régiment de hussards.

Pendant que j'enlevais heureusement ces positions, que l'on n'avait pas cru si formidables, à beaucoup près, une partie de l'armée avait eu le temps d'effectuer son passage sans que les Autrichiens, surpris et déconcertés, eussent le pouvoir de l'inquiéter un seul moment.

La hardiesse du projet et la présence d'esprit du soldat en exécutant les mouvements imprévus que j'osai tenter de mon chef dans cette belle journée, furent la cause unique du succès de l'action. Dès que nous pûmes nous reconnaître, je me mis à poursuivre l'ennemi avec le régiment de cavalerie qui m'avait aidé ; nous le menâmes battant cinq lieues plus loin que Neuwied, jusqu'à Montabour et Tindorf. Il était si fort en désordre que, le 6, notre armée se porta en avant et parvint jusque dans le Westerwald et la Franconie (1).

Je ne décrirait point la suite des évènements de cette campagne : je n'eus pas l'occasion de m'y faire remarquer.

J'assistai, en l'an VI, au blocus de la forteresse d'Ehrenbreitstein ; je fus témoin de sa démolition, après avoir contribué de tous mes efforts à sa prise.

En l'an VII, rien de remarquable pour moi. Je fis la campagne sous le général en chef Jourdan. — L'armée française, après avoir repassé le Rhin à Mayence, vint le repasser à Strasbourg et marcha sur Stockach. — Retraite enfin jusqu'en Alsace. Entrée dans la Suisse par Bâle. — Evènements connus, racontés dans plusieurs relations, et qui ne doivent pas tenir une place dans des Mémoires particuliers, et surtout dans une relation de la nature de celle-ci, où je ne veux raconter que les affaires

(1) Le quartier général fut porté à Wetzlar, ville où mourut le général Hoche, si célèbre dans les guerres de la liberté (15 septembre 1797).

militaires où j'ai eu le bonheur de me distinguer.

A la fin d'avril, je reçus l'ordre de quitter l'armée d'Helvétie pour me rendre à Toulon. J'étais appelé à faire partie de l'expédition d'Egypte.

Je dirai peu de chose de mon séjour en ces contrées ; le courage individuel des hahitants serait admirable, s'il n'était pas toujours de la fureur ; mais leur discipline, ou pour mieux dire, leur défaut d'instruction militaire les empêchant de mettre aucun ensemble dans l'attaque ou la défense, ils n'ont jamais pu nous inquiéter qu'en nous donnant la crainte de quelque trahison, ou celle de succomber de lassitude à force de les exterminer.

L'infanterie française a eu la gloire principale dans l'expédition d'Égypte, et n'ayant jamais eu de véritables obstacles à vaincre en plaine, contre de l'artillerie, je n'ai rien à dire, pour mon compte, de cette campagne, dont cependant je retirai un grand fruit par mes observations sur la manière dont le général Bonaparte fit cette guerre. J'y vis l'infanterie française bouleverser et détruire des masses énormes de Turcs avec un petit nombre de soldats ; elle dut ses succès à d'habiles manœuvres et je me promis bien d'en faire usage et de les imiter avec mon arme, si jamais j'en trouvais l'occasion contre des troupes européennes. On verra plus tard que cela m'a servi et réussi.

Pendant mon séjour en Egypte, je commandai en second l'artillerie à cheval et une partie des dromadaires du général en chef.

Lorsque Bonaparte se détermina à repasser en France, laissant le commandement de l'armée à l'illustre et malheureux Kléber, il me mit au nombre des officiers dont il désirait être accompagné.

Peu de jours après notre débarquement à Fréjus, je me rendis au dépôt de mon régiment, à Metz, et immédiatement à Munich (armée d'Allemagne). Aussitôt on me dirigea vers les avant-postes, sur l'Inn, pour commander l'artillerie à cheval du général de division Ney.

# CHAPITRE III



*Bataille de Hohenlinden.*

———

Le général Moreau commandait en chef l'armée d'Allemagne. Il paraît que les Autrichiens nous croyaient en désordre et comptaient sur leur nombre, puisque, contre leur coutume, ils vinrent attaquer nos avant-postes sur les bords de l'Inn. Le général feignit d'opérer sa retraite jusqu'à Hohenlinden.

Je n'entrerai point dans les détails de cette affaire ; je me borne au récit de la conduite que j'eus l'occasion d'y tenir.

Dans notre mouvement rétrogade, je me trouvais à la tête de l'artillerie à cheval de l'arrière-garde : Je suis persuadé que je suis le seul officier de mon grade qui prévit que nous allions cesser de battre en retraite ; voici pourquoi :

Le général en chef passant à onze heures

du soir devant la position que j'occupais en
deçà de Haag, s'était approché de moi pour
me donner les ordres suivants :

« Vous vous retirerez lentement, me dit-
il, devant l'ennemi, en l'engageant dans la
forêt (1). Vous profiterez de tous les avantages
que le terrain vous fournira pour l'y arrêter
et l'y contenir le plus longtemps possible,
de manière à ce qu'il n'ait pas la facilité de
déboucher dans la plaine avant le jour, et
plus tard si vous le pouvez. »

Je me mis en devoir d'obéir. Je me dirigeai à travers la forêt et donnai à ma marche
une apparence de désordre adroitement
calculée, ce qui ne m'empêchait pas d'envoyer de temps à autre des volées à l'ennemi
quand il se mettait à découvert en me pour-
suivant. J'avais toujours le soin de jeter
devant ses rangs quelques obus pour tenir sa
marche éclairée et diriger ma canonnade.
Ce fut ainsi que je parvins jusqu'au débou-
ché de la forêt, sans perdre aucun homme,

(1) Cette forêt, qui a deux grandes lieues de largeur, est
entre Haag et Hohenlinden.

2*

tandis que je faisais beaucoup de mal aux Autrichiens qui nous suivaient sans prudence, nous croyant en pleine déroute.

Comme le jour n'était pas loin et que je ne devais céder que jusqu'à sa naissance, je me hâtai de faire mes dispositions à la sortie du bois. L'inspection rapide du lieu me détermina à partager mes forces en trois parties : je jetai à gauche et à droite, derrière les taillis, trois batteries d'artillerie à cheval, avec défense de faire usage d'autre chose que de mitraille et d'obus. Je donnai de plus l'ordre d'attendre, pour tirer, que j'eusse commencé le combat sur la grande route, et de front, avec les pièces que j'avais gardées sous mon commandement immédiat.

Nous restâmes dans cette position jusqu'à ce qu'il fît grand jour, et je vis avec un plaisir incroyable, la confiance de l'ennemi montée à tel point que la cavalerie autrichienne et son artillerie entraient en colonne en suivant la route.

Cette imprudence leur coûta cher. L'archiduc Jean commandait ces troupes en personne ; il croyait la victoire certaine ; pour moi, je semblais me retirer toujours, pour les faire entrer tout à fait entre mes batteries. Enfin, je vis qu'il était temps. Je fis halte et j'engageai l'affaire sérieusement. A l'instant, mes batteries de droite et de gauche dirigèrent un feu terrible sur cette malheureuse cavalerie, qui, prise en trois sens et ne pouvant reculer à cause de l'encombrement de ses trains d'artillerie et du peu de largeur du chemin, fut culbutée si complètement que, pour me porter en avant, pour achever mon opération, je fus obligé de faire un détour, tant les hommes, les chevaux, l'artillerie, formant la colonne imprudemment engagée, avaient obstrué la route.

Pendant mon action, les généraux Richepanse et Grenier (j'avais averti le premier que mes instructions étaient remplies) avaient tourné l'ennemi, l'un par la droite, l'autre par la gauche, de manière que, vers onze heures du matin (douze heures juste après l'ordre que j'avais reçu du général en chef)

j'entendis son canon du côté de Haag et
jugeai l'affaire décidée en notre faveur. Elle
l'était en effet. Depuis sept quarts d'heure,
j'écrasais à demi-portée de mitraille la
colonne autrichienne, presque hors d'état de
me répondre. Alors le général Moreau donna
l'ordre à l'infanterie et à la cavalerie de
charger dans la partie du bois où chaque
arme pouvait donner, et les Autrichiens
nous abandonnèrent 12.000 hommes, 120
pièces de canon, 20 généraux, 30 drapeaux
et la caisse de l'armée.

Comme les chevaux d'artillerie autrichiens
n'étaient plus en état de servir, tant à cause
du verglas qu'à cause de leurs blessures et du
désordre inséparable d'une pareille déroute,
nous nous trouvions forcés d'abandonner les
pièces prises ; cela me désolait et je résolus de
tout tenter pour les emmener. J'y réussis, mais
je dois dire ici que si nous sauvâmes un si
grand nombre de canons enlevés à l'ennemi,
on le dut au dévouement de quelques bataillons
d'infanterie qui, à ma prière, se joignirent à
mes canonniers pour conduire à bras cette su-

perbe artillerie que je vins à bout de sauver tout entière et qui fut parquée à côté de la route de Munich, dans un emplacement indiqué par moi.

Dans cette glorieuse journée, au succès de laquelle je crois avoir eu le bonheur de contribuer, j'eus deux chevaux tués sous moi. Le général en chef me témoigna publiquement sa satisfaction et demanda au premier consul un sabre d'honneur pour moi.

Après la bataille, on sait que l'armée se porta en avant. L'avant-garde, où j'étais avec le général Ney, eut encore à Lambach un combat fort vif après lequel nous parvînmes jusqu'à Saint-Pölten, où les préliminaires de paix furent signés. L'armée revint se cantonner dans la basse Autriche et dans la Bavière.

En l'an IX, après le traité de Lunéville, je rentrai avec mon régiment en France.

Depuis l'an IX jusqu'en l'an XIV, je n'ai rien d'important à raconter dans ma carrière militaire. Je suis obligé de passer à l'époque de la double campagne d'Allemagne, dont la première comprend la prise d'Ulm, suivie de la prise de Vienne. La deuxième eut pour résultat la fameuse bataille d'Austerlitz qui eut lieu le jour anniversaire du couronnement de l'Empereur.

Bien que je n'aie point de détails curieux ou instructifs à donner sur les évènements qui eurent lieu de l'an IX à l'an XIV, je dois, pour ne point laisser de lacune dans ces Mémoires, rendre compte de mes services pendant les cinq années d'intervalle.

1º En l'an X, je fus incorporé dans le 5e régiment d'artillerie à cheval, sous les ordres du général Foy, actuellement lieutenant-général et membre de la Chambre des Députés.

A la fin de cette année, le régiment, qui était sous les ordres du général Pille, au camp de Boulogne, fut dirigé sur Besançon (1).

(1) C'est dans cette ville que je fis la connaissance de M. Le Miere de Corvey, rédacteur de ces Mémoires, qui depuis est devenu mon ami le plus intime. Il était alors capitaine, aide de camp du général Ménard qui commandait à Besançon la 6e division militaire. Depuis ce moment, M. Le Miere et moi,

2o En l'an XI, je quittai Boulogne avec deux compagnies du 5e régiment d'Artillerie à cheval, pour aller en Suisse, à l'armée de pacification commandée par le général Ney. A la fin de cette année, je retournai au régiment.

3° A la fin de l'an XI, on me fit partir à la tête des escadrons de guerre pour revenir à Boulogne. Nous fûmes distribués sur la côte. On me confia le commandement des batteries mobiles, depuis l'île de Catzan jusqu'au cap de Grisnez. Je conservai ce poste honorable jusqu'à la fin de l'an XIII, époque à laquelle j'eus sous mes ordres l'artillerie de la flotte d'avant-garde sur les bateaux plats avec les péniches et quelques canonnières. Nous espérions tous les jours faire voile et tenter la descente en Angleterre avec notre immense flottille (1). Toute l'ar-

nous fûmes placés dans le même corps d'armée pendant plusieurs années, en Allemagne, en Prusse et en Pologne. Lui mieux qu'un autre pouvait donc se charger de mettre au jour ces Mémoires, puisqu'il fut témoin de la plupart des faits qui y sont consignés.

(1) Je n'ai pas cru devoir faire mention de quelques petits

mée attendait ce mouvement avec la plus grande impatience, lorsqu'un beau matin nous reçumes l'ordre de descendre à terre et nous fumes dirigés à marches forcées sur le Rhin, que nous passâmes à Manheim.

combats de nos péniches et autres bâtiments, où j'ai fait beaucoup de mal à l'ennemi; ces détails, donnés ailleurs très amplement, n'auraient pas un grand intérêt et ne doivent pas, suivant moi, trouver place en des mémoires particuliers.

# CHAPITRE IV



*Bataille d'Austerlitz.*

On a publié un si grand nombre de relations de cette étonnante campagne terminée par la bataille d'Austerlitz qui eut lieu le 2 décembre 1805, que moi, qui n'écris point pour répéter ce qui est connu, je n'en dis rien. Cependant je ne puis laisser passer le nom d'Austerlitz sans rappeler un fait qui me fut personnel dans cette mémorable journée.

Au moment où l'armée russe faisait péniblement sa retraite, et cependant en bon ordre, sur la glace du lac, l'empereur Napoléon vint au galop vers l'artillerie : «Vous perdez du temps, s'écria-t-il, à foudroyer ces masses ; il faut les engloutir ! tirez sur la glace. » L'ordre donné resta sans exécution pendant dix minutes ; en vain plusieurs officiers et moi-même nous nous étions placés à mi-côte pour produire plus d'effet ; leurs boulets et les miens roulaient sur la glace sans l'entamer. Voyant cela, je m'avisai d'un moyen très simple. Ce fut de pointer en haut huit obusiers. La chute presque perpendiculaire de ces lourds projectiles produisit l'effet désiré. Mon moyen fut imité par les batteries voisines, et en moins de rien nous ensevelîmes quinze mille Russes et Autrichiens sous les eaux du lac (1).

A la bataille d'Austerlitz, parmi le grand nombre de prisonniers que j'épargnai, je sauvai la vie à un colonel russe qui m'avait

(1) A la journée d'Austerlitz, le capitaine Séruzier commença à fixer particulièrement l'attention de l'Empereur. Plus tard, il est à remarquer qu'il se trouva toujours employé de manière à jouer un rôle principal dans nos grandes batailles. On verra par la suite qu'on lui confia souvent des forces extraordinaires dans les moments critiques. Capitaine, il commanda presque toujours au feu un régiment d'artillerie à cheval ; colonel, il eut quelquefois cent pièces et plus à faire mouvoir. La lecture de ces Mémoires prouvera que les succès inouïs obtenus dans nos grandes journées militaires sont dus en partie à l'audacieuse exécution de mouvements jusqu'alors inusités dans l'artillerie et mis en pratique par le colonel Séruzier.

tenu tête longtemps avec un grand courage.
Je fis plus ; j'eus soin de le recommander,
afin qu'il fût traité honorablement.

Je cite ici cette petite aventure parce que
plusieurs années après elle fut la cause de
mon salut ; on le verra par la suite, si l'on
continue la lecture de mes campagnes.

La paix qui suivit la journée d'Austerlitz
ramena notre armée victorieuse en Bavière
et dans le Wurtemberg, où elle fut cantonnée.

J'y pris quelque repos et commençai à
étudier les effets majeurs qu'il était possible
de produire avec l'arme terrible à laquelle
j'étais attaché. Je me promis de mettre à
profit mes calculs et mes observations dès
que j'en aurais fait l'épreuve. Cette épreuve,
j'eus occasion de la faire dans notre marche
sur la Prusse en 1806. Le 10 octobre, rencontre de nos troupes avec les Prussiens, à
Saalfeld, où fut tué le prince Louis de Prusse.

Quatre jours après se donna la célèbre
bataille d'Iéna.

Ici commence réellement le droit que je

puis avoir de parler de mes campagnes ;
c'est depuis lors que le détail de mes actions
offre un  véritable intérêt parce que c'est de
ce moment que j'ai pu rendre de grands
services à mon pays ; mon commandement
étant devenu plus important (1), ce que j'ai
fait est aussi devenu plus digne d'être remarqué ; je répète que je ne le rapporte que
dans l'espoir que ces détails ne seront pas
inutiles pour l'instruction pratique de notre
arme (2).

(1) Quoique l'Empereur me confiât un plus grand commandement, je n'étais toujours que capitaine.

(2) On se rappelle que le colonel Séruzier est censé s'a-
dresser aux jeunes officiers et élèves d'artillerie. (Note de
M. Le Miere de Corvey).

# CHAPITRE V



*Bataille d'Iéna.*

———

Cette bataille mémorable eut lieu le 14 octobre 1806. L'armée prussienne, conduite par son roi, était en marche pour s'emparer des défilés des Salines, entre Auchstett et Naümburg, à deux heures du matin, afin de se trouver de l'autre côté des défilés avant que l'ennemi pût s'en rendre maître. Dès six heures, nous découvrîmes les troupes prussiennes en bataille entre Auchstett et les Salines. Je commandais l'artillerie de la division Morand; cette division était la 1re du 3e corps, sous les ordres du maréchal Davout.

Je formais alors la tête de colonne de notre division, qui était encore à une distance assez grande derrière moi.

L'ennemi m'attaqua impétueusement dès qu'il m'aperçut. Il débuta par une charge de cavalerie. Je reçus les Prussiens avec sang-froid et mon feu de mitraille leur culbuta d'abord beaucoup de monde ; cependant ils se disposèrent aussitôt à charger une seconde fois. Il est bon de faire observer que je n'avais pour soutien qu'une seule compagnie de grenadiers du 31e de ligne, et notre division, qui avait fait halte, était encore loin de nous et se formait en carré. Je me hâtai de répartir mes grenadiers dans les intervalles de mes canons, recommandant à mes artilleurs d'avoir toujours la mitraille prête et de tirer sans se presser et sans crainte jusqu'à nouvel ordre. Ces dispositions arrêtées, nous attendîmes les cavaliers prussiens : ils chargèrent trois fois sans pouvoir atteindre jusqu'à nous et, dans ces trois tentatives infructueuses, ils essuyèrent une perte considérable. Mais pendant ces différentes charges, les hussards *rouges* de la garde du roi de Prusse m'avaient tourné et s'étaient jetés entre notre division et mes batteries. Je vis toute l'étendue du danger et je frémis à l'idée de perdre mes pièces. Je me souvins alors des manœuvres d'infanterie que j'avais vu exécuter dans la campagne d'Égypte, et je m'avisai de faire de même avec mes canons (1). Sur le champ, je me forme en carré, mes grenadiers dans les intervalles ; (ce mouvement dût paraître fort bizarre à la cavalerie ennemie). Cette cavalerie, placée comme elle venait de s'établir, doutait si peu d'enlever mon artillerie, qu'elle me chargea de toute part en s'abandonnant. Ce fut alors que je reconnus la bonté de la manœuvre que le hasard m'avait rappelée ; non seulement toute cette cavalerie ne m'enleva point, mais elle perdit moitié de ses hommes et mit deux fois plus de temps à dégager ses seconds rangs du milieu des chevaux renversés qu'elle n'en avait mis à venir à ma portée.

(1) Je dois dire ici que, longtemps avant cette bataille, raisonnant avec le général Sorbier sur la possibilité d'une pareille manœuvre, le général non seulement l'avait approuvée, mais m'avait expliqué comment il la concevait : je n'oubliai pas cette explication et j'eus le bonheur de l'exécuter ce jour-là avec succès.

J'en étais là, quand notre division formée en carrés d'infanterie marchant au pas de charge, parvint à notre hauteur. Aussitôt, me voyant soutenu et ne craignant plus d'être tourné, je déploie mon carré d'artillerie sur une ligne, et je me porte en avant vers l'ennemi plus hardiment que jamais.

Arrivés en avant d'Auerstaedt, une fusillade et une canonnade fort chaude s'engagea de part et d'autre. Cependant elle ne décidait rien. Nous nous battions avec acharnement, mais il était impossible que l'ennemi n'eût pas le dessus par la supériorité de son artillerie. Je n'avais ce jour-là que 18 bouches à feu; l'ennemi m'en opposait 80, servies par les artilleurs à cheval de la garde du roi de Prusse. Ainsi mes ailes se trouvaient débordées par les ailes d'artillerie ennemie, dont la ligne avait quatre fois plus d'étendue que la mienne et me faisait un mal horrible par son feu croisé.

Dans cet état, voyant tomber mes canonniers à chaque minute, moi-même blessé à la main droite, je ne perdis pas ma présence d'esprit : il me semblait qu'après m'être tiré de la position critique où j'étais une heure auparavant, je ne devais pas succomber. En effet, j'ai remarqué plusieurs fois qu'un premier succès est presque toujours le présage d'un second. Je combinai donc un mouvement d'une audace extraordinaire, mais qui pouvait seul changer notre position désespérée. J'eus soin d'en prévenir le maréchal Davout qui était au milieu du 30e régiment de ligne. L'officier que je lui envoyai l'instruisit du mouvement que j'allais opérer, ajoutant, comme je lui en avais donné l'ordre, que si le maréchal voulait me soutenir par ses deux carrés de droite, j'allais décider l'affaire en notre faveur. L'autorisation obtenue, je fais tirer à volonté mes pièces *paires* (1) et je me porte par un mouvement rapide avec mes pièces *impaires* jusque sur le flanc gauche de l'ennemi. Cette manœuvre téméraire, qui me plaçait presque sur les batteries prussiennes, à leur gauche, ne fut point aperçue

(1) Les pièces prennent des numéros pairs ou impairs comme les pelotons d'infanterie.

2**

à cause de ma promptitude et de la fumée qui s'élevait des pièces qui continuaient leur feu; alors, me trouvant en mesure, je dirige ma mitraille et mes obus sur les pièces ennemies : tous leurs canonniers sont tués avec la presque totalité de leurs soldats du train. Enfin cette aile fut si maltraitée que nous leur prîmes trente canons, démontés par ma décharge. Quoique je vinsse de recevoir dans cette belle manœuvre un coup de mitraille qui faisait encore boulet et qui m'avait emporté une partie du flanc gauche, je fis de suite bander ma plaie avec ma cravate, et je remontai à cheval; mais pour rassurer mes soldats consternés de me voir si grièvement blessé, je leur fis à haute voix une plaisanterie *grivoise* sur l'artillerie (1) : ils se mirent tous à rire. J'ordonnai à mes trompettes de

(1) En effet, le capitaine Séruzier dit un mot fort énergique à sa troupe, mais que nous ne devons pas rapporter littéralement ici; nous nous contenterons d'en donner à peu près le sens : « *L'artillerie à cheval prussienne est la mère de l'artillerie française : elle tire juste; mais faisons-lui voir que la fille n'a point dégénéré..., redoublons le feu!* » (Note de M. Le Miere de Corvey).

sonner la charge, et nous nous portâmes vivement en avant : mais l'ennemi ne tenait plus devant nous ; il était tellement en déroute, qu'une demi-heure après, ses quatre-vingts bouches à feu étaient à moi. La division ramassa un nombre considérable de prisonniers. De ce moment la bataille fut complétement gagnée ; nous poussâmes les Prussiens jusqu'au delà d'Auerstaedt, qu'ils nous abandonnèrent. Quant à moi, tout en les reconduisant avec mes obus et mes boulets, je me hâtai d'occuper plusieurs positions importantes pour la sûreté du corps d'armée.

Cette bataille valut au maréchal Davout le titre de *duc d'Auerstaedt*. A cette affaire j'eus deux chevaux tués sous moi ; je ne quittai point mes batteries pendant toute l'action, bien que j'eusse été dangereusement blessé dès le milieu du jour. Le rapport de ma conduite parvint à l'Empereur, et l'ordre du jour de l'armée porta que, *par une manœuvre hardie, j'avais décidé le succès de la bataille.*

Enfin, je fus fait chef d'escadron sur le champ d'honneur témoin de notre gloire.

Mes blessures, quoique fort graves, ne m'empêchèrent pas de faire la campagne de Pologne et de me trouver à plusieurs combats, que je ne décrirai pas, attendu que je n'ai rien à dire de bien remarquable pour moi. L'armée se porta en avant, prit Leipzig, Berlin, Breslau, Francfort-sur-l'Oder, Posen et Varsovie. Nous passâmes la Vistule et la Narew, après les combats de Pultusk, et nous marchâmes sur Eylau, où j'eus le bonheur de me faire remarquer.

# CHAPITRE VI



*Bataille d'Eylau.*

Cette bataille fut une des plus sanglantes
de toutes celles des guerres de l'Empire; elle
eut lieu le 8 février 1807, par un froid des
plus rigoureux : elle avait été précédée de
combats très meurtriers, particulièrement
de ceux des 4, 5, 6 et 7 février. On pourra
juger du désordre général d'après l'exposé
suivant :

Je commandais alors l'artillerie de la division Saint-Hilaire (première division du 4e
corps, sous les ordres du maréchal Soult).
L'armée française n'était pas en mesure; la
bataille ne devait avoir lieu que le 9. Les 1er,
3e et 6e corps ne purent prendre part à l'action
que fort tard; tous les officiers d'ordonnance
chargés de porter les ordres à ces trois corps

avaient été malheureusement faits prisonniers, et nul accord ne pouvait en conséquence exister entre leurs mouvements.

A six heures du matin, l'ennemi nous attaqua par une canonnade très vive et très étendue. La division dont je commandais l'artillerie était à droite, un peu en avant d'Eylau. Dans cette position, nous échangeâmes nos boulets avec l'ennemi pendant environ trois heures ; l'incertitude des mouvements de nos corps d'armée, qui n'étaient point instruits de leur situation respective, m'empêchait de rien entreprendre, ne sachant pas si je pourrais être soutenu. Cependant j'avais envoyé trois maréchaux-des-logis au grand parc, afin d'y chercher des munitions, dont je commençais à manquer : ils m'avaient rapporté à leur retour la nouvelle de la situation pénible de l'armée, situation que je viens de décrire ; mais ils m'apprirent aussi que les maréchaux Ney et Davout, dirigés par le bruit de ma canonnade, s'étaient mis en marche de mon côté avec leurs forces ; que le maréchal Ney (6e corps) ne pouvait déboucher que vers six heures du soir sur notre droite; que le maréchal Davout (3e corps) pouvait tout au plus nous joindre à midi; enfin, que le maréchal Bernadotte (1er corps) avait été prévenu, et invité à se mettre en marche, afin d'arriver au moins le lendemain à notre hauteur.

Dès que ces documents précieux me furent parvenus, j'allai de suite les communiquer au général Saint-Hilaire, commandant la division, et je l'invitai, attendu leur importance, à les faire savoir à l'Empereur, qui était près de là avec une partie de sa garde.

Le général Saint-Hilaire se rendit vers Napoléon; en partant il me donna la permission que je lui demandais, de me porter en avant et beaucoup plus à droite de la position que j'occupais; il me dit même fort obligeamment : « Tu sais bien, mon ami, que dans un cas urgent, je te permets de faire tout ce que tu voudras. »

Fier d'une confiance semblable de la part de ce brave général, je me promis bien de la mériter. La position que j'ambitionnais était un très beau plateau, flanqué de chaque côté par deux petits bois. Je l'avais reconnue la veille, et j'y pensais continuellement, ayant dans l'idée, d'après mes observations, que ce point devait assurer le gain de la journée à celle des deux armées qui le tiendrait occupé. L'ennemi y avait déjà des forces, et je voyais avec peine qu'il allait s'y établir.

Sans perdre de temps, je pris les compagnies de voltigeurs que le général Saint-Hilaire avait mises à ma disposition sur ma demande, et je leur enjoignis de s'embusquer dans les deux petits bois, et de soutenir par leur fusillade sur les flancs, mon attaque de front.

Je marchai : les voltigeurs firent des prodiges. L'ennemi fit aussi des efforts réitérés pour conserver sa position : en vain employa-t-il artillerie, infanterie et cavalerie contre nous; pris par le feu croisé des voltigeurs placés dans les deux petits bois, et écrasé de front par ma mitraille, il fut contraint de céder après un carnage épouvantable. J'étais

maître du plateau, mais je n'étais pas quitte
des attaques de l'ennemi.

Les Russes et les Prussiens reconnurent
bientôt la grandeur de leur perte et réunirent toutes leurs forces pour me chasser de
ce lieu : ils prirent enfin le parti de me
tourner et de m'attaquer de toutes parts. Je
résistai à cette charge comme aux précédentes, conservant toujours ma position.
Cependant je m'affaiblissais ; j'avais compté
sur l'arrivée du 3e corps pour midi ; or il
était une heure, et je ne voyais rien arriver.

Heureusement l'Empereur, qui tenait sa
lunette sur le point où j'étais, devina le dernier mouvement de l'ennemi lorsqu'il voulut
me tourner ; aussitôt il donna l'ordre à deux
compagnies d'artillerie à cheval, avec un bataillon de sa garde, de monter rapidement
au plateau, et de se mettre, pour la journée
entière, aux ordres de celui qui s'y défendait ;
puis se tournant vers le général de notre
division qui était près de lui : « Général
Saint-Hilaire, quel est le brave qui a si vivement enlevé, et qui garde si bien cette posi-

tion ? » Le général répondit : « Sire, c'est
mon commandant d'artillerie. — Ah ! ah !
reprit l'Empereur, c'est mon *vieux* Séruzier (1) ; je n'en suis plus étonné. Saint-Hilaire, vous lui direz que je suis content de
lui, et qu'il se ménage. »

On vit alors le 3e corps paraître. Son
chef, le maréchal Davout, fit partir un aide-
de-camp afin de venir reconnaître le plateau
que je gardais, et s'informer si j'avais besoin
de secours, je dis à cet officier que je ne
craignais plus rien pour mon artillerie; mais
que les ordres de l'Empereur étant de ne
pas abandonner notre favorable position, il
pouvait prévenir le maréchal, de venir au
plus tôt l'occuper pour toute la journée.
« Je venais, continuai-je, d'envoyer mon adjudant à Son Excellence; elle doit avoir reçu
maintenant l'avis que je suis chargé de vous
donner. » A peine l'aide-de-camp eut-il re-

_______

(1) J'étais de la même année que l'Empereur Napoléon,
mais j'avais quelques mois de plus, comme il en avait fait la
remarque un jour; depuis ce temps, il m'appelait quelquefois
*mon vieux* ou *le père aux boulets*.

pris le galop pour rejoindre le 3e corps, que
le maréchal Davout arriva sur ma position.
Je fus surpris de sa prompte apparition, car
je n'avais pas encore revu mon adjudant, et
je ne devais plus le revoir : il avait été tué
en revenant m'annoncer le maréchal.

Lorsque je vis la position si bien soutenue
je me rappelai que la division Saint-Hilaire,
dont je faisais partie, était sans canons depuis
neuf heures du matin, et je pensai qu'il était
de mon devoir de la mettre en état d'agir
sur l'ennemi, ce qu'elle ne pouvait tenter
efficacement sans artillerie ; je quittai donc
mon plateau, devenu le poste marquant de
l'armée, non sans un vif regret. Mes artilleurs ne se souciaient pas non plus de l'abandonner ; je les y déterminai en leur répétant
que nous avions assez fait en tenant la bataille en suspens par notre manœuvre. « Sui-
vez-moi maintenant, leur dis-je, sur le point
où je vous conduis pour la décider ! » Nous
descendîmes par la gauche pour rejoindre
notre division. Aussitôt nous nous précipitâmes ensemble, avec fureur, sur l'ennemi.

On vit bien que la division Saint-Hilaire attendait impatiemment notre retour ; car dès que nous parûmes, l'infanterie et la cavalerie tombèrent sur les alliés à la baïonnette et le sabre dans le flanc. Quant à moi, je faisais, en suivant ce mouvement, des décharges de mitraille à demi-portée. La mêlée était si sanglante que j'en ai peu vu de pareilles, et aucune aussi longue. Nous combattîmes ainsi, renouvelant nos charges à tout moment, jusqu'à six heures du soir, et cependant sans presque gagner de terrain. Que serions-nous devenus alors sans mon plateau !

Enfin, à six heures précises, le maréchal Ney parut, en bon ordre, à la tête du 6e corps, comme il l'avait promis. Il tomba sur les Prussiens et les Russes qui, pour le coup, nous cédèrent le champ de bataille.

Eylau, avec une innombrable quantité de blessés, tomba en notre pouvoir. Nous ramassâmes l'artillerie ennemie, éparse çà et là sur le terrain qu'elle avait occupé. Dans cette mémorable journée je ne reçus que de légères blessures, mais j'eus trois chevaux tués sous moi.

Le lendemain, 9 février, l'Empereur, parcourant le champ de bataille, me vit occupé à faire transporter l'artillerie que les Russes avaient perdue. Il s'approcha et me dit : « J'ai reconnu les emplacements que tu occupais au nombre de Russes que tu y as laissés ! — Êtes-vous content de mon artillerie, Sire ? — Oui, certes ! répondit Napoléon. — Alors, repris-je, voilà les noms des braves que je commande ; ils méritent votre bienveillance. » Et je lui remis deux états que j'avais tout prêts, mais que je n'espérais pas pouvoir remettre à lui-même. L'un de ces états était pour l'avancement, l'autre pour les décorations. L'Empereur les reçut : « Et pour toi ? » dit-il encore. Je répondis : « Si vous trouvez que j'ai fait mon devoir et bien rempli vos intentions, je suis content, et surtout si j'obtiens pour mes soldats les récompenses dont j'ai l'honneur de vous soumettre la demande. »

L'Empereur s'éloigna en souriant d'un

air satisfait ; je continuai à faire enlever du champ de bataille le matériel des Russes ; mais le lendemain, j'eus un moment que je regarde comme un des plus beaux jours de ma vie ; je fus chargé de faire cent-six avancements et de distribuer quatre-vingt-seize décorations : l'Empereur m'avait tout accordé.

Après Eylau, notre armée se retira sur la Passarge : on m'y donna le commandement de toute la ligne des avant-postes au delà de cette rivière, en avant de Liebstadt.

Pendant ce commandement, qui dura trois mois et demi, il m'arriva une petite aventure qui, je crois, mérite de trouver place ici. J'ai fait souvent la guerre en partisan et j'y ai quelquefois réussi, particulièrement à cette époque contre le fameux Blücher, et plus tard contre le major Schill, qui passait alors pour le premier des partisans.

# CHAPITRE VII

*Prise du général Blücher. — Son échange contre le maréchal Victor, duc de Bellune.*

C'était à l'époque du siège de Dantzick, qui ne se rendit, comme chacun le sait, qu'après une vigoureuse défense. Le général Blücher, déjà célèbre, s'avisa de venir faire le rodomont jusque près de moi dans la ferme de Neühausen (1) ; cette ferme était située à la gauche de ma ligne. Un jour que je parcourais les environs, je m'aperçus de quelques allées et venues extraordinaires dans cette ferme. Un hussard noir prussien

(1) Dans toute cette partie de la Pologne prussienne, les fermes sont si considérables qu'on y cantonnait quelquefois des compagnies entières pour un ou deux mois ; j'en ai vu qui nourrissaient journellement cent hommes, cinquante chevaux et au moins huit à dix officiers. (Note de M. Le Miere de Corvey).

était là en vedette. Aussitôt, je fondis sur lui et, l'ayant sabré, je le fis prisonnier. Le pauvre diable m'apprit ce que je voulais savoir, que le général Blücher s'était établi dans cette belle maison et qu'il était gardé par une nombreuse escorte.

Je fis conduire mon prisonnier à Liebstadt et, prenant huit hommes bien montés et bien armés, je me rendis à Pruss-Holland, ville éloignée de trois lieues de la ferme. Avant de partir, j'avais donné les ordres nécessaires pour faire trouver le lendemain trois cents chevaux à quelque distance, dans un endroit désigné par moi.

En arrivant à Pruss-Holland, je commençai, pour cacher mes projets, par frapper une réquisition pour six mille chevaux, en déclarant qu'il me la fallait dans les vingt-quatre heures, sans quoi, j'emmènerais en otages les principaux habitants de la ville. Ma réquisition ne fut pas plutôt dénoncée aux magistrats, que l'un de mes brigadiers, que j'avais laissé à la porte du faubourg pour observer, vint m'annoncer qu'il venait de

voir partir un cavalier courant à toute bride
et se dirigeant du côté de la ferme de Neühausen ; je jugeai qu'il allait avertir le général Blücher : c'était ce que je désirais.
Sans balancer, j'envoie chercher un guide à
cheval, parfaitement monté, afin, disais-je,
de me conduire au village de Brinheim, à
une lieue de là. Je pars avec mes huit hommes, mais au lieu d'aller au village que
j'avais nommé, je change de chemin et me
rends au galop à quelque distance de la
ferme, précisément à l'endroit indiqué la
veille pour mon embuscade. J'y trouve mes
trois cents cavaliers, et j'investis la ferme de
toutes parts.

Le général, ainsi que je l'avais prévu, avait
été la dupe du piège que je lui avais tendu.
On venait de l'instruire que le commandant
de l'artillerie française avait frappé une réquisition, et qu'on allait la diriger sur Brenheim:
il crut faire un coup de maître en donnant
l'ordre à tout son monde de se porter de ce
côté pour saisir les réquisiteurs et la réquisition, tandis qu'il ne fit qu'une lourde bévue,

puisqu'il éloigna de lui ceux qui pouvaient le défendre, et me donna la facilité d'exécuter mon coup de main et de le faire prisonnier, ainsi que ses deux fils et toute sa suite. Cela dut le convaincre qu'un bon chef doit se mettre à la tête des mouvements qu'il ordonne.

J'emmenai donc à mon quartier M. le général Blücher, très capot de s'être ainsi laissé prendre, lui qui passait pour un *vieux renard*.

Je ne restai pas dans l'oisiveté pendant les trois mois et vingt jours que dura mon commandement des avant-postes sur la Passarge ; j'occupai mes artilleurs à construire deux têtes de pont très fortes, l'une, celle de gauche, à Lomitten, et celle de droite à Blümen. J'avais découvert un passage à gué qui fut fort utile à la cavalerie ; je le fortifiai par trois bonnes redoutes, dont deux étaient en avant du passage et l'autre à la rive gauche. Mon quartier se trouvait établi dans le plus grand de ces ouvrages, à la tête de pont de Lomitten.

Ce fut là que je conduisis d'abord mon prisonnier, qui n'était alors que M. le général Blücher, mais qui depuis est devenu excellence et prince. Je le logeai dans ma baraque, qui était assez commode, et je l'envoyai ensuite à Liebstadt ; mais le 25 je fus prévenu par le maréchal Soult, que le général Blücher serait échangé contre le maréchal Victor, duc de Bellune, et l'on ajouta dans l'avis que je reçus, que cet échange aurait lieu dans mes avant-postes, attendu que le général Blücher avait été mon prisonnier.

Aussitôt, je fis partir pour aller le chercher, le même détachement de trois cents hommes qui l'avait pris, afin de lui servir d'escorte et de lui donner en passant une petite leçon de modestie, car ce M. Blücher était un homme bouffi d'orgueil et d'arrogance.

J'avoue que j'éprouvai quelque plaisir à voir sa confusion et la mine qu'il faisait lorsque je l'accompagnai avec mes cavaliers jusqu'à nos premières vedettes ; cependant j'ai toujours eu pour lui les plus grands égards : ils lui étaient dus par son malheur et par son grade. Ses fils, m'ayant reconnu, me firent remarquer à leur père pendant la collation que j'avais fait préparer dans ma baraque : mais M. le général Blücher ne voulut toucher à rien ; il était tellement vexé qu'il refusa même un verre de vin, ce qui ne se refuse jamais dans l'armée.

Je ramenai le maréchal Victor et je fis presser l'achèvement de mes fortifications. L'armée se reposait sur ma vigilance (1).

Il ne m'arriva rien d'intéressant jusqu'au mois de juin, si ce n'est quelques petites alertes d'avant-postes; le 4 au soir, faisant ma tournée comme à l'ordinaire, je m'aperçus que les vedettes ennemies étaient doublées; je présumai dès lors qu'il y avait quelque

(1) Le propos ordinaire, à cette époque, sur les bords de la Passarge, était : « *Nous pouvons dormir en parfaite sécurité, Jupiter-Moustache est aux avant-postes.* » De tout temps les soldats se sont plu à donner des sobriquets à ceux qu'ils aiment ou qu'ils estiment. Napoléon Bonaparte eut le sien ; les soldats l'appelaient souvent *le petit caporal*. (Note de M. Le Miere de Corvey.)

projet contre nous, et je résolus de le dé-
concerter.

Je prévins de mes intentions tous mes
officiers, et dans le même moment j'ordonnai une charge générale sur toute ma ligne :
nous tombons sur les vedettes, nous sabrons
les premiers postes et les grand'gardes;
enfin nous pénétrons jusqu'au camp des
Russes. Je vis alors que je ne m'étais pas
trompé; l'ennemi, très en force, était en position de nous attaquer, et je jugeai qu'il n'y
manquerait pas dès le lendemain.

Informé de ce que je voulais savoir, je fis
sonner le ralliement et rentrai rapidement
dans mes postes, ramenant trois cent vingt
hussards et cosaques, un chef d'escadron,
deux capitaines et cinq lieutenants prisonniers.

Je me hâtai de faire mes dispositions de
défense, ordonnant à mes vedettes, en cas
d'attaque, de se retirer sur mes postes; à
mes postes de reculer sur mes grand'gardes;
à mes grand'gardes, sur les piquets que je
plaçai dans les intervalles de mes redoutes.

3*

Dès que je fûs parfaitement en mesure j'envoyai des ordonnances en toute hâte, à ma gauche au prince de Ponte-Corvo (1<sup>er</sup> corps); à ma droite au maréchal Soult, à Liebstadt (4ᵉ corps); enfin au maréchal Ney, en arrière de ma ligne (6e corps), afin de les prévenir du mouvement de l'ennemi et de la manière dont je m'étais préparé à le recevoir.

Le lendemain, 5 juin, à la pointe du jour, je vis mes pronostics se réaliser : l'ennemi vint fondre sur mes postes, de même que je l'avais fait la veille sur les siens, mais avec cette différence que nous étions dans un état de défense respectable et que nous le tinmes en échec, en lui culbutant cavaliers et fantassins, sans qu'il pût arriver sur nous. L'action dura toute la journée, et toujours sans perte pour nous (1). Bien m'en avait pris cependant d'avoir mis mes redoutes en bon

(1) Parmi les corps d'infanterie qui se distinguèrent dans cette journée et dans celle d'Heilsberg, nous devons citer la brigade dite *de fer*, composée des 46ᵉ et 57ᵉ régiments de ligne, faisant partie de la deuxième division du 4ᵉ corps. (Note de M. Le Miere de Corvey).

état ; sans cela je n'aurais pu donner le temps à l'armée d'arriver sur ce point. Enfin cette brillante armée sortit de son long repos ; ce fut le réveil du lion.

Le lendemain 6, nous nous portâmes en avant, disputant le terrain pied à pied jusqu'à neuf heures du soir. Nos manœuvres préparatoires durèrent toute la nuit et les jours suivants. Enfin le 10 juin 1807 eut lieu la bataille d'Heilsberg.

# CHAPITRE VIII

*Bataille d'Heilsberg.*

---

Depuis la bataille d'Eylau l'ennemi avait établi de fortes redoutes à droite et à gauche d'Heilsberg : en fortifiant cette ville d'un ouvrage en terre, l'intention des Russes était de nous arrêter là, afin de couvrir Kœnigsberg. Telle était leur position défensive. Notre 4ᵉ corps l'attaqua d'abord avec vigueur et fut reçu de même : après plusieurs heures de combat, l'ennemi se retira dans ses lignes fortifiées et dans la ville.

Alors le maréchal Soult reçut l'ordre d'enlever les redoutes de vive force. Aussitôt je tournai la plus grande, qui se trouvait à notre gauche; j'y fis pleuvoir d'abord une grêle de mitraille et d'obus, qui tuèrent la plupart des canonniers à leurs pièces; puis, détournant mon feu sur les chevaux de frise qui en masquaient l'entrée, je les renversai et, faisant sonner la charge, nous nous précipitâmes en avant.

Cinq minutes après, la brave division Saint-Hilaire, son général en tête, se trouvait avec moi au milieu de la redoute : sans nous arrêter, nous nous portâmes sur celle qui était à droite, et nous l'enlevâmes de même que la première. Enfin, malgré nos pertes, nous marchâmes encore sur la troisième, et nous la forçâmes comme les deux précédentes. Cependant notre division était fort affaiblie, tant par ces trois actions successives que par l'occupation des trois redoutes, où nous avions été obligés de laisser du monde.

Pour surcroît d'embarras, la place nous faisait alors un mal considérable, parce que nous nous trouvions à découvert sous ses batteries ; nous fûmes donc forcés de faire un changement de front pour lui faire face.

Pendant que nous supportions cette fâcheuse position et que notre 4e corps achevait son mouvement sous le feu de la ville, la garde et une division de nos cuirassiers vinrent charger l'ennemi, mais sans succès marqué. Napoléon avait probablement le projet d'attirer tous les efforts des Russes sur notre division, afin d'agir avec plus de certitude sur un autre point; je suis porté à le croire, puisque, manœuvrant par notre droite et donnant l'ordre au 3e corps de l'imiter par notre gauche, nous nous trouvâmes entièrement dégarnis.

Nos cuirassiers, qui venaient de charger, furent de nouveau ramenés avec perte par la cavalerie de la garde russe et prussienne; en même temps l'infanterie de ces deux gardes reprit les redoutes qui nous avaient coûté tant de soldats; alors je me trouvai, non seulement enveloppé de toutes parts, mais au milieu de l'armée des alliés avec mon artillerie.

Je me consolai en pensant que notre perte ménageait la victoire à notre armée, qui achevait rapidement ses manœuvres sans obstacle; mais je résolus de vendre chère-

ment notre vie; je puis même assurer que
je ne désespérai point d'échapper encore. Je
m'étais hâté d'ordonner un mouvement de
retraite, afin de me retirer en dehors de la
ligne des redoutes; comme je commandais :
*halte, — en batterie!* la cavalerie qui venait de
ramener nos cuirassiers arriva sur mes pièces
par derrière, en criant : *alliés, alliés ne faites
pas feu.* Soit que des Prussiens voulussent
nous tromper et profiter de la confusion
pour nous enlever, soit qu'ils nous eûssent
réellement pris pour un corps de leurs troupes, chose assez vraisemblable puisque nous
étions au centre de leur armée, toujours est-
il certain que, d'une manière ou de l'autre,
nous allions les avoir sur les bras. Sentant
que je n'aurais pas le temps de recharger
pour continuer mon feu, j'ordonne à mes
canonniers à pied de se glisser avec leurs
fusils sous les caissons et sous les canons,
et de se défendre ainsi jusqu'à la mort; en
même temps, je forme en escadrons mes
artilleurs à cheval, ne laissant que trois
hommes par bouche à feu, et je m'élance

sur la cavalerie ennemie. Les Prussiens et les Russes, embarrassés et sans ordre au milieu de mes batteries, recevant des coups de fusil qui sortaient comme de terre de la part des hommes cachés sous mes pièces et mes caissons, enfin mitraillés par mon artillerie, que je protégeais par le mouvement exécuté avec les escadrons que je venais de former; les Prussiens, dis-je, furent mis en fuite et sortirent de ma ligne d'artillerie. Alors je me forme en carré et je commence ma retraite avec calme et au petit pas.

Notre situation était changée; je ne doutais plus de la possibilité de rejoindre nos divisions. Chaque fois que je me trouvais un peu serré, je commandais *halte, en batterie!* et je mitraillais ceux qui m'avaient approché trop indiscrètement.

Dans l'armée française, tout le monde me croyait pris avec mon artillerie : je conçois que l'on ne pouvait pas en juger autrement; mais il est de fait que, dans cette action, qui fut une des plus sanglantes que l'on eût encore vue, l'ennemi n'a pu se flatter de m'avoir pris seulement un palonnier (1), tandis que je lui fis éprouver une perte considérable. Il est pourtant vrai de dire que j'eus aussi quelques-uns de mes canonniers tués et que la plupart des autres furent blessés : parmi les artilleurs, il s'en trouva qui reçurent jusqu'à quatorze coups de sabre; pour mon compte j'en eus deux sur la tête.

Ma retraite, pendant laquelle je ne cessai d'être engagé et de bouleverser les escadrons prussiens et russes, s'opéra dans un espace de trois quarts de lieue, toujours en carré. Comme mes munitions diminuaient rapidement et que je ne pouvais m'en procurer tant que je serais entouré, je demandai trois sous-officiers de bonne volonté, pour tenter de pénétrer jusqu'à notre armée. Ils se présentèrent tous; j'en choisis trois des mieux montés. L'un de ces braves gens fut tué, les deux autres parvinrent jusqu'à la garde impériale.

Lorsque l'empereur apprit que c'était moi

(1) Petit morceau de bois qui sert à l'attelage d'un char quelconque.

qui me soutenais toujours sans assistance, avec résignation, contre tous les efforts des Russes, il parut très surpris et dit au plus ancien de mes maréchaux-des-logis : « Comment, il existe encore ; chacun le disait tué ! — Non, sire, répondit mon sous-officier; il vit, et il a toute son artillerie. » A ce mot Napoléon, se tournant rapidement vers le maréchal Bessières, lui dit : « Courez vite à son secours avec toute ma garde ! »

Aussitôt le maréchal vint me dégager. Dès que j'aperçus la garde, je me déployai sur mon centre, en conservant ma dernière position, et je me mis en ligne pour soutenir par ma canonnade la charge de notre cavalerie : elle eut lieu avec un grand succès, et l'ennemi, satisfait du mal qu'il avait causé à la 4e division dans cette journée, nous céda le champ de bataille et me laissa tranquille dans la ligne que j'avais conservée.

A huit heures du soir l'Empereur vint parcourir notre ligne; il avait l'air affligé : après s'être informé de mes pertes, il me dit :

« Tu as bien souffert aujourd'hui, *mon*

*vieux;* mais tu as utilement et vaillamment servi mes desseins. »

Sans me laisser répondre, il me demanda ce que j'étais dans la Légion d'honneur. Je lui dis : « Sire, j'ai l'honneur d'être chevalier, et d'être un des plus anciens de l'ordre. » L'Empereur alors s'appuie du bras gauche sur mon épaule, détache de l'autre main la croix de sa boutonnière et la place sur mon cœur.

Je voulus parler; il ne me fut pas possible d'articuler un mot. Napoléon dit : « Mon brave, je te fais officier de ma **Légion d'honneur.** »

Dès le lendemain 11, je reçus mon brevet et les récompenses que j'avais demandées pour mes intrépides artilleurs.

Dans la nuit, je quittai ma position pour me porter sur ma droite et faire face à une grande forêt qui est de l'autre côté de la rivière. Cette forêt avait été remplie d'infanterie par l'ennemi; il y avait aussi quelques pièces d'artillerie placées de manière à pouvoir nous prendre en flanc.

Pour éviter ce danger, je partis à la pointe du jour afin de m'emparer de la forêt. Je m'attendais à une vive résistance, bien que ma canonnade eût déjà démonté une partie des pièces prussiennes; mais je reconnus que messieurs les alliés opéraient leur retraite. J'attribuai leur attitude déconcertée aux savantes manœuvres que l'Empereur avait faites la veille, lorsqu'ils étaient à maltraiter notre seule division à laquelle ils n'avaient pas, à beaucoup près, détruit autant de monde que je leur en avait tué.

Enfin, voyant nos adversaires nous céder le terrain, je les suivis de très près, achevant de les dérouter par mon feu continuel. J'occupai donc la forêt. Nous entrâmes dans Heilsberg, et ces fameuses redoutes, prises d'abord par notre division et reprises ensuite par les gardes russe et prussienne, furent abandonnées cette fois sans combat. Nous arrivâmes le soir devant Kœnigsberg. Une petite action eut lieu en avant de la ville sur le point où je poussai l'ennemi, ce qui m'opposa un obstacle qu'il fallut aplanir. J'ouvris la tranchée et fis établir, dans la nuit du 11 au 12, des batteries de pièces de position et d'obusiers devant les murs de la ville. Mes dispositions étant terminées à la pointe du jour, je sommai le gouverneur de se rendre, l'avertissant que mon artillerie était prête à jouer, et que, si j'enlevais la place de vive force ou d'assaut, sa garnison serait passée au fil de l'épée. Cette ville importante se rendit et fut occupée par notre armée; mais la garnison, quoique prisonnière, fut renvoyée peu de temps après.

Nous étions entrés le 12 dans Kœnigsberg: nous en partîmes le 13, marchant sur Friedland; le 14 nous y arrivâmes. L'ennemi, à la rapidité de notre marche, commençait à s'apercevoir que l'Empereur l'avait amusé, afin d'avoir le temps de réunir toutes nos forces vers ce point, qu'il avait sans doute choisi pour y donner la grande et savante bataille qui termina cette glorieuse campagne.

# CHAPITRE IX



*Bataille de Friedland* (1).

Les armées prussienne et russe étaient en
bataille devant Friedland, qu'elles mettaient
à couvert. L'armée française, en colonne
d'attaque, se déploya sur son centre dès le
point du jour : après une forte canonnade
et plusieurs charges de cavalerie, nous fîmes
céder la première ligne des ennemis, qui,
se retirant un peu (cette fausse retraite avait
été calculée), se trouva soutenue à sa droite
et à sa gauche par des redoutes formidables
établies sur ses ailes. Des deux côtés la canonnade et la fusillade devinrent plus terribles; mais l'avantage que l'ennemi tirait
de sa position était immense; il nous mena-

(1) Cette bataille eut lieu le 14 juin 1807.

çait en outre de sa réserve, qu'il avait placée derrière son centre, et cette réserve était composée des deux gardes russe et prussienne, de leurs grenadiers et de leurs cuirassiers.

L'Empereur, jugeant bien que la ligne ennemie soutenue de la sorte ne serait jamais enfoncée, imagina de réunir sur notre centre une force considérable en artillerie et de l'opposer à cette réserve si elle voulait nous approcher. Le général Sénarmont reçut donc l'ordre de rassembler à l'instant cent cinquante bouches à feu pour en former une grande batterie et Napoléon lui enjoignit de me donner le commandement de l'artillerie à cheval. Nos pièces étaient à peine réunies que la réserve ennemie commença l'attaque avec son canon : après des efforts opiniâtres de part et d'autre, sans aucun résultat, je vis notre cavalerie maltraitée et le sort de la bataille compromis, car la première ligne ennemie, toujours couverte par les redoutes de ses ailes, nous tenait en échec et sa réserve formidable, libre de se porter sur nous,

allait nécessairement faire pencher la balance
en faveur des Russes. Dans ce critique moment je hasardai mes réflexions au général
Sénarmont et le priai, s'il les trouvait justes,
de proposer à l'Empereur le mouvement
hardi que je venais de combiner ; je lui dis
donc : « Mon général, vous voyez ce bouquet
de bois, garenne un peu en arrière de nous
et dans laquelle j'avais établi ma première
position ; je pense qu'il faut nous retirer par
échelons à cette hauteur ; je remplirai ce
bois de vos voltigeurs. Il y a en arrière de
cette garenne un ravin praticable pour l'artillerie, il en fait le tour ; si l'ennemi nous
suit, comme il est à le présumer, je me reti-
rerai avec mes huit batteries *impaires*, comme
si j'allais me porter au galop sur l'un des
côtés de cette garenne ; vous me ferez suivre
par deux des régiments de hussards qui sont
sous vos ordres ; pendant ce temps, je ferai
le tour de ce petit bois en descendant par le
ravin sans que l'ennemi puisse m'apercevoir
et je me trouverai en batterie du côté opposé
à celui où l'ennemi me croira ; je le tiendrai

alors en flanc et dans dix minutes cette belle
réserve, si audacieuse, sera rompue : une
fois ébranlée par ma mitraille, faites charger
sur toute la ligne, et la bataille est gagnée (1).

Le brave général Sénarmont me répondit:
« Peut-être avez-vous raison ; je vais consulter Sa Majesté. » En achevant ces mots il
part, arrive près de l'Empereur, lui raconte
de point en point mon projet. L'Empereur
ne dit que ces mots : « Il n'y a pas de doute;
le succès est certain ; exécutez. »

Les ordres se donnent ; le mouvement
commence ; l'ennemi tombe dans le piège ;
il nous charge ; il est arrêté. L'engagement
devient plus fort que jamais. Je profite de
ce moment d'acharnement pour exécuter
mon mouvement avec rapidité en arrière, et
je finis de marcher vers ma gauche pour

---

(1) J'ai cru devoir rapporter les paroles du colonel Séruzier
sans y faire aucun changement, j'aurais craint d'en affaiblir
l'intérêt en n'en rendant que le sens; mon but est de donner
au lecteur la preuve du génie naturel de l'officier justement
célèbre qui m'a confié la mise en ordre de ses Mémoires.
(Note de M. Le Miere de Corvey.)

cacher mon mouvement à l'ennemi, qui
m'observe : ensuite je file lestement dans
mon ravin, et je me trouve, comme je l'avais
prévu et sans qu'on m'ait aperçu, en batterie
du côté droit du bois dont j'avais fait le tour.
Aussitôt je commence un feu d'enfer sur le
flanc gauche de la réserve ennemie ; ma
mitraille, mes obus, les voltigeurs embusqués
dans la garenne, les deux régiments de hussards qui paraissent avec moi, déconcertent
l'ennemi, et la charge générale convenue,
s'exécutant alors sur toute la ligne, on vit
les Prussiens et les Russes culbutés sans
pouvoir se rallier sur aucun point : de ce
moment la bataille fut pleinement décidée
pour nous : Friedland, les bagages, l'artillerie des alliés, le champ de bataille couvert
de morts, un nombre considérable de prisonniers, etc., tombèrent en notre pouvoir.

La journée de Friedland fut suivie d'une
suspension d'armes et du traité de Tilsit.
J'eus dans cette belle affaire l'honneur d'avoir
calculé le mouvement qui nous fut si favorable et l'honneur plus insigne encore d'avoir

vu que le plus grand capitaine de notre siècle
l'avait approuvé et m'avait choisi pour l'exécuter.

Le lendemain, à la revue, on fit l'éloge de
ma présence d'esprit et de ma conduite;
mais cette récompense honorable me fit
moins de plaisir que la faveur de distribuer
moi-même un grand nombre de décorations
que j'obtins avec plusieurs avancements pour
mes braves compagnons. Il y avait alors
quatre jours que l'Empereur m'avait placé
sa propre croix d'officier de la Légion sur le
cœur, après la bataille d'Heilsberg ; le lendemain il m'avait signé le brevet et quarante-
huit heures après je reçus ma première dotation de deux mille francs. Napoléon avait
toujours pensé à moi au milieu de si grands
évènements ; je compte cela comme un titre
de gloire (1).

A Friedland, j'eus deux chevaux tués sous

(1) Napoléon avait coutume de dire lorsqu'on lui faisait
quelque objection : « Il n'y a que mon *vieux* Séruzier qui ne
trouve jamais rien d'impossible aux ordres que je donne. »
(Note de M. Le Miere de Corvey.)

moi ; je reçus quelques blessures peu graves à l'arme blanche ; mais je fus renversé d'un coup de feu, la balle me traversa la poitrine, ce qui, joint aux deux coups de sabre d'Heilsberg, me força à garder le lit. M. Percy, chirurgien en chef de l'armée, eut ordre de venir me donner ses soins, qui eurent un plein succès. Ma maladie ne fut pas longue, grâce à ma bonne constitution et à ma tranquillité d'esprit. Dès que j'eus pris neuf jours de repos à Tilsit, M. Percy continuant de me panser, je me hasardai de remonter à cheval, car je ne voulais pas quitter mon commandement ; aussi le conservai-je toujours.

Pendant ma convalescence à Tilsit (1) le grand-duc Constantin, frère de l'Empereur de Russie, demanda au grand duc Joachim Murat quel était celui des généraux français qui avait si maltraité les gardes russe et prussienne aux deux batailles d'Heilsberg et

______

(1) C'est à Tilsit que l'entrevue des Empereurs eut lieu sur un radeau placé sur le Niémen. (Note de M. Le Miere de Corvey).

de Friedland. On lui répondit que c'était le chef d'escadron Séruzier. Alors le prince Constantin vint me faire une visite et me dit des choses si flatteuses que je ne dois pas les répéter. Il ajouta que, si jamais le hasard faisait que j'eusse besoin de lui, il me priait de ne pas le ménager. Je ne croyais guère alors que ce hasard malheureux arriverait si promptement ; les paroles du prince furent une prophétie comme on le verra plus tard.

Avant de me quitter, il me dit : « Un de mes palefreniers vient de conduire deux chevaux de l'Ukraine dans votre écurie ; ils viennent de la mienne ; recevez-les de ma part. » Je crus devoir accepter.

# CHAPITRE X.



Tandis que le 4e corps (maréchal Soult) campait devant Kœnigsberg, la division Saint-Hilaire, qui ne s'arrêta point, s'était portée sur Pilau, port de mer sur la Baltique : cette ville, se regardant comme indépendante, n'avait point ouvert ses portes après l'entrevue des Empereurs.

Le général avait, en conséquence, fait sommation au commandant de la place, et moi j'avais disposé mon artillerie en attendant la réponse. Notre parlementaire nous rapporta bientôt que le gouverneur voulait se defendre (1) et je commençai l'at-

(1) Ce brave gouverneur était franc-comtois d'origine; il avait pris du service chez l'étranger avant la Révolution. Il se conduisit avec une fermeté digne des plus grands éloges; c'est une justice que je dois lui rendre ici. (Note du colonel Séruzier.)

taque par trois coups de canon de gros calibre à mitraille sur les trois grand'gardes avancées, dont moitié demeura sur la place ; le reste s'enfuit en désordre vers les bastions et se réfugia sous la protection de leurs batteries. Deux heures de canonnade m'ayant suffi pour les démonter, je me mis à lancer quelques obus sur la ville. On me ripostait vivement et nous perdions quelques hommes, lorsque le gouverneur, qui seul voulait résister contre le vœu des habitants, se vit obligé, pour apaiser les citadins, dont les maisons commençaient à brûler, de nous faire demander par un trompette la suspension du feu, invitant le général français à envoyer un officier de confiance pour entendre ses raisons.

Je fus très satisfait de cette proposition ; la canonnade ne nous menait à rien ; nous n'étions pas à l'abri des coups partis de la place ; de sorte que je me hâtai d'envoyer de mon côté un trompette pour répondre au sien. Le feu cessé, le colonel Berthezène (1)

(1) Le colonel Berthezène commandait le 10ᵉ d'infanterie légère. (Note du colonel Séruzier).

partit en parlementaire par ordre du général Saint-Hilaire. On convint provisoirement que l'on ne tirerait plus sans se prévenir des deux côtés, et que le régiment du colonel Berthezène occuperait d'abord Alt-Pilau (1) ; enfin que le général Saint-Hilaire, suivi seulement de deux aides-de-camp, d'un domestique et de deux ordonnances, se rendrait à huit heures du matin chez le gouverneur.

Toutes choses ainsi convenues, le grand désir que j'avais de découvrir dans les remparts de la ville un côté [mal défendu, me suggéra l'idée de me mettre à la suite du général en uniforme de hussard et comme aide de camp. Le général y ayant consenti, nous partons. Le gouverneur reçoit le général Saint-Hilaire d'une manière distinguée. On entre en pourparlers. Mon général demande qu'on rende la ville, le port et la citadelle aux français ; il promet au gouverneur de le laisser sortir à la tête de sa garnison avec tous les honneurs de la guerre et la permis-

____

(1) Faubourg de la ville. (Note du colonel Séruzier.)

sion de se retirer dans l'armée prussienne :
il ajoute que les préliminaires de paix sont
signés, que la paix définitive entre les deux
Empereurs de France et de Russie et le roi
de Prusse l'est peut-être aussi, et finit par
donner vingt-quatre heures au gouverneur
pour se consulter.

Ce brave homme répondit sans s'émou-
voir : « Monsieur le général, je ne me rendrai
jamais. Que la paix soit ou non signée entre
les puissances belligérantes, cela ne fait rien
pour Pilau : cette ville est libre ; et bien qu'elle
puisse succomber sous les efforts des troupes
françaises, à présent qu'elles n'ont plus à
vaincre les Prussiens et les Russes, je déclare que, tant que le conseil de Pilau m'au-
torisera à défendre cette place, je tiendrai,
et quand bien même elle succomberait, je
me retirerais dans la citadelle avec mes
braves. »

Lorsque le général français vit le gouverneur si décidé, il ne chercha plus à le gagner ;
mais il déclara qu'il voulait parler au conseil
de régence : on nous dit qu'on allait le con-

voquer. Je m'approchai alors du gouverneur et lui demandai la permission de visiter le port en attendant le déjeûner qu'il nous avait offert ; il me l'accorda pour trois quarts d'heure, temps nécessaire à la régence pour se réunir, et me donna un vieux maréchal-des-logis pour m'accompagner partout où je voudrais, excepté à la citadelle.

Je sortis, et pour humaniser mon hussard, je lui proposai d'abord le *schnaps*, qu'il accepta de bon cœur. En buvant, je lui demandai en allemand s'il y avait du bon vin dans la ville ; je lui dis qu'on m'avait assuré chez le gouverneur que j'en trouverais du *recht gut* (fort bon) du côté de la citadelle. Mon hussard, donnant dans le panneau, me répondit : « Oui, oui, je sais bien, mais il est cher.» C'est égal, repris-je, et je tirai de ma poche quelque petite monnaie, que je déclarai vouloir boire avec lui. Voilà mon vieil ivrogne entièrement gagné, Je me fais conduire vers la citadelle. Là nous nous occupons lui à boire, moi à observer de tous mes yeux. De temps à autre, je lui versais des *wieder-*

*Komm* (grand verre) qu'il avalait d'un seul trait. En même temps, je feignais d'être bien fâché de ne pouvoir lui tenir tête, attendu que je devais me ménager pour faire honneur au déjeûner du commandant de la place.

Cependant mon Prussien, à force de boire, entra en bonne humeur. Je le mis sur le chapitre de ses bonnes fortunes ; et comme il répondait à toutes mes questions en faisant l'état des dames qui avaient des soupirants, il me passa la revue de tous les officiers et m'apprit, sans s'en douter, le nombre des compagnies et les forces de la garnison.

Pendant notre promenade, j'avais reconnu deux points susceptibles d'attaque. En sortant de la taverne, je fis passer mon homme par les remparts. Arrivé devant celui des deux endroits qui me semblait le plus faible, je m'arrêtai en feignant un besoin; et, sous prétexte de me cacher aux passants, je fis placer mon bon allemand devant moi, afin d'examiner les localités plus à mon aise.

Je revins fort satisfait chez le gouverneur:

en entrant je jetai un coup d'œil expressif à mon général, qui ne me comprit pas d'abord ; mais quand le gouverneur me demanda comment j'avais trouvé la ville et le port, je lui dis que j'en étais fort satisfait ; que *j'y avais remarqué des choses qui méritaient d'être vues*, alors mon général comprit le vrai sens de ma réponse ; de sorte qu'au lieu d'écouter les observations du conseil de régence, qui paraissait disposé à suivre l'impulsion de son gouverneur, et vouloir résister, le brave général Saint-Hilaire parla avec une fermeté qui augmenta de plus en plus par mes signes, et finit par dire : M. le gouverneur a refusé vingt-quatre heures que je lui donnais pour se consulter ; je n'en offre plus que douze maintenant.

La régence, déconcertée par cette subite et nouvelle sommation, le fut bien davantage un moment après. L'un de ses membres, qui venait de sortir, vint droit à moi en rouvrant la porte, et m'adressant la parole, s'écria, au grand étonnement de tout le monde : « Donnez-moi la main, monsieur le colonel, j'aime mieux vous avoir pour ami que pour ennemi.

Chacun tourne les regards de mon côté. Je lui dis froidement : «Il ne tiendra qu'à vous, monsieur; acceptez ce que le général vous propose. Si vous refusez les offres qu'il vous fait par humanité, vous perdez vos habitations, vos biens, et vos familles.»

Après cette réponse, et au nom de *colonel* qui m'avait été donné, grande rumeur dans le conseil. «Il n'est plus temps de rien cacher ici, dit en se tournant vers ses collègues celui qui m'avait adressé la parole; monsieur le colonel est le commandant de l'artillerie qui nous a si maltraité hier; il a vu nos fortifications....

— Très en détail, ajoutai-je.

— Pour l'intérêt de la ville et de ses habitants, continua l'interlocuteur, je vote pour qu'elle soit remise aux Français et j'implore pour nous tous la clémence de Monsieur le général.

Le conseil était unanimement de cet avis, excepté le gouverneur, qui ne voulut point de la faveur qu'on lui offrait, de se retirer dans l'armée prussienne avec sa garnison. Opiniâtre et brave comme un vrai Franc-Comtois, il déclara qu'il s'enfermerait dans la citadelle avec ceux qui voudraient l'y suivre, si on voulait rendre la place. Il tint sa promesse et s'y retira après qu'on eût décidé que la ville serait occupée par les troupes françaises en raison de sa population.

Le lendemain la chose s'exécuta suivant la décision du conseil de régence. Le 10e d'infanterie légère et les deux pièces d'artillerie à cheval qui étaient dans Alt-Pilau, sortirent du faubourg et entrèrent dans la place, dont nous prîmes possession, tandis que le 14e d'infanterie légère remplaçait le 10e dans Alt-Pilau (1).

Tel fut le résultat de ma petite ruse, qui

(1) La ville de Pilau est bien fortifiée; elle est située à la droite et à l'extrémité d'une langue de terre sablonneuse, avec quelques belles forêts le long de la Baltique. Au nord est la petite ville de Fillden-Howen; à sa droite, à l'ouest, est la Baltique, et à sa gauche, à l'est, le Frisch-Haff. Le beau port de Pilau rend cette ville très commerçante; sa citadelle, bâtie d'après le système de Vauban, est très forte. (Note de M. Le Miere de Corvey.)

ne me donna pas beaucoup de peine, comme on le voit, mais qui cependant rendit un véritable service en évitant un combat et peut-être l'assaut à la ville.

J'ai cru pouvoir placer cette aventure dans mes Mémoires, bien qu'elle n'ait rien de plus extraordinaire que mille autres du même genre ; mais j'avoue que le souvenir de ce succès facile m'a toujours agréablement flatté, et je n'ai pas résisté au plaisir de le retracer dans ces notes, qui ne devaient jamais être connues que de mes enfants et de mes amis.

Pendant que l'on traitait de la paix, je travaillais sans relâche aux préparatifs du siège de la citadelle de Pilau. J'étais piqué au vif contre ce diable de gouverneur. Je m'occupai, dans le plus grand secret possible, de réunir les bois nécessaires pour la formation de gabions, saucissons, etc., etc. ; je mis mes ateliers en activité et commençai par ouvrir la tranchée en deux endroits différents. Ayant soin de me montrer tous les jours plusieurs fois à Pilau, l'ennemi était très loin de penser que je faisais mes préparatifs pendant la nuit. Dès la première, mes *boyaux* furent assez prolongés pour établir mes batteries; la seconde nuit elles furent toutes construites; la troisième, mes plates-formes en état, ainsi que mes canons, mes mortiers, mes obusiers, etc.; tout enfin était prêt à jouer.

Le gouverneur, qui ne dormait pas plus que moi, avait conçu des soupçons dès la seconde nuit. Il me demanda ce que je faisais, ce que signifiaient les mouvements qu'il avait aperçus et quels étaient les ouvrages que j'achevais d'élever. Mon général étant absent, je répondis : « Monsieur le gouverneur, vous vous êtes fortifié à votre aise dans votre citadelle en vous y retirant ; eh bien, moi, par prudence, je fais un camp retranché. »

Quoiqu'il en soit, ces préparatifs ne me servirent à rien et le gouverneur recueillit le fruit de sa belle défense, car au moment de faire jouer mes batteries je reçus la nouvelle de la paix signée et ratifiée, et l'ordre de brûler mes ouvrages et d'embarquer mon artillerie. Nous évacuâmes donc Pilau et nous nous rendîmes à Kœnigsberg pour attendre de nouveaux ordres.

# CHAPITRE XI



*Entrevue d'Erfurt.*

Ici commence un intervalle de repos. Le 4e corps d'armée parti de Kœnigsberg, prit des cantonnements sur la rive droite de la Vistule et y passa l'hiver.

En février 1808, la division Saint-Hilaire fut envoyée à Stettin, sur l'Oder, et mon artillerie fut cantonnée aux environs de Prentzlow, dans l'Ucker-Marck. Je m'aperçus que les pauvres cultivateurs chez lesquels mes canonniers étaient logés avaient beaucoup souffert et éprouvé de grandes pertes par l'effet des réquisitions et des fournitures de chevaux ; je fis mes efforts pour les dédommager autant que possible ; dans cette intention, j'ordonnai que tous les jours jusqu'à midi, la moitié des chevaux du train d'artillerie seraient employés, conduits par mes soldats, aux différents travaux d'agriculture des bons paysans qui les logeaient, et que l'autre moitié continuerait les mêmes travaux le reste de la journée, de manière que les mêmes chevaux et les mêmes hommes ne travaillant que six heures sur vingt-quatre, il n'en résultât point de fatigue pour eux. Cet ordre fut constamment suivi depuis le 1er avril, excepté les temps de pluie pendant lesquels je suspendais le travail.

Je ne puis dire le bien qui résulta de cet arrangement. Nos chevaux, bien soignés et parfaitement nourris, ne faisant qu'un exercice modéré dans les champs, devinrent beaux et bien portants. Jamais artillerie ne fut mieux tenue, j'en suis sûr. Quant à mes canonniers, comme ils se rendaient utiles chez leurs hôtes, il y étaient traités comme dans leurs familles, considérés comme fils de la maison; chacun leur donnait des chemises, des chaussures, de légers vêtements de toile, etc.; je n'ose même pas assurer que les jeunes filles de chaque ferme n'avaient pas donné quelque chose de plus à mes vieilles moustaches.

On nous avait pris tellement en amitié, dans le pays, que, lorsque la division Saint-Hilaire vint camper le 1er juin à une lieue et demie de Stettin, les fermiers pensant qu'ils allaient nous perdre, me demandèrent la permission de visiter leurs bons amis mes canonniers, et de leur porter, au camp que nous allions établir, les choses dont ils pourraient manquer. Je les remerciai et les rassurai en leur apprenant que mon artillerie à pied seule se rendrait au camp, mais que mon artillerie légère resterait dans la province d'Ucker-Marck, qui m'était conservée pour cantonnement, afin d'y faire subsister mes hommes et mes chevaux ; je leur promis que mes soldats continueraient à leur rendre service comme auparavant, et ces braves gens se retirèrent en me comblant de bénédictions.

Le 17 août, au matin, notre division partit du camp de Stettin pour aller occuper celui de Charlottenbourg, près Berlin. Nous allions remplacer le 1er corps d'armée (maréchal Victor) qui rentrait en France.

Dès que nous fûmes établis au camp de Charlottenbourg, les bourgmestres des environs, dans tous les lieux où mes hommes à cheval étaient répartis, vinrent me faire la demande instante de la même faveur que celle que j'avais accordée aux fermiers de l'Ucker-Marck ; le bruit s'en était répandu. Je répondis que telle était mon intention et que le général voulait que le soldat et l'habitant s'entr'aidassent et ne fissent qu'une même famille. Bref nous fûmes aussi bien dans ces nouveaux cantonnements que dans les anciens. La beauté constante des équipages de mon régiment me valut dans la suite des éloges qui me firent plaisir parce qu'ils étaient mérités.

En reconnaissant mes cantonnements, j'avais trouvé, à cinq quarts de lieue de Spandau, un terrain propre à établir un polygone. Je désirais depuis longtemps cette occasion et je la saisis, tant pour l'instruction de mes artilleurs que pour la mienne.

Ayant donc obtenu la permission de construire ces ouvrages, j'y fis mettre la main sans délai; quinze jours après nous avions un beau polygone, une butte, des fortifications de deux manières, etc.

Nous commençâmes nos écoles le 17 juillet; elles eurent lieu tous les deux jours jusqu'au 10 octobre suivant, époque où la saison, devenue trop rude, força la division Saint-Hilaire à rentrer dans Berlin.

Le maréchal Soult nous avait alors quittés pour aller en Espagne: il fut remplacé dans le commandement du 4e corps d'armée par le maréchal Masséna.

Tandis que nous occupions ainsi nos loisirs d'une manière utile, je reçus un ordre du major-général, qui m'enjoignait de me rendre à Erfurt. Je partis aussitôt. C'était en septembre 1808.

Les deux Empereurs de France et de Russie étaient ensemble dans cette ville (1); cha-

(1) Erfurt réunissait alors non seulement les cours de France et de Russie, mais encore le roi de Prusse et tous les rois et princes de la Confédération du Rhin. (Note de M. Le Miere de Corvey.)

que jour on passait quelque revue, et l'on m'avait mandé pour prendre le commandement de l'artillerie à cheval qui devait manœuvrer devant Leurs Majestés.

Quelques jours après mon arrivée, étant à une grande manœuvre où je faisais exécuter quelques évolutions devant l'Empereur, le duc Constantin, qui avait demandé de mes nouvelles, arriva au grand galop vers moi en me souhaitant le bonjour. Il me pria très poliment ensuite de vouloir bien lui céder le commandement de l'une de mes batteries. Je répondis au prince qu'un pareil poste n'était pas digne de lui; mais, comme il insistait, je ne pus me dispenser d'envoyer mon adjudant-major auprès du major-général pour le prévenir de ce qui m'arrivait.

Le major-général prince Berthier dit alors à Napoléon : « Sire, le frère du Czar demande à faire manœuvrer l'une des batteries de Séruzier. Il me semble qu'il est convenable qu'il cède tout à fait son commandement au prince, afin de lui faire plaisir. » — « Vous plaisantez ! dit Napoléon : c'est assez que le prince Constantin commande une des compagnies de Séruzier ; il faut que le vieux *père aux boulets* (1) garde le commandement en chef. » L'ordre étant précis, le major-général me le fit dire. Alors, ne pouvant faire davantage pour le grand-duc Constantin, je lui offris ma seconde batterie, à la tête de laquelle il se plaça, ayant à côté de lui M. Paulinier, officier d'un mérite distingué et capitaine de la compagnie qui servait cette seconde batterie.

Pendant la revue, nous exécutâmes un assez grand nombre de manœuvres et je fus assez content du prince, qui prenait les ordres de moi (2).

(1) L'Empereur appelait quelquefois Séruzier *Jupiter-Moustache;* mais les soldats, qui ne connaissaient pas Jupiter, lui avaient donné pour sobriquet celui de *père aux boulets,* dont l'Empereur se servit souvent par la suite, ainsi que de celui de *mon vieux.* (Voyez au bas de la page 46). (Note de M. Le Miere de Corvey).

(2) Si le lecteur réfléchit que le colonel Séruzier fut choisi par l'Empereur Napoléon pour venir à Erfurt donner une idée de l'artillerie française à l'Empereur de Russie, il pourra juger ce dont il était capable ; et, lorsque le grand-duc Constantin choisit le colonel Séruzier pour commander sous

Quelques heures après, nous avions défilé par batterie devant Leurs Majestés, moi à la tête de la mienne, et le grand-duc Constantin, comme l'un de mes capitaines, à la tête de la sienne. Quand tout fut fini, il s'approcha de moi et rendit au capitaine Paulinier le commandement de sa compagnie; en même temps il m'engagea à dîner, ce que j'acceptai. J'ai eu lieu de me féliciter plus tard d'avoir eu le bonheur de connaître ce prince, qui possède une âme très passionnée. Des gens qui ne l'ont pas vu de si près que moi lui reprochent un caractère violent et inflexible : je ne puis parler que de ce que je sais et de ce que j'ai vu et je me plais à dire que je n'eus alors qu'à me louer de lui, et que plus tard je lui dus la vie.

L'honneur que je reçus ce jour-là me flatta beaucoup, parce que c'était un hommage

ses ordres, le lecteur pourra également se convaincre de la haute opinion que le prince en avait conçue: ici le mérite réel de l'homme fut senti, apprécié et récompensé par ceux qui tenaient entre leurs mains les destinées européennes. (Note de M. Le Miere de Corvey).

rendu à l'artillerie française; cependant je n'aurais pas rapporté ce fait dans mes mémoires si je n'eusse été obligé de donner la raison des égards que le prince Constantin eut pour moi dans une circonstance plus importante et bien plus malheureuse.

Revenons à nos opérations militaires. Dans le mois de novembre de la même année, les divisions du 4e corps rentrèrent en France; celle à laquelle j'étais attaché (Saint-Hilaire) fut renforcée en infanterie du 76e et du 57e de ligne, et du 5e régiment d'artillerie à cheval que je commandais comme le plus ancien chef d'escadron.

Dans une grande revue qui eut lieu à Berlin, le maréchal Davout, commandant en chef l'armée, dit à notre division (1) : « Brave division Saint-Hilaire, l'Empereur vous laisse en Prusse pour être les remparts vivants de la ligne de l'Oder et pour occuper les places situées sur ses rives. Jurez-

(1) Le général Saint-Hilaire était gouverneur de Berlin. (Note de M. Le Miere de Corvey.)

moi de les défendre à votre manière accoutumée. »

Officiers et soldats répondirent par une acclamation unanime et notre général ajouta au nom de sa division : « Je jure que nous nous ensevelirons tous sous leurs débris plutôt que de les rendre sans ordre ! »

Nous partîmes de Berlin le 20 novembre afin de prendre possession de la ligne en question. Nous occupâmes de suite toutes les places importantes telles que celles de Glogau, Custrin, où fut placé le quartier-général, Anclam, Greiffswald, Barth et l'île de Rügen.

Une très grande partie de mon artillerie étant répartie dans ces différentes places, j'établis mon quartier dans la petite ville de Dam, située sur la rive droite de l'Oder, à deux lieues de Stettin, avec une tête de pont. Une compagnie de canonniers à pied et une autre de canonniers à cheval y fut laissée par moi avant mon départ pour Greiffswald (Poméranie-Suédoise) ; j'y plaçai aussi mon parc d'artillerie, gardant avec moi les artilleurs à pied et seulement une compagnie à cheval pour le service de ma correspondance. Le reste de ma troupe légère demeura cantonné dans la province, et dans cette position tranquille nous passâmes le mois de décembre jusqu'au 1er janvier 1809.

# CHAPITRE XII



*Insurrection du major Schill. — Sa mort.*

Dans les premiers jours de janvier, notre tranquillité fut troublée, et d'une manière fort alarmante. On m'instruisit que plusieurs corps d'insurgés ravageaient la Marche prussienne en deçà de la Poméranie suédoise. J'en rendis compte au général Saint-Hilaire et je reçus de lui l'ordre de prendre toutes les mesures que je croirais nécessaires afin de découvrir les chefs particuliers ou le chef principal de ces insurgés. Je fis plusieurs courses inutiles à ce sujet. Mais enfin, m'étant rendu dans la province de la Marche, j'appris que toutes ces dévastations étaient commises par le major Schill, homme d'un courage et d'une adresse extraordinaires, qui s'était mis à la tête des partisans de tout le pays.

Après avoir recueilli tous les renseignements possibles sur les forces des insurgés,
qui pouvaient s'élever à cinq ou six mille
hommes bien armés, mais assez mal équipés
en habillements, je fis mes dispositions particulières, et j'écrivis mon projet au général,
en lui demandant quelques détachements de
cavalerie légère pour les réunir à la mienne,
afin de dissoudre ces rassemblements. En
attendant sa réponse à ma dépêche, je retournai à Greiffswald.

Dans cette ville, je reçus bientôt après
deux escadrons de hussards des 11e et 12e
régiments. En m'envoyant ce renfort, on
m'ordonnait d'y joindre mes cavaliers et
d'aller m'établir dans la province de la Marche pour défaire le parti qui la ravageait.

Je partis, et quinze jours après mon arrivée, la province était tout à fait délivrée de
ces pillards. Les paysans eux-mêmes nous
prêtaient main-forte. Plusieurs de ces brigands furent tués, un plus grand nombre fut
fait prisonnier. L'un d'eux m'apprit que Schill
n'était pas loin et qu'il devait bientôt réunir

de nouveau ses hommes, auxquels il avait donné de l'argent pour subsister chez eux pendant deux mois, de sorte qu'aussitôt que les Français évacueraient la ligne de l'Oder, ils devaient se réunir à un endroit désigné pour recommencer leurs courses. De plus, le prisonnier qui me parlait ajouta que le départ des Français devait avoir lieu dans le courant du mois de mars; enfin que le lieu en question où le grand rassemblement des partisans de Schill devait se faire était à peu de distance de Stralsund.

Je revins à Greiffswald avec dix escadrons. J'appris là que Schill était avec quinze cents hommes de l'une de ses divisions (1) dans le bourg de Schnist. Je donnai mes ordres et le lendemain je me mis en marche pour ce bourg, qui était situé à trois lieues de l'endroit où je logeais. A deux heures du matin j'arrive, je cerne le bourg avec six escadrons, j'y pénètre avec quatre autres. Il faisait à peine jour. J'avais ordonné de sabrer

(1) Schill a eu jusqu'à douze mille hommes sous ses ordres pendant quelques jours.

tout homme qui se présenterait armé; cinq cents des brigands de Schill furent tués, les mille autres se rendirent prisonniers. Aussitôt je fis faire les perquisitions les plus sévères pour trouver leur intrépide chef, que je savais être à la tête de cette troupe; mais tous les soins furent inutiles, je ne pus en venir à bout. Cependant je ne le manquai pas de beaucoup, car ayant remarqué le trouble du propriétaire de l'une des plus belles maisons du lieu, je conçus des soupçons et me fis ouvrir la porte.

A force de chercher, je trouvai dans une pièce très malpropre, qui lui servait de cuisine, un coffre-fort bien cerclé et propre à recéler des effets précieux, comme argent et papiers. Je remarquai aussi que les fenêtres de cette chambre étaient ouvertes, et qu'elles donnaient sur le jardin. J'en conclus que, si Schill s'était caché là, sans doute il s'était sauvé sans peine avec quelque déguisement. Alors je dis au maître du logis que je voulais absolument voir l'intérieur du coffre. Il s'excusa maladroitement et finit par m'assurer qu'il en avait perdu la clef. Aussitôt je fis saisir cet homme, recommandant à mes soldats de ne lui faire subir aucun mauvais traitement, et je me disposai à l'envoyer par eau à Stettin, en remontant l'Oder, avec les mille prisonniers que j'avais faits. Le pauvre diable de propriétaire se mit alors à me supplier de le laisser aller, me jurant que le coffre avait été porté dans sa maison sans son consentement et qu'on l'avait placé de force chez lui, à l'instant où j'étais entré au galop dans le bourg. Enfin, il employa tous les moyens possibles pour être relâché, jusqu'à se faire réclamer par les magistrats, qui répondirent de lui.

Malgré la mauvaise foi visible de cet homme et les réponses opposées qu'il m'avait faites, je consentis à le laisser libre à la prière des magistrats, à la condition que deux d'entre eux me suivraient comme otages. Mais ces messieurs ne jugèrent pas à propos d'accepter, et moi, fatigué de ces subterfuges et pensant que le coffre-mystérieux pouvait renfermer quelque objet appartenant à Schill, j'ordonnai de faire sauter le couvercle.

Je me félicitai de cette mesure, qui me donna les éclaircissements que je pouvais souhaiter : en effet, je trouvai dans ce coffre un bordereau de compte signé Schill, avec une liste de tous ses officiers et sous-officiers. Je reconnus qu'ils étaient tous Prussiens, découverte importante pour nous en ce moment. Je trouvai en outre environ cinq mille florins (argent d'Autriche) en pièces de dix-sept sols et demi, frappées à neuf. Je m'assurai que dans plusieurs villes de pareils dépôts d'argent avaient été faits au nom de Schill, et toujours venant d'Autriche. Je saisis le tout pour le garder en dépôt et en rendre compte à mon général.

De retour à Greiffswald, le particulier chez lequel le coffre avait été trouvé fut relâché ; mais on lui fit payer auparavant une forte somme.

Cependant les avis que j'avais recueillis sur le fameux chef de partisans m'inquiétaient. Je savais, comme je l'ai dit plus haut,

que dans le commencement de mars, époque
à laquelle nous devions nous retirer en Autriche, Schill devait reparaître à la tête de ses
partisans.

Je n'avais pas manqué de faire surveiller
exactement tous les individus suspects, et
mes émissaires m'avertirent que Schill commençait à reparaître. Je me mis aussitôt à
préparer les moyens de répression les plus
énergiques : mais tandis que je mettais le
plus d'activité dans ces apprêts, je reçus un
ordre du lieutenant-général Saint-Hilaire qui
m'enjoignait de me rendre en poste à Stettin,
près de lui. J'obéis et je partis le 16 mars.

Le général m'attendait avec impatience.
Nous nous entretînmes longtemps de Schill
et de notre prochain départ pour l'Autriche;
ensuite il me remit le commandement de
toutes les troupes de génie et d'artillerie qui
se trouvaient sur la ligne de l'Oder, laquelle
devait être gardée par nos vétérans. Il me
remit également un état exact de tous les
détachements de ces deux armes, afin de les
organiser en bataillons et en escadrons. Tous

les dépôts qui se trouvaient depuis Stettin jusqu'à l'île de Rügen avaient ordre de se réunir le 19 à Greiffswald, et le 22 à Ferdinand-Owen ; les détachements de Dam, Stettin et ceux depuis cette ville jusqu'à Glogau devaient se trouver à mon passage à Prentzlow. Enfin, aussitôt mon organisation en bataillons et en escadrons terminée, je devais en faire un rapport au général qui, depuis Prentzlow jusqu'en Autriche, devait me précéder de deux marches chaque jour et laisser entre lui et moi un poste de correspondance.

Telles étaient les fonctions auxquelles j'étais appelé. Je témoignai à mon digne général toute ma gratitude pour la preuve de confiance dont il m'honorait, cependant je ne pus m'empêcher de lui laisser voir tout mon regret de ne pouvoir, avant mon départ, jouer un tour à Schill. Je détaillai tous mes plans contre lui ; je fis voir combien il était impolitique de laisser en arrière un homme aussi dangereux par son audace que puissant par l'or de l'Autriche et de l'Angleterre. Mon général convint de toutes mes observations ; mais il me dit qu'il ne savait comment s'y prendre et qu'il n'était pas possible de retarder le départ ; cependant il ajouta : « Je vous laisse maître de tout ; voyez si vous trouvez les moyens de faire tomber cet homme dans quelque embuscade ; faites ce que vous jugerez à propos avec toutes les forces que je mets à votre disposition ; seulement soyez rendu le 22 à Ferdinand-Owen. »

Je promis au général de lui obéir, l'assurant que le temps qu'il m'accordait était suffisant pour l'exécution de mes projets ; alors je le quittai, après m'être muni d'un ordre pour le commandant de Stralsund, ordre qui lui enjoignait de se concerter avec moi, et de seconder mes opérations secrètes.

De retour à Greiffswald, je dépêchai mes officiers en poste sur tous les points où les dépôts étaient placés. Le 17, l'infanterie se mit en marche ; le 18, l'artillerie et les dépôts de l'arme du génie, qui étaient à Barth et dans l'île de Rügen, se réunirent à Stralsund ; et le 19, je passai le tout en revue à Greiffswald.

Pendant ces marches et ces préparatifs d'organisation, que je faisais avec une grande apparence de tranquillité, je n'oubliais pas d'observer Schill ; mon intention était de ne l'attaquer qu'au moment de mon départ, afin qu'il eût moins de défiance et pour le surprendre plus sûrement,

Mes organisations diverses étant terminées, et le tableau de tous mes bataillons et escadrons remis à chacun des commandants respectifs, je me mis en marche le 20 mars à la pointe du jour. La veille, j'avais réuni mes dix escadrons d'artillerie légère, mes chasseurs et mes hussards, à trois lieues de Greiffswald, à l'ouest et à environ quatre lieues de Stralsund.

Cette dernière ville était fort affaiblie par le départ continuel des troupes qui en sortaient depuis trois jours, et je n'ignorais pas que Schill avait conçu le hardi projet de s'y établir en s'en rendant maître.

Pour augmenter sa confiance, je me gardai bien d'y laisser des forces suffisantes pour la défendre.

J'avais eu soin aussi de rassembler un assez grand nombre de voitures à Greiffswald et à Anclam. Dès que mon artillerie fut en marche, escortée de deux bataillons de sapeurs et de canonniers, je fis monter douze compagnies choisies sur la moitié de mes voitures, et je tournai rapidement sur Stralsund en me dirigeant à l'ouest, afin de passer par l'endroit où j'avais ma cavalerie. A la vue de la ville, je fis halte et me tins en repos, attendant que le pillage des brigands de Schill me donnât le prétexte que j'attendais pour y rentrer.

A dix heures du matin, la nouvelle de l'entrée des hommes de Schill dans Stralsund me parvint. Il était beaucoup plus en force que la garnison et ne doutait pas de s'en rendre maître, ainsi que de la ville. Mais il avait compté sans moi. Depuis six semaines j'épiais ses démarches, et lui les miennes. Ce jour-là je fis tomber dans un piège grossier cet homme si rusé, qui s'était vanté de m'avoir mort ou vif avant mon départ pour l'Autriche.

Dès que je fus certain de l'arrivée de mon adversaire à Stralsund, je me mis en marche avec mes forces pour cerner la place, m'y introduire et sabrer comme j'avais fait à l'affaire du bourg, où j'avais failli le prendre ; mais comme il aurait pu m'échapper, je résolus de le faire suivre afin de pouvoir l'enlever ou le tuer pendant le combat. Pour en venir à bout, j'ordonnai à mon vieux brigadier Beckmann, qui parlait fort bien l'allemand, de prendre un costume de paysan du pays ; mon espion à Stralsund, celui qui venait de me donner ces derniers avis sur l'ennemi, avait un vêtement pareil. Je lui fis me dépeindre Schill, et quand je fus certain qu'il le connaissait bien, je le chargeai simplement de ne pas le perdre de vue avec Beckmann, auquel je dis un mot à l'oreille. Beckmann me jura que Schill *ne verrait pas le lendemain,* s'il était dans la ville. Nous convînmes du signal qu'il me donnerait après qu'il aurait fait son coup, afin d'entrer de toutes parts dans la place et de faire main-basse sur les partisans privés de leur redoutable chef.

En prenant ce parti, je me reposais sur la situation des troupes de Schill. Elles étaient dans un désordre et une indiscipline extrêmes. Les habitants de Stralsund étaient dans la dernière consternation, ne doutant pas qu'ils ne fûssent mis au pillage de la manière la plus inhumaine par ces brigands.

Aussitôt que mes deux hommes déguisés m'eurent quitté, je donnai mes ordres à mon infanterie et à mes escadrons, recommandant à ces derniers le plus grand silence en pénétrant dans la ville. Ils devaient attendre jusqu'à ce qu'ils entendissent deux coups de feu ; au second ils devaient faire main-basse et sabrer sans pitié tout ce qui serait armé, jusqu'à ce que je fisse sonner la retraite, et alors marcher rapidement vers la grande place, où ils me trouveraient à la tête de l'infanterie rangée en bataille.

Mes instructions données, j'attendis avec

une anxiété difficile à peindre le coup de
fusil par lequel Beckmann devait m'avertir
selon nos conventions. Enfin, au bout d'un
quart d'heure il se fit entendre, et moi je
lâchai le second pour donner le signal à mes
cavaliers.

Toute la troupe de Schill fut alors massa-
crée; une demi-heure de combat suffit. La
promptitude de l'exécution et la surprise
dans laquelle notre subite apparition jeta
les partisans, leur fit sur le champ abandonner le pillage. Le bruit de la mort de
Schill, se répandant en même temps parmi
les siens, y jeta l'épouvante et le désespoir.
Cependant les brigands venaient d'égorger
une demi-compagnie de canonniers, sur
leurs pièces, que l'on n'avait pas eu le temps
de faire sortir de la ville, le commandant
ayant été forcé de la quitter à la hâte et de
se replier sur moi à l'instant où les bandes
de partisans entraient dans Stralsund,

Voyant l'affaire décidée en notre faveur,
je rappelai mes cavaliers et fis sonner la
retraite, afin d'éviter les accidents insépa-

rables d'une pareille mêlée, où souvent les innocents peuvent être confondus avec les coupables ; les habitants s'armant pour se défendre contre les partisans pouvaient être pris pour des partisans eux-mêmes. Je me rendis sur la place où nous nous trouvâmes tous réunis ; la garnison reprit ses postes et l'ordre fut rétabli.

Beckmann, alors s'approcha de moi et me demanda si je voulais voir Schill. Je suivis mon vieux brigadier, qui me conduisit à l'extrémité de la place, où ce major prussien, fameux par ses brigandages, était étendu raide mort. Beckmann, suivant mes ordres, avait saisi le moment où il donnait le signal du pillage à ses hommes, parmi lesquels il s'était mêlé ; alors, entrant dans un café devant lequel Schill se promenait, il avait relevé le fusil de l'un des bandits qui l'avait mis à terre pour piller, avait ajusté Schill à dix pas et l'avait jeté sans mouvement sur la place.

J'ordonnai les funérailles de cet audacieux brigand, et en attendant, je fis porter le corps

à son ancien logement, où je me rendis. On
trouva sur lui trois lettres dans un porte-
feuille, plusieurs billets de banque, et dans
la maison deux fourgons à lui ; l'un ne contenait que des provisions de bouche, l'autre
était chargé de ses papiers, d'une forte
somme en argent d'Autriche et d'un coffret
cerclé en fer, rempli d'or d'Angleterre.

Cependant les magistrats de Stralsund se
rendirent chez moi. Schill avait frappé sur
la ville une contribution de cent mille francs ;
ils étaient déjà versés et on me les apportait.
Je les refusai, leur disant que j'espérais qu'ils
ne me confondaient pas avec Schill, Mais,
comme ils insistaient beaucoup, je dis au
bourgmestre : « Monsieur, je recevrai cet
argent à une condition : c'est que nous en
ferons sur le champ la distribution aux
pauvres de la ville. » Ma proposition fut
acceptée, mais les magistrats voulurent ajouter dix mille francs à cette somme, afin que
ma troupe eût au moins un souvenir du
service qu'elle venait de leur rendre. En
effet, ce service était grand ; sans moi la

ville de Stralsund eût été certainement pillée.
Je crus donc devoir accepter les dix mille
francs et j'en fis à l'instant la distribution à
mes soldats.

Comme rien ne nous retenait plus à Stralsund, je ne pris que le temps nécessaire
pour reposer ma troupe ; et, remettant aussitôt après mes douze compagnies dans les
voitures qui les avaient amenées, je repartis
avec ma cavalerie et les deux fourgons de
Schill.

Le lendemain 21, je quittai Greiffswald
avec les voitures qui m'attendaient à Auk-
lam, et je me trouvai le **22** à Ferdinand-
Owen, suivant la promesse que j'en avais
faite au général Saint-Hilaire.

# CHAPITRE XIII



*Nouvelle guerre avec l'Autriche.*

---

L'organisation dont j'étais chargé s'achevait en route, et le 26 j'arrivai à Prentzlow avec cinq bataillons, dont trois d'artillerie, deux de mineurs et de sapeurs et dix escadrons de cavalerie, non compris les quatre escadrons de chasseurs et de hussards qui devaient retourner à leurs régiments respectifs, et qui me quittèrent le 27, après la revue que je passai des différents corps nouvellement organisés.

Ma colonne d'artillerie était donc composée de huit batteries de campagne, servies par huit compagnies du 5ᵉ régiment d'artillerie à pied ; de sept bataillons de canonniers à pied, dont deux de mineurs et de sapeurs ; enfin de huit escadrons d'artilleurs à cheval.

Cette troupe formidable, nommée la colonne des grenadiers, à revers bleu-noir, doublure rouge, fut désignée par les soldats sous le nom de *la colonne du père aux boulets.*

Jusqu'au 28 je continuai ma marche tranquillement, ne soupçonnant rien de nouveau, et me croyant en pleine paix ; mais un officier d'état-major me rejoignit en route ; il était envoyé par mon général, pour m'annoncer que la guerre était déclarée entre l'Autriche et la France ; que les Autrichiens avaient passé l'Inn, qu'il était urgent de me tenir sur mes gardes et de bien m'éclairer pendant le reste de ma marche, surtout du côté gauche.

Je ne m'étonnai point de la rupture de la paix. J'avais vu par les papiers de Schill les intentions de l'Autriche, et je crois pouvoir annoncer que la mort de ce fameux chef, déjouant les trames de cette puissance, fut une des causes qui précipitèrent la déclaration de guerre et déterminèrent les Autrichiens à marcher aussitôt contre nous. Quoiqu'il en soit, je me hâtai de profiter de l'avis du général, et je jetai sur ma gauche quatre escadrons en flanqueurs ; j'en mis deux en avant-garde et deux en arrière ; je plaçai dans le centre mon artillerie escortée par les bataillons de canonniers, de mineurs et de sapeurs. Dans cet ordre je gagnai Magdebourg sans avoir été inquiété.

En arrivant dans cette ville, je remis au trésor de l'armée l'argent qui avait été trouvé dans les fourgons, ainsi que les papiers de Schill. L'argent formait une somme d'environ soixante-dix-huit mille francs ; mais, au lieu de me trouver débarrassé de ce dépôt, il arriva qu'on me chargea d'escorter le trésor où je venais de faire le versement, et l'on y joignit l'ambulance de l'armée. Cette nouvelle preuve de confiance me donna plus de peine que de plaisir ; j'aurais préféré commander vingt mille Tartares (1) plutôt que d'avoir à donner des ordres aux employés de ces deux régies (le trésor et l'ambulance); tout le monde y voulait commander et personne n'y voulait servir. Je m'aperçus que

_______________

(1) On appelait ainsi les cantiniers, les goujats, les brosseurs et domestiques au service des officiers. (J. T.)

le désordre allait s'introduire dans ma colonne. Je pris le parti d'attacher à chacune
de ces régies un bataillon de mes vieux
canonniers pour les faire aller et obéir. Comme
la consigne était sévère et qu'on me connaissait, l'insubordination cessa sur le champ.
Enfin, le 12 avril, j'entrai heureusement dans
Bamberg sans aucune perte. Là je renvoyai
mes différents détachements à leurs corps
respectifs et ne conservai que mon artillerie
à pied et à cheval, avec laquelle je rejoignis
la division Saint-Hilaire, qui s'était mise en
marche pour Ratisbonne.

Pendant cette route assez longue, je n'eus
qu'un seul petit engagement avec les hussards autrichiens de Ferdinand sur les frontières de la Bavière. Cependant ils n'osèrent
pas m'attaquer sérieusement. Plusieurs détachements ennemis vinrent aussi me reconnaître ; mais tous me laissèrent tranquille
dès qu'ils virent que j'étais en mesure de les
recevoir.

Notre division (Saint-Hilaire) était forte de
quatre brigades en arrivant devant Ratis-

bonne ; elle avait une artillerie respectable trente bouches à feu). Je les mis en batterie le 14 avril au soir, et le lendemain 15, la ville ouvrit ses portes après quelques heures de canonnade. Nous occupâmes Ratisbonne jusqu'au 18. Ce jour, nous reçûmes l'ordre d'en sortir et d'aller bivouaquer dans les bois entre cette ville et le village de Thann.

# CHAPITRE XIV



*Affaire de Thann. — Prise de Lanshut. — Bataille d'Eckmühl.
— Prise de Ratisbonne. — Bataille d'Ebersberg. — Marche
sur Vienne.*

Les ennemis étaient en force ; ils avaient
au moins quatre fois plus de monde sur ce
point que nous. La division Saint-Hilaire
seule, se porta le 19 à huit heures du matin
devant le village de Thann, occupé par les
Autrichiens et soutint, seule aussi, le combat
pendant tout le jour contre soixante mille
hommes commandés par le prince Charles.
Mes artilleurs firent des merveilles. Notre
canonnade, vive et soutenue, démonta d'a-
bord un grand nombre de pièces ennemies.
L'adresse et l'expérience de mes vieux soldats
égalisèrent des forces tout à fait dispropor-
tionnées. Le prince Charles nous abandonna

le village et retira ses troupes sur un point plus avantageux pour elles.

Nous occupâmes alors la première position qu'avaient tenue les Autrichiens; mais nous n'avions pas encore obtenu d'avantage réel, et même par la manœuvre du prince Charles, notre position était devenue plus défavorable, car il avait rompu, en se retirant par le sud, les deux ponts de bois établis entre lui et le village de Thann.

Pendant que les Autrichiens opéraient, je ne dirai pas leur retraite, mais leur mouvement rétrograde, je fis redoubler la canonnade, ce qui était inutile contre l'ennemi, mais cela fixa son attention et me donna le temps de rétablir, sans qu'il s'en aperçut, les deux ponts qu'il avait détruits. Le général Saint-Hilaire eut alors assez de confiance en moi pour me demander ce que je ferais à sa place dans cette circonstance, pour enlever la position où nous voyions les batteries autrichiennes s'établir. Voici mot à mot ma réponse :

« Je ferais mettre le 10ᵉ d'infanterie légère et les voltigeurs en tirailleurs sur tout le front de l'ennemi; je forcerais par là les siens à rentrer dans leurs lignes; moi, pendant ce temps, je passerais au galop avec mon artillerie à cheval sur les deux ponts que j'ai rétablis; je m'emparerais avec rapidité de la position qui est devant nous. Pendant mon mouvement, mon artillerie à pied passerait de même sur les deux ponts, et, protégée par le feu de mon artillerie légère, arriverait facilement à ma hauteur et se mettrait en position. Une fois établis là, faites marcher toute la division en avant au pas de charge : l'ennemi ne tiendra pas. »

Mon général me répondit : « Nos idées se rapportent parfaitement. » Aussitôt il me quitte, donne ses ordres, et moi les miens. Le mouvement s'exécuta avec un succès complet. L'ennemi ne put se soutenir sur le point où il cherchait à s'établir; il céda, et notre division prit la position qu'il abandonnait.

Cependant les Autrichiens, en rétrogradant, avaient eu soin de choisir encore une

position avantageuse. Celle où ils se retirèrent cette fois était très forte, car elle était
soutenue par une épaisse forêt et flanquée
par deux taillis bien touffus. Ils y placèrent
leurs pièces, qui se trouvaient comme mas-
quées par le feuillage. Nous commençâmes
là un échange de boulets, qui dura trois heures au moins et nous nuisait fort sans avancer nos affaires en rien. Cette canonnade
m'ennuyait. Le 10e régiment et les voltigeurs,
après avoir fait rentrer les tirailleurs autrichiens dans leurs lignes, étaient revenus
dans leurs rangs. Je voyais le combat incer-
tain, et dès lors il allait se décider pour le
côté le plus nombreux. Je jugeai que nous
allions avoir le dessous, à moins d'une tenta-
tive décisive quelconque. J'imaginai de tourner l'un des taillis ; mais, comme je ne savais
pas si la chose était possible, je pris avec
moi une seule ordonnance pour aller reconnaître les lieux.

Je trouvai précisément ce que je voulais.
C'était un passage qui me permettrait de
tourner à droite le taillis, de me mettre en

batterie en dehors et, par là, de prendre
l'ennemi à revers. Je dis mes intentions au
général, qui, les approuvant, voulut les
seconder et les fit réussir par la sagesse de
la manœuvre qu'il ordonna. En effet, il jeta
le 10e léger en tirailleurs dans le taillis
que je voulais tourner, afin d'occuper ceux
qui le remplissaient et les empêcher de mettre obstacle à l'exécution de mon projet. En
même temps il fit faire une fausse charge
du même côté par le 57e et le 76e de ligne.

Cette attaque supposée, faite avec grande
affectation, ne permit pas à l'ennemi de s'occuper de mon action. J'eus le temps de tourner le taillis avec mes batteries légères ; je les
dirigeai aussitôt sur le flanc gauche des Autrichiens et sur leurs pièces de position. Je
les tenais de si près, que ma mitraille leur
détruisit tous leurs chevaux et leurs canonniers. Ils n'avaient pas encore pu se reconnaître que la division entière arriva sur eux
la baïonnette croisée, tandis que je sonnais
la charge après ma volée de mitraille. Les
Autrichiens, étonnés de cette manœuvre à

laquelle ils étaient loin de s'attendre, se jetèrent dans la forêt, abandonnant leur belle position, un nombre considérable de blessés et de morts, et vingt-quatre bouches à feu.

Alors, sans perdre de temps, je déployai mes batteries légères sur ma droite, de manière à me trouver en ligne avec mon artillerie à pied. Le 10ᵉ léger se ralliait à ma droite pour entrer dans le bois. Mais la chose fut inutile. Je me contentai de lancer quelques centaines d'obus dans la forêt; les ennemis l'évacuèrent totalement le soir même.

Cette journée fit le plus grand honneur à l'artillerie française et à la brave division Saint-Hilaire, qui reçut l'ordre de se porter sur Landshut. Nous n'eûmes pas besoin d'ouvrir la tranchée pour nous emparer de cette place ; deux heures de canonnade suffirent pour lui faire ouvrir ses portes.

Ce fut là que que notre division se joignit à la formidable division des *Grenadiers réunis*, et ces deux corps furent mis sous le commandement du maréchal Lannes, avec la désignation de *second corps de la grande armée*.

L'affaire de Landshut eut lieu le 21 avril, et dès le lendemain nous nous mîmes en marche sur Vienne. Le 22 eut lieu la fameuse bataille d'Eckmühl, à la suite de laquelle le maréchal Davout reçut de l'Empereur le titre de *prince* d'Eckmühl.

Le 23, sans nous arrêter un seul moment, nous nous portâmes sur Ratisbonne pour la seconde fois. Un combat assez vif eut lieu devant cette place; et, l'ennemi ayant le dessous, ne trouva rien de mieux que de se jeter dans la ville, dont il avait pris possession depuis notre première occupation. Comme alors la ville, remplie de troupes, paraissait disposée à se défendre, et pouvait nous opposer une résistance opiniâtre, le maréchal sentit la nécessité de l'enlever de vive force, et je reçus de sa part l'ordre de réunir sur un seul point toutes les pièces de douze et les obusiers du corps d'armée pour faire promptement brèche à la place.

J'eus bientôt exécuté l'ordre. Deux heures

me suffirent pour abattre une portion de remparts qui laissait un passage praticable pour un assaut. Alors je cessai mon feu. L'assaut se donna, la ville fut prise dans la soirée : les Français y firent quatorze mille prisonniers.

Nous avons continué notre marche sur Vienne. L'armée a couché le 26 à Passau.— Le 30, combat à Ried.— Le 2 mai, on entre à Lintz, et le 3 a lieu la bataille d'Ebersberg, où nous fîmes vingt-cinq mille prisonniers, mais où nous eûmes à regretter plus de mille blessés, qui furent brûlés dans le château sans qu'on pût leur porter le moindre secours. La petite ville d'Ebersberg fut totalement brûlée par les obus. — Le 5, l'Empereur passe l'armée en revue devant Ens et fait beaucoup de promotions, etc., etc.

Il n'entre pas dans mon plan de raconter les combats partiels, ni les différents engagements qui eurent lieu pendant notre marche sur Vienne. Il suffit que je dise que notre division y arriva le 12 mai. Nous faisions tête de colonne en nous présentant devant ses faubourgs, et nous nous mîmes en bataille devant le faubourg de Maria-Hülf. Le maréchal Lannes envoya un parlementaire au commandant de Maria-Hülf pour le sommer de le lui remettre sur le champ. On en fit de même pour le faubourg de Vieden et pour chacun des autres. Pour réponse à la sommation, notre parlementaire reçut quelques coups de fusils, l'un desquels le jeta raide mort sur le glacis. Aussitôt que cette nouvelle fut connue du corps d'armée, la fureur s'empara des soldats. Le maréchal profita de cette disposition, et tous ces faubourgs furent attaqués et enlevés à la baïonnette. Ils ne furent pas plutôt en notre pouvoir que l'Empereur fit réunir sous les ordres du général Charbonnel, général d'artillerie, tous les obusiers de son armée. Je fus chargé, sous le général Charbonnel, du commandement des batteries qui étaient servies par les artilleurs à cheval.

La réunion de toutes ces pièces formait cent obusiers, que j'établis sur les glacis et que je braquai sur Vienne, entre les faubourgs de Maria-Hülf et de Vieden. Mes obusiers furent bientôt prêts à jouer.

L'Empereur somma alors le gouverneur de Vienne de lui ouvrir les portes de cette capitale et de lui en remettre les clefs dans les vingt-quatre heures. Il joignit à cette sommation la menace de brûler la ville en cas de refus.

Le gouverneur ayant répondu négativement, je reçus l'ordre de commencer le feu sur la ville. Il était dix heures du soir. Je fis diriger quelques obusiers sur le palais impérial. Bientôt le feu s'y manifesta et la capitale de l'Autriche nous ouvrit ses portes.

Ce fut la Garde qui prit possession de Vienne. Le 2ᵉ corps dont la division Saint-Hilaire faisait la moitié, se porta à gauche, pour chercher un passage sur le Danube en face de Nusdorff, dont nous nous rendîmes maîtres. Ce bourg de Nusdorff, situé sur la rive droite du Danube, près le Kalember (1), est comme l'un des faubourgs de la ville de

_______________

(1) Le *Calemberg* ou *Kalemberg* est une montagne célèbre; ses chaînons s'étendent en Styrie.

Vienne ; il se trouve entre la capitale et Clos-
ter-Neubourg.

Notre division ayant passé le Danube en
face de Nusdorff, nous croyions aller en avant ;
mais le prince Charles vint en personne nous
faire repasser le fleuve ; nous y perdîmes du
monde. Cependant la division, protégée par
notre artillerie, qui occupait les hauteurs de
ce bourg, resta dans cette position pénible
jusqu'au 20 mai.

Ce jour-là, nous partîmes de Nusdorff pour
nous porter sur la droite de Vienne et en face
du pont construit sur le Danube. Nous avions
pour mission de nous établir d'abord dans
l'île de Lobau, et de faire passer ensuite
l'armée entière pour joindre celle du prince
Charles. Nous occupâmes Lobau le 21 ; aussitôt je fis jeter un autre pont sur le dernier
bras du Danube. A quatre heures après midi,
nous commençâmes à effectuer le passage
sur ce dernier bras. La division Saint-Hilaire et celle des cuirassiers du général Espagne, suivies des Grenadiers-réunis de notre
corps d'armée, passèrent les premiers ; vint

ensuite le 4e corps aux ordres du maréchal Masséna ; enfin la Garde avec une bonne partie de la cavalerie. Cette dernière effectua son passage de nuit et ne le termina que le lendemain matin.

Un accident fort malheureux arriva à ce passage. Le soir du 21, dans un engagement avec l'ennemi, on ordonna fort mal à propos et fort inutilement une charge de cavalerie dans laquelle le général Espagne fut tué. Ce brave officier général, justement célèbre, avait fait remarquer, avant de tenter cette charge, combien elle était déplacée. Il reçut l'ordre formel de la faire. Alors il se précipita à la tête de sa division et y périt avec un grand nombre de braves officiers et de soldats. Le lendemain fut un des jours les plus mémorables du règne de Napoléon.

# CHAPITRE XV


*Bataille d'Essling.*

Le **22** mai, à quatre heures du matin, nous reconnûmes la position de l'ennemi. Il était rangé en bataille à une demi-lieue d'Essling, sa droite appuyée sur Gross-Aspern et sa gauche sur Enzersdorf. Nous commençâmes une vive attaque du côté de Gross-Aspern et, notre armée s'étant presque aussitôt déployée sur son centre, l'affaire devint générale.

Les troupes qui avaient passé le dernier bras du Danube, comptant sur les 1er, 3e, 5e, 6e et 7e corps, et sur les alliés qui devaient, d'après mes calculs, arriver sur le terrain vers les huit heures du matin, le 2e corps et la cavalerie chargèrent vigoureusement l'ennemi dès sept heures.

D'abord la ligne des Autrichiens fut totalement rompue, et Gross-Aspern, par suite de ce premier succès, étant tombé en notre pouvoir, l'ennemi battit en retraite, dirigeant son centre sur Brünn (route de la Moravie), sa droite sur Znaïm (route de la Bohême) et sa gauche sur la Hongrie, dans la direction de Presbourg ; mais tandis que le maréchal Lannes, qui commandait le 2$^e$ corps, et qui croyait la victoire assurée, poursuivait les Autrichiens avec acharnement, la chance tourna tout à coup à notre désavantage.

Le prince Charles, qui voulait nous chasser tout à fait de la rive gauche du Danube et nous repousser dans l'île de Lobau, fut informé que le pont qui communiquait de cette île à la rive droite venait d'être rompu. Les habitants de Vienne, soit par l'ordre de ce général, soit de leur propre mouvement, avaient détaché les moulins construits sur le fleuve et les avaient lancés dans le plus fort du courant. Ces énormes bateaux, rapidement entraînés, avaient produit un choc si violent, qu'en un clin d'œil ce pont, dont la construction nous avait coûté tant de fatigues et de travaux, avait été mis en pièces.

Pendant ce temps-là, le 2ᵉ corps, qui se croyait soutenu, poursuivait toujours vivement le centre de l'ennemi ; mais le prince Charles ayant fait connaître à ses troupes que le pont, notre seule ressource, venait d'être détruit, ajouta que l'armée française n'avait plus de retraite, que nul renfort ne pouvait lui arriver, en un mot qu'elle était perdue, et sur le champ il donna l'ordre de se reporter en avant.

Ce mouvement surprit le maréchal Lannes. Ne se voyant pas soutenu, il reconnut qu'il s'était trop engagé sur la route de Brünn, et qu'il n'avait pas un moment à perdre s'il voulait n'être pas entièrement cerné. Contraint à son tour de battre en retraite, il ordonne de former les carrés et de se retirer par échelons. Ce fut le dernier ordre que donna cet intrépide soldat. Un instant après il fut blessé mortellement, ainsi que le brave général Saint-Hilaire, et en même temps le général d'artillerie Navelet fut blessé très grièvement. Dans cette funeste position j'eus moi-même deux chevaux tués sous moi et je reçus une balle sur la poitrine, mais elle s'amortit sur mon fourniment et ne pénétra pas.

La blessure du général Navelet le mettant hors de combat, je me trouvais, par droit d'ancienneté, chargé du commandement de toute l'artillerie, de même que le lieutenant-général Oudinot venait de l'être du commandement de tout le corps d'armée.

Sentant combien notre situation était critique et voyant que l'ennemi nous serrait de toutes parts, je fis former mon artillerie sur trois côtés, comme dans la manœuvre des carrés. Je plaçai ce triangle en avant de nos troupes, et, après avoir garni les intervalles avec de l'infanterie, je reçus les Autrichiens par une fusillade si vive et par un feu si bien nourri d'obus et de mitraille, que je les culbutai encore sur tous les points. C'est avec cette disposition de mon artillerie que nous opérâmes notre retraite.

Pendant ce mouvement, qui se fit avec

calme, je fis construire trois brancards par mes ouvriers pour transporter le maréchal Lannes et les généraux Saint-Hilaire et Navelet ; les deux premiers vivaient encore, quoique dans un état déplorable. Mes vieux canonniers et les plus anciens grenadiers, tous légionnaires, les portèrent au centre de la division. Jamais peut-être douleur ne fut plus vraie, ne fut plus profonde que celle dont nous étions tous pénétrés ; et peut-être aussi jamais guerriers n'eurent un plus noble convoi. En effet, quelque part que leurs yeux mourants se portassent autour d'eux, ils ne pouvaient rencontrer que le signe de l'honneur.

Arrivés près du dernier bras du Danube, en deçà de l'île de Lobau, on les déposa sous un chêne, et c'est là que le *grand homme*, pour lequel ils avaient si longtemps et si glorieusement combattu, accompagna leurs derniers instants de ses adieux et de ses pleurs.

Cependant nous étions arrivés, par notre mouvement de retraite, à la hauteur de la garde impériale : ne craignant plus d'être enveloppé, le lieutenant-général Oudinot fit mettre sur le champ son corps d'armée en ligne ; alors l'affaire s'engagea plus chaudement que jamais.

Voyant que les réserves autrichiennes commençaient à s'ébranler et que bientôt il allait nous devenir impossible de tenir plus longtemps, j'envoyai promptement un officier supérieur avec ordre d'arrêter toute l'artillerie en deçà du bras du Danube qui nous séparait de l'île de Lobau, et je lui enjoignis de faire visiter les caissons, de les faire charger complètement de munitions de même calibre, mais moitié en mitraille ; de garder avec nous seulement un caisson par bouche à feu et de faire promptement passer le reste dans l'île de Lobau.

Il était temps de prendre ces précautions ; la retraite était de plus en plus urgente, et tout ce qui n'était pas absolument indispensable pour la protéger devenait par cela même très nuisible.

Aussitôt après que l'officier chargé de

cette opération m'eût appris qu'elle était terminée, je n'eus plus d'inquiétude pour le passage des troupes. Il se trouvait alors parfaitement libre; j'en fis part aussitôt au général Oudinot. Sur le champ l'Empereur, à qui ce général rendit compte de ce mouvement, vint à moi et me dit de placer mon artillerie dans l'endroit que j'avais choisi, ajoutant : « Je compte sur toi pour sauver l'armée! » Je repondis : « Sire, je m'ensevelirai ici plutôt que de ne pas passer dans l'île le dernier de tous vos braves. »

Bien résolu de justifier la confiance de Napoléon, je réunis quatre-vingts bouches à feu en avant du pont, seul passage qui existât entre le champ de bataille et l'île de Lobau; je les plaçai derrière des touffes d'arbres que je fis élaguer à la hâte, de sorte que mes canons et mes obusiers se trouvèrent démasqués et en position de tirer partout où l'ennemi pourrait se présenter pour nous disputer notre dernier passage.

Alors je réunis près de moi mes officiers et sous-officiers avec les plus anciens de mes canonniers, et je leurs dis : « Messieurs les officiers, sous-officiers et canonniers, vous savez que l'artillerie est l'âme des armées et que la gloire de cette arme n'a jamais été ternie depuis son origine : jurons tous de nous ensevelir à cette place, plutôt que de ne pas sauver la grande armée! »

Aussitôt, chacun de ces braves s'écria : « Nous ferons comme vous; nous mourrons tous ou nous sauverons l'armée! »

Je répondis : « Elle est sauvée! (1) »

(1) Un mot dit à propos suffit pour électriser des braves dans un moment critique. Je me souviens qu'à cette même bataille d'Essling, commandant le 46e régiment de ligne, après la mort de mon colonel, tué à l'attaque de Gross-Aspern, ce village fut pris et repris par notre régiment plusieurs fois dans la journée. Le maréchal Masséna m'ordonna vers midi de le reprendre encore; mais, voyant le peu d'hommes qui me restaient, il me dit : « Joignez à vos troupes un bataillon de Hessois pour vous soutenir. » Je demandai ce bataillon de la part du maréchal au général qui les commandait, mais il me refusa. Le temps était précieux, mon régiment avait beaucoup souffert; il était nécessaire de l'enlever. M'adressant donc aux grenadiers, je leur rappelai le brave La Tour d'Auvergne, premier grenadier de France, mort dans leurs rangs et dont ils conservaient le cœur. Ce nom cité à propos avec ce qui me vint alors à l'idée électrisa tellement la troupe, qu'au moment où je faisais les commandements nécessaires pour entrer au pas de charge dans le village, un jeune tambour de seize ans s'approcha de moi et me dit :

A peine eus-je dit ces trois mots, que l'ennemi chargea les grenadiers de la vieille garde commandés par le comte Dorsenne; mais il n'avait pas compté sur la réception que je venais de lui préparer. Ma mitraille et mes obus firent un tel ravage dans ses rangs, que la moitié, pour le moins, resta devant mes batteries.

Ce premier succès ayant fait voir à l'armée qu'elle était soutenue, la rentrée dans l'île de Lobau se fit avec le plus grand ordre. Néanmoins l'ennemi ne se déconcerta pas; il revint trois fois à la charge avec opiniâtreté; nous le reçûmes chaque fois comme il l'avait été la première.

C'est là que les braves compagnies de grenadiers et de voltigeurs du 57e, surnommé si justement *le terrible*, dirent : « Nous ne rentrerons dans l'île qu'avec la dernière

« Commandant! chacun sa place ici; la mienne est devant vous. » Nous entrons au pas de charge, le village fut pris et l'ennemi culbuté sur tous les points, quoique six fois plus nombreux que nous. (Voyez mon ouvrage sur les Partisans et les Corps irréguliers, p. 293 et suivants) (Note de M. Le Miere de Corvey).

pièce de canon, et jusque-là nous resterons avec le *père aux boulets* (1).

Pendant que mon artillerie arrêtait ainsi les Autrichiens avec un avantage si marqué, j'ordonnai mon mouvement rétrograde du centre en arrière par les ailes. J'avais placé d'avance des officiers pour que mes pièces occupassent dans l'île de Lobau le même front que sur le champ de bataille d'Essling. Ayant donc opéré ma retraite et disposé mon artillerie de cette manière, j'envoyai par ma dernière batterie six boulets et deux obus à l'ennemi, pour lui prouver que nous attendions sans crainte, et même je ne fis démolir le pont que plusieurs heures après que tout le monde l'eût passé.

Ce fut à cette bataille que le maréchal Masséna reçut le titre de *prince d'Essling*. Pour moi, je reçus trois coups de feu et je fus démonté trois fois.

(1) Les grenadiers et les voltigeurs du 57ᵉ n'ont effectivement voulu passer le bras du Danube qu'avec moi et après ma dernière pièce.

# CHAPITRE XVI



Le lendemain 22, à la pointe du jour, tout le monde étant rentré dans l'île, je me mis à parcourir le rivage en face de l'ennemi, et je m'aperçus que les sentinelles autrichiennes, placées sur la rive gauche du Danube, liaient conversation avec les nôtres; j'en écoutai quelques mots. Il nous croyaient totalement perdus et nous annonçaient notre prochain désastre : l'un disait en riant : « Vous mourrez bientôt de faim (1) dans

(1) Il est certain que jamais corps d'armée n'a éprouvé une disette plus grande que dans l'île de Lobau, pendant quatre ou cinq jours. On était si près de Vienne, que personne n'avait songé à faire de provisions, mais les ponts étant rompus et toute communication détruite, nous nous trouvâmes manquer de munitions, de vivres, d'eau-de-vie

cette île, nous apprêtons des pelles et des pioches pour vous enterrer. »

D'autres criaient à nos soldats : « Si vous voulez acheter des cuirasses, nous vous en vendrons » (parce que le 21, la division de cuirassiers du général Espagne perdit beaucoup de monde); un vieux grenadier, qui était en faction sur le bord du fleuve en face de mon bivouac, répondit à ceux-ci : « Nous n'avons pas besoin de vos cuirasses; chaque grenadier français a un cœur, c'est assez pour aller chercher l'honneur dans vos retranchements. »

Chacun disait son mot ou lâchait une

et de linge pour panser nos blessés. Ne pouvant nourrir les chevaux que d'herbes et de feuilles d'arbres, on en tua pour faire des distributions aux soldats; mais le sel manquait, ce qui rendait cette nourriture détestable; aussi la dyssenterie commençait à se faire sentir, et fort heureusement pour l'armée, les ponts furent rétablis le 27.

Un singulier hasard vint adoucir un peu la situation pénible de quelques officiers qu'on avait envoyés pour reconnaître les petites îles qui entourent celle de Lobau. Les cerfs de l'empereur d'Autriche, qui étaient ordinairement dans le *Prater*, effrayés par l'épouvantable canonnade d'Essling, s'étaient enfuis et avaient passé plusieurs bras du Danube pour se réfugier dans ces petites îles. Nos officiers détruisirent presque tous ces beaux animaux pour s'en nourrir.

bravade. Je vis que si cela continuait encore, les sentinelles allaient sans ordre en venir à une fusillade, parce que peu à peu on s'aigrissait l'un contre l'autre. Je pris donc un trompette avec moi et, faisant sonner en parlementaire, un officier autrichien se présenta sur le rivage. Je lui criai que je désirais parler au commandant des avant-postes. Il alla le chercher; c'était un colonel d'infanterie. Je lui proposai de convenir ensemble que les chefs des avant-postes veilleraient réciproquement sur leurs sentinelles, qu'ils ne souffriraient plus qu'elles se permissent des insultes, ni qu'elles fissent feu l'une sur l'autre, avant de s'être prévenus une demi-heure d'avance. Comme cet officier parut surpris de ma demande, je lui dis que je présumais que nos généraux en chef allaient prendre ensemble de nouveaux arrangements, et que la mesure que je proposais n'ayant pour but que d'empêcher quelques hommes isolés d'être tués sans aucune utilité pour la cause qu'ils défendaient, je ne voyais qu'un motif d'humanité dans ma démarche. D'après cette explication, il accepta, ce qui me fit un très grand plaisir, car nous n'étions point en mesure pour laisser engager une affaire. Cependant le colonel autrichien me dit, en s'en allant, qu'il espérait à son tour que j'allais m'occuper à défaire notre pont. Comme j'avais l'ordre de le démolir, je m'en fis un mérite auprès de lui et je l'assurai que le pont allait être détruit à l'instant.

Effectivement, je lui donnai le plaisir de voir exécuter l'ordre de mon général, que ce bon Allemand eut la bonté de prendre pour une concession de ma part; mais, ce qui ne le satisfit pas autant, ce fut de voir ramener de notre côté tous les matériaux et jusqu'aux pontons; de sorte que nous étions les maîtres de rétablir ce pont dans les vingt-quatre heures, si nous le jugions convenable.

Aussitôt que ces conventions furent arrêtées avec le commandant des avant-postes autrichiens, je me retirai dans la barque que mes canonniers venaient de me construire, et m'occupai de faire mon rapport au major-général ; pendant que je l'écrivais, l'Empereur arriva pour nous passer en revue. Mes artilleurs se mirent en bataille en arrière de ma ligne. L'Empereur nous dit : « Braves artilleurs, vous avez été hier les remparts vivants de mon armée, soyez-les encore de Lobau et comptez sur ma gratitude. »

Après ces paroles, il se tourna de mon côté : « Et toi, *mon vieux*, dit-il, tu es toujours le même! Je te fais major; donne-moi la main. »

Je tendis ma main et touchai celle de l'Empereur en m'inclinant respectueusement. J'étais au comble de la joie. Je pensai alors que ce moment était favorable pour présenter les états d'avancement et de décoration que j'avais toujours soin de faire après chaque bataille (1). Je lui dis donc : « Sire, voilà les noms de ceux qui m'ont servi à

(1) J'ai remarqué que cette habitude donnait à mes canonniers une confiance extrême en moi. Ils savaient que je n'oubliais jamais les belles actions; aussi je crois pouvoir dire qu'aucun corps n'a eu plus de soldats dévoués à tous les périls, que celui que j'ai eu l'honneur de commander.

mériter votre bienveillance, et qui la méritent eux-mêmes par leur intrépidité. » L'Empereur, sans regarder mes états, mit en marge : *Accordé*, comme il l'avait déjà fait plusieurs fois pour moi, et le lendemain j'eus la douce satisfaction de faire reconnaître pour officiers ceux qui avaient reçu de l'avancement, et de donner l'accolade à mes noveaux confrères chevaliers de la Légion d'honneur, en leur remettant leurs lettres de nomination.

Ici je remarque en passant que jamais je n'ai rien demandé pour moi-même et que jamais rien de ce que j'ai demandé pour d'autres ne m'a été refusé.

L'Empereur s'arrêta là quelques minutes; il voulut bien entrer avec moi dans plusieurs détails concernant mon artillerie. Il finit par dire qu'il remettait le commandement des troupes qui étaient dans l'île au prince d'Essling.

Dès que j'entendis Napoléon parler de l'île, un projet qui me roulait dans la tête depuis assez longtemps me revint. Je n'osai lui en faire part de suite, parce que je ne l'avais pas encore assez mûri, et que je me défiais de moi pour l'expliquer rapidement et clairement à l'Empereur, de la façon dont il voulait qu'on lui expliquât tout. Je me contentai donc de demander **deux** bateaux avec leurs pontonniers, afin d'avoir les moyens de passer successivement de la rive gauche à la rive droite du Danube. Je donnai pour motif de ma demande le besoin où j'étais d'approvisionner mon artillerie en munitions, rechange au grand complet, etc.; car ma réserve était restée sur la rive droite. Le major-général, sur un signe affirmatif de l'Empereur, me donna cette autorisation. On verra combien ces bateaux me furent utiles par la suite (1).

(1) Dans mes états, j'avais eu soin de rendre compte du dévouement héroïque des grenadiers et des voltigeurs du brave 57e de ligne; je lui devais trop pour l'oublier, et je puis me flatter que mon rapport fit rendre à ce régiment la justice éclatante qu'il méritait. Le plus ancien capitaine de grenadiers et le plus ancien capitaine de voltigeurs furent faits chefs de bataillon. Tous les officiers qui n'étaient pas décorés obtinrent cet honneur avec plusieurs sous-officiers, grenadiers et simples soldats.

Cependant l'armée française souffrait une disette cruelle dans l'île de Lobau : il était impossible de s'y procurer ni vivres, ni fourrages. Cet état dura jusqu'au 27 au matin, époque à laquelle le pont rompu fut rétabli.

Pendant tout le temps où la communication fut interceptée avec l'île, je me servis d'abord fort utilement de mes deux bateaux de pontonniers pour apporter la nuit des vivres à mes pauvres artilleurs. J'en faisais distribuer aux blessés et aux malades; et, pour ne pas faire de jaloux, je ne laissais jamais défaire publiquement les caisses de munitions où je faisais cacher des vivres. Ceux qui étaient dans le secret publiaient que la viande nouvelle venait de quelques chevaux qu'on avait fait tuer parce qu'ils avaient les jambes cassées.

Je souffrais beaucoup de la misère de nos troupes. Ils la supportaient courageusement et, pendant quatre jours et cinq nuits, mes artilleurs ne reçurent point d'autres vivres que ceux qui arrivaient en cachette par quelques bateaux échappés aux yeux de l'ennemi; les chevaux vivaient d'herbes et de feuilles d'arbres, et dès qu'un d'eux quittait la ligne de ses gardiens, on était bien sûr qu'il était dépecé en moins de rien par les soldats et mis dans la marmite.

Enfin, le 27, le pont si longtemps attendu étant achevé, il se trouva plus fort que le premier par le moyen de la grande chaîne qu'on avait prise à l'arsenal de Vienne et qu'on avait assujettie aux deux rives du fleuve pour servir d'appui aux bateaux qui composaient ce pont (1). Alors, le 27 au matin, la Garde commença à se retirer sur la rive droite pour se rendre à Vienne; la cavalerie suivit la garde. Le 2ᵉ corps, dont notre division formait la moitié, comme je l'ai déjà dit, sortit ensuite; quant au 4ᵉ corps, il resta dans l'île sous les ordres du prince d'Essling; et moi je fus remplacé dans ma ligne d'avant-postes par l'artillerie du 4ᵉ corps.

(1) Cette chaîne, si remarquable par sa longueur et par la grosseur de ses anneaux, avait été faite, dit-on, par les Turcs, lorsqu'ils firent le siège de Vienne en 1683, que la bravoure de Jean Sobieski, roi de Pologne, les contraignit de lever. (Note de M. Le Miere de Corvey).

Trois jours avant de partir de l'île de Lobau, le lieutenant-général Grandjean arriva pour prendre le commandement de notre division et remplacer notre digne et brave général Saint-Hilaire, tué le 22 à Essling. Ce fut aussi ce jour-là que le comité de santé décida que la blessure que j'avais à la jambe était en si mauvais état qu'il fallait nécessairement m'amputer.

Je dis à ce comité : « Messieurs, je souffre considérablement, mais je ne veux pas qu'on me coupe la jambe; je ne pourrais plus servir, et si je ne dois plus servir, j'aime autant qu'on m'enterre ici; arrachez la balle comme vous l'entendrez, j'y consens, mais pas d'amputation. »

Un des membres me dit, en secouant la tête d'un air d'intelligence avec ses collègues, qu'on allait faire selon mes intentions, mais ayant cru m'apercevoir qu'il faisait des signes à ses aides en leur disant de m'attacher pour mieux supporter l'opération, je présumai qu'ils voulaient m'amputer malgré moi. Alors j'appelle mon vieux Soulzert, un de mes vieux brigadiers; je me fais donner mon sabre et mes pistolets, et je déclare que je veux être opéré sans être attaché : — « Arrivez maintenant, messieurs de la Faculté, je vous attends avec vos scies et vos grands couteaux. »

Cependant M. David, le chirurgien-major du 57ᵉ de ligne, s'approcha de moi et dit à ses confrères : « Messieurs, essayons. » Alors il me demanda si j'aurais la force de supporter l'opération nécessaire. — « Major, reprit-il, je vais vous ouvrir la jambe peut-être de trois côtés. » — « Oui, répondis-je, sabrez, mais ne sciez pas. » Il fit d'abord une longue et profonde incision, qui fit sortir une grande quantité de sang caillé; ensuite, écartant les chairs, il enleva les esquilles d'os brisés, et enfin, heureusement, trouva la balle, qu'il arracha avec le doigt. Je fus de suite soulagé de beaucoup et je vis que je guérirais. En effet, ma jambe s'est bien cicatrisée; elle n'est pas si bonne que l'autre, mais elle vaut encore cent fois mieux qu'une jambe de bois.

# CHAPITRE XVII

*Fait historique important.*

Revenons à nos opérations. Le 2e corps d'armée vint camper sur la rive droite du Danube, entre l'île de Lobau et Vienne. Pendant que l'on fortifiait l'île avec une grande activité, j'eus la commission d'organiser l'artillerie régimentaire. Il y avait encore dans nos régiments d'infanterie d'anciens soldats qui avaient été primitivement employés dans l'artillerie du camp devant Boulogne : je les fis sortir de leurs compagnies.

Cette artillerie régimentaire était composée, dans chaque régiment d'infanterie de ligne ou d'infanterie légère, de deux pièces de quatre ou de six, servies par une escouade formée par 31 hommes, savoir : 24 canonniers, un lieutenant commandant, un sous-lieutenant, deux sergents, deux caporaux et un tambour. On leur donna la solde de l'artillerie à pied et on leur fit commencer leurs exercices et l'étude des petites manœuvres jusqu'au premier juillet, époque à laquelle le 2e corps, dont nous faisions toujours partie, rentra dans l'île de Lobau, mais, cette fois, ayant à sa tête le général Oudinot ; et, le 3 juillet, il fut passé en revue à la droite de l'île, par l'Empereur.

C'est à cette revue que j'osai demander un entretien particulier à l'Empereur. Depuis longtemps je songeais à mon projet pour l'exécution duquel j'avais précédemment demandé deux bateaux, sous prétexte d'approvisionner mon artillerie. Je dis donc à Napoléon que j'avais découvert un passage pour aller prendre par derrière l'ennemi, qui s'était retranché tout à fait en face de la pointe et à droite de l'île, avec trois mille hommes d'infanterie et vingt-deux canons de treize.

Comme je vis l'Empereur très attentif à ce que je lui disais, et qu'il cherchait à lire dans mes regards si j'avais bien calculé tous les événements, je lui ajoutai que j'avais fait construire en plusieurs pièces détachées un radeau de la juste largeur qu'avait le dernier bras du Danube en face de nous. L'ennemi, continuai-je, peut être pris avec son général, avant de croire qu'on puisse l'attaquer. En même temps je tirai de ma poche un rapport détaillé sur les moyens que je me proposais d'employer pour ce coup de main et je n'avais pas oublié d'y mettre que j'étais instruit par un déserteur que le général Krasmer, qui commandait ce retranchement, se croyait tellement en sûreté, que tous les soirs, vers minuit, il se déshabillait et se couchait tranquillement. L'Empereur me dit à voix basse : « A quatre heures du soir, je viendrai te prendre, tu me feras voir cela ; ne dis rien à personne. »

Dès que le corps d'armée fut rentré dans ses bivouacs, le général Oudinot vint à moi et me demanda sur quoi roulait l'entretien que j'avais eu pendant si longtemps avec l'Empereur. Je lui répondis très poliment que je ne pouvais le lui dire, parce que l'Empereur me l'avait défendu.

A quatre heures, l'Empereur vint suivant sa promesse. Nous endossâmes l'un et l'autre une capote de canonnier à pied et tous deux nous nous coiffâmes d'un bonnet de police; je m'armai d'une hache, Napoléon prit une serpe. Ainsi déguisés tous les deux, nous nous rendîmes à mon radeau. Là, je fis tout voir en détail à Sa Majesté, et tout en causant, nous donnions de temps à autre quelque coup de hache ou de serpe, afin que l'on nous crût occupés au travail, et pour ne pas attirer l'attention sur nous.

Lorsque l'Empereur eût examiné mon radeau avec ses deux revers pliants qui pouvaient se relever et tomber sans bruit sur l'une et l'autre rive, enfin tout étant prêt, jusqu'aux câbles propres à l'amarrer quand il serait à sa position; lorsque l'Empereur, dis-je, eut examiné avec la plus scrupuleuse attention mes préparatifs, nous reprîmes le chemin de mon quartier, lui avec deux petits morceaux de bois qu'il était censé avoir coupés, et moi avec une charge sur l'épaule.

Arrivés à un demi-quart de lieue de l'endroit, nous jetâmes notre bois, et l'Empereur me dit : « Eh bien ! comment feras-tu ? Car c'est toi qui seras chargé de cette expédition. Si tu réussis, comme il n'y a point de doute, le passage s'effectuera de suite ; mais la difficulté est de réunir dans cet endroit de l'infanterie et de l'artillerie, sans que l'ennemi s'en aperçoive ? » — « Quant à l'artillerie, répondis-je, je n'en ai pas besoin pour l'entreprise ; j'aurai celle que je commande, qui sera réunie dans un endroit que j'ai reconnu, d'où je la dirigerai aisément sur tous les points convenables, sans que l'ennemi puisse voir son mouvement. Pour l'infanterie, elle ira couper le bois, comme elle l'a fait jusqu'à ce jour, dans la forêt qui est à gauche de mon radeau : dans chaque détachement qui viendra au bois, il y aura un certain nombre d'hommes auxquels je ferai garder leurs armes cachées sous leurs capotes avec leur fourniment, les sacs resteront à leurs compagnies. Ces soldats se coucheront sur la pelouse à mesure qu'ils arriveront et attendront ainsi la nuit dans le plus grand silence. L'ennemi, qui ne se doute de rien, voyant revenir au camp nos hommes avec leurs charges, comme à l'ordinaire, ne croira pas qu'il en soit resté dans le bois, et nous les trouverons là au besoin. » — « Que demain cette opération commence et que l'on continue toute la journée le passage des détachements allant et revenant, jusqu'à ce qu'il y ait deux mille grenadiers et voltigeurs réunis dans l'endroit désigné, avec les officiers nécessaires pour les commander. »

L'Empereur approuva tout, et je commençai de suite mon rassemblement de soldats bien choisis. Le soir, il était complet. A dix heures, je passai la revue de mes deux mille vieilles moustaches. Après m'être assuré que les armes étaient en bon état, je leur dis : « Camarades, nous avons une expédition glorieuse à faire ; elle est hardie, mais le succès est certain si vous avez confiance en moi ; obéissez à vos officiers sans dire un seul mot, car le succès dépend de notre silence. » Ils me répondirent : « Commandés par le *père aux boulets*, nous attaquerions le diable sans mot dire; aussi, soyez tranquille et allez de l'avant. » Je leur dis de se tenir prêts à marcher d'ici à deux heures.

Je m'étais fait accompagner par deux cents hommes sans armes, auxquels j'avais donné une commission particulière dont ils s'acquittèrent à merveille; ils étaient sous les ordres du chef de bataillon Baillon.

Voyant les bonnes dispositions de ma troupe, je me rendis auprès de l'Empereur, que je trouvai à son bivouac. Je lui rendis compte de ce que je venais de faire. « Sire, tout est prêt, ajoutai-je; mes canonniers conduisent maintenant mon radeau à l'endroit désigné, l'infanterie s'y trouve rassemblée sans avoir été vue par l'ennemi; le pont mobile sera placé à minuit précis et le passage s'effectuera de suite. » L'Empereur parut satisfait. Comme je me préparais à le quitter, la pluie commença à tomber. Alors je m'écriai : « Le ciel nous favorise, le retranchement et tout ce qu'il renferme est à nous! »

Il était onze heures et demie lorsque je quittai la tente de Sa Majesté pour rejoindre ma troupe qui m'attendait avec impatience. Je chargeai un officier de placer une pièce sur le rivage, afin qu'aussitôt que je serais maître du retranchement on pût tirer un coup de canon pour avertir l'Empereur du succès de l'entreprise. Tels étaient les derniers ordres que j'avais reçus de lui, et il attendait avec impatience ce signal pour faire passer l'armée sur la rive gauche.

A minuit, mon radeau remonte jusqu'à l'endroit où était mon rassemblement; on se hâte d'assujettir ce pont mobile aux deux rives. Je passe le premier avec l'un de mes adjudants et je m'avance seul avec lui pour observer l'ennemi. Tout était calme. Je marche avec précaution et, tournant le camp retranché des Autrichiens, j'arrive sur ses derrières. Ils tombait de l'eau à verse. Pas un de leurs soldats n'était dehors, tous étaient dans leurs bivouacs. Certain du calme, je repassai sur notre rive, et je me mis à la tête de mes braves.

Quand nous commençâmes notre mouvement, le chef de bataillon auquel j'avais donné l'ordre de guider les deux cents hommes sans armes, vint à moi d'un air assez embarrassé. « Monsieur le major, que voulez-vous, dit-il, que je fasse de ces deux cents soldats qui n'ont point de fusils?...» — « Vous les emploierez, repris-je, à renverser et briser ceux des Autrichiens rangés en faisceaux devant leur ligne; vous en ferez des *jambons* (1); et d'ailleurs, continuai-je, vous serez soutenu par cinq cents hommes de réserve, dont vous allez prendre le commandement.

Mes ordres ainsi donnés, trois bataillons de cinq cents hommes chacun sont formés : le quatrième, qui formait ma réserve, fut confié au commandant Baillon, qui commandait déjà les hommes sans armes, et nous passâmes avec le même silence jusque

(1) Expression employée pour exprimer un fusil dont on brise le bois entre la crosse et la culasse.

sur les derrières de l'ennemi, par le même chemin que j'avais reconnu. Là, je me mets en bataille et me place au centre de mes trois bataillons, laissant derrière moi les deux cents hommes sans armes, suivis du bataillon de réserve; je donne alors le signal d'attaque. Aussitôt mes trois bataillons s'élancent dans le camp ennemi la baïonnette croisée; moi, je cours avec ma réserve à l'artillerie du camp, et je m'en empare. Je commande à haute voix, et je fais faire autant de bruit que j'avais ordonné de silence un moment auparavant. De tous côtés les Autrichiens entendent : *garde à vous!...* *bataillon! — apprêtez armes! — joue!* etc. Il était à peine deux heures du matin, le jour commençait à poindre. Les pauvres diables, surpris et consternés, sortaient de leurs baraques, les uns presque nus, les autres à demi-vêtus; les moins épouvantés coururent à leurs armes, mais ils trouvèrent les faisceaux renversés et les fusils rompus.

Je crie alors : « Rendez-vous à discrétion, ou je ne fais grâce à personne! » Cette in-

jonction était inutile, car nul d'entre eux
ne pensait plus à résister. De suite je me
transporte à la baraque du général, qui
s'habillait à la hâte. Quand j'entrai, il me dit
d'un ton impérieux : « Vous êtes mon prisonnier! » Je me mis à rire. « Vous êtes par-
donnable, M. Krasmer, lui répondis-je, car
vous dormez encore; mais pour vous réveil-
ler entièrement, je vous apprends que c'est
vous qui êtes le mien : remettez-moi donc
votre épée. »

Le général obéit sans répondre une syllabe.
Je lui ordonnai de me suivre; il faisait un
temps abominable, mais il fallait rejoindre
les autres prisonniers.

L'eau tombait par torrents. Le pauvre
général Krasmer vit toute sa troupe dés-
armée rangée en bataille sur trois rangs,
pour que mes officiers pussent les compter
et en tenir compte; il assista donc à cette
revue, qui fut probablement la plus désa-
gréable qu'il ait passée de sa vie.

Pendant que je faisais mettre en ordre
mes prisonniers (il y en avait trois mille),

un officier autrichien me tira par ma giberne. Etonné de cet appel inattendu, je me
retourne et lui fais signe d'attendre; je donne
l'ordre de le faire sortir des rangs et je hâte
la fin de cette revue.

Dès qu'elle fut terminée, je chargeai le
commandant Baillon de conduire au quartier
impérial M. le général Krasmer, ses officiers
et les trois mille prisonniers que je venais
de faire; je lui recommandai d'avoir pour
ce général prisonnier tous les égards dus à
son rang. Le commandant m'assura que
toutes mes intentions seraient remplies, et,
muni de mes instructions, il se disposa à
partir.

Je ne voulus pas conduire moi-même le
général autrichien à Sa Majesté, parce que
je n'avais pas fini tout ce que j'avais en tête;
mais je fis partir de suite mon adjudant
pour faire tirer le coup de canon dont j'étais
couvenu pour signal de succès. C'était tout
dire, et j'étais bien aise de la surprise agréable que j'allais causer plus tard à Napoléon,
lors de l'arrivée du commandant Baillon.

Mon adjudant avait aussi l'ordre de faire arriver mon artillerie. Dès que j'eus donné à chacun ses différentes instructions, je revins à la baraque du général Krasmer, et je m'y fis suivre par l'officier autrichien qui m'avait tiré la giberne pendant la revue. Cet homme me révéla des choses importantes pour l'armée française.

Il me dit que si je voulais me porter sur le château de Brinsdorff, éloigné de près de deux lieues de l'armée autrichienne, et au plus à une demi-lieue de nous, sur le bord du Danube, en descendant le fleuve, il me serait très facile de le prendre avant qu'il ne fût secouru; que ce château était rempli de vivres de toute espèce, qu'il y avait un magasin considérable d'effets différents, destinés à l'armée autrichienne; que la garnison qui était chargée de la défense de ce poste important était d'environ deux mille hommes, avec une très forte ambulance; enfin, que ce château n'était pas en état de résister à de l'artillerie. Pour toute réponse, je dis à mon officier : « Monsieur, vous m'y conduirez. »

Aussitôt je le place entre quatre fusiliers et un caporal, et je lui ordonne de marcher devant moi.

Le commandant Baillon commençait à défiler pour conduire nos prisonniers; je l'appelai et le chargeai d'un mot pour le major-général. J'écrivais que j'allais m'emparer d'un donjon à quatre tourelles où j'espérais trouver de bon vin pour réconforter mes soldats des fatigues de la nuit.

Le commandant me demanda la permission de revenir avec son bataillon de réserve, aussitôt après avoir conduit ses prisonniers. Je l'y engageai et lui dis d'escorter mon artillerie que j'attendais impatiemment; pendant ce temps je fis rafraîchir ma troupe avec les vivres que nous avions trouvés.

Disons maintenant pourquoi cet officier allemand trahit son devoir et l'honneur en me donnant tous ces renseignements.

Cet homme avait été maltraité par ses chefs; il avait fait cette dernière guerre à regret et très malgré lui. Dans la campagne d'Austerlitz, j'avais été logé chez son père et

je lui avais rendu quelques légers services;
ces considérations l'avaient déterminé à en
agir ainsi. Malgré le mépris qu'inspire toujours la trahison, je crus devoir promettre à
cet autrichien de le faire récompenser si
tous les renseignements qu'il m'avait donnés
se trouvaient exacts. Effectivement, il eut
par la suite sa liberté et l'on eut beaucoup
d'égards pour lui.

Revenons au château de Brinsdorff. Il se
passa deux heures avant que mon artillerie
arrivât. J'eus le temps de reconnaître Brinsdorff. Je mis mes pièces en batterie et j'envoyai un parlementaire au gouverneur, en
lui signifiant qu'il eût à me rendre sur-le-
champ son fort avec tout ce qu'il contenait.
Mon parlementaire revint avec un refus. Le
gouverneur lui avait répondu que sans doute
j'étais un chef de patrouille égaré: que
j'eusse à me retirer bien vite, qu'autrement
il allait me faire enfermer.

Cette insolente réponse fut aussitôt suivie
d'une volée de vingt-quatre pièces de
canon et de huit obusiers. Après ce *bonjour,*

le pauvre gouverneur (c'était un colonel)
n'attendit pas le reste du compliment. Il
demanda à capituler. Je cessai de tirer,
mais j'exigeai qu'il se rendît, sans observation, à pied, devant nos batteries avec ses
officiers. Il y vint, s'excusant beaucoup sur
ce qu'il croyait impossible que l'armée française pût l'attaquer à l'improviste, car il lui
semblait qu'elle ne pouvait effectuer son
passage sans avoir l'armée autrichienne en
tête pour le lui disputer.

« Vous voyez, lui dis-je, qu'il ne faut
jamais rien regarder comme impossible
avec nous. L'armée française est maîtresse
du fleuve, et sans que vos généraux se soient
doutés du mouvement qu'elle a opéré pour
cela. M. Krasmer, votre général d'avant-postes,
est pris avec ses vingt-deux grosses pièces,
ses trois mille hommes et sa ligne retranchée.
Il faut me remettre sur-le-champ votre château et tout le matériel qu'il contient. Vos
malades et vos blessés seront protégés et
respectés; leurs officiers de santé resteront
avec eux jusqu'à nouvel ordre. Votre gar-

nison sera prisonnière, mais je laisserai aux officiers leurs chevaux et leurs bagages. »

Le gouverneur baissa la tête, en jetant un coup d'œil sur mes trente-trois bouches à feu prêtes à tirer, et il me rendit son épée.

Les deux mille soldats défilèrent et posèrent leurs armes devant nous. Je chargeai M. Lenoir, commandant l'un des bataillons qui composaient ma petite armée, de la conduite de ces nouveaux prisonniers. Je lui donnai l'ordre de se rendre vers le général Oudinot et vers le major-général, afin de les instruire du résultat heureux de ma dernière expédition et de les prévenir en même temps que j'allais laisser garnison, fortifier cette position pour la mettre à l'abri d'un coup de main, et que je reviendrais ensuite à ma division avec le reste de mes troupes, à moins qu'on ne jugeât à propos de m'adresser de nouveaux ordres à Brinsdorff.

J'entrai dans le château. J'y trouvai des magasins magnifiques et des provisions immenses qui furent pour notre armée d'une utilité incalculable. Dans les salles de l'ambulance, je trouvai jusqu'à deux mille blessés, ce qui porta à sept mille le nombre des prisonniers que je fis dans cette nuit, sans perdre un seul homme. Si l'on fait attention aux magasins dont je venais d'enrichir nos troupes, à la prise d'un général ennemi, à l'enlèvement de vingt-deux pièces de canon, à la prise de possession d'un passage du fleuve, passage peut-être impraticable autrement; si, dis-je, l'on pense à tous ces avantages, et qu'on se rappelle que mon projet fut exécuté presque sous les yeux de l'Empereur, qui me confiait ce coup de main, on me permettra de compter cette nuit pour un de mes titres à l'estime de l'armée et l'on m'excusera d'en avoir donné tous les détails aussi longuement.

Je laissai dans Brinsdorff, qui ne ressemblait pas mal à une petite cité, cinq cents hommes d'infanterie sous le commandement de M. le chef de bataillon Garçon; je l'établis gouverneur du château *aux quatre tourelles,* ensuite je me disposai à revenir dans l'île de Lobau. Ainsi se termina cette agréable expédition. Ne recevant point d'ordres contraires du quartier-impérial, je partis de Brinsdorff après avoir de nouveau recommandé les blessés nombreux que j'avais pris, et je rejoignis ma division. Les grenadiers et voltigeurs reprirent aussitôt leurs places dans leurs corps respectifs et j'eus soin qu'ils reçûssent la récompense qu'ils méritaient.

Le 5, l'armée française se mit en mouvement en passant par la droite de l'île de Lobau, pour se rendre dans la belle plaine d'Enzersdorff. Le 2e corps avança sur cette petite ville, qui fut prise aisément, et nous continuâmes à canonner l'ennemi chaque fois qu'il s'arrêtait; nous le conduisîmes ainsi jusqu'à ses retranchements. Notre division, formant toujours la moitié du 2e corps, arriva devant la ligne ennemie entre la Tour-Carrée et Baumersdorf, vers cinq heures de l'après-midi. Nous nous battîmes une heure à peu près à coups de canon. Mais sans doute le général reconnut l'inutilité de cette attaque que je jugeai d'avance mal combinée, car il donna l'ordre de quitter cette position, et nous dûmes nous porter à gauche, en face de Baumersdorf.

Ce village était très bien fortifié et plein de troupes. Je reçus l'ordre d'en chasser l'ennemi. Les dispositions qui me furent ordonnées venaient un peu tard. Mes efforts ne furent pas inutiles, mais ils ne furent pas suffisants pour obtenir l'abandon de ce poste. Pendant toute cette journée et jusqu'à dix heures du soir, nous y fîmes en vain pleuvoir une grêle de boulets. Je concevais pourquoi nous ne réussissions pas dans cette attaque : nous avions négligé de nous assurer d'un passage par lequel l'ennemi recevait continuellement du renfort; bref, on n'avait pas bien reconnu le point attaqué. On ordonna aux grenadiers réunis de notre corps d'armée (2e corps) de charger à la baïonnette; mais cette formidable colonne fut repoussée encore, tant il est vrai qu'une première faute entraîne des accidents incalculables. En effet, cette colonne de vieux et intrépides soldats revint en désordre, et les grenadiers, furieux de la fausse démarche qu'on leur avait fait faire, vinrent en frémissant se rallier derrière mon artillerie. Je ne savais trop comment cela finirait, car l'ennemi recevait toujours des troupes fraîches. Je résolus d'abîmer le village de manière à ce qu'il fût impossible de s'y établir davantage. Je dirigeai alors tous mes obusiers sur les plus grosses maisons où je présumais, comme cela se trouva vrai, qu'il y avait des magasins. J'eus dans moins d'une heure réduit ce malheureux village dans l'état le plus déplorable. Le feu se répandit partout. Il ne fut plus possible aux Autrichiens d'y rentrer, non plus qu'à nous. Toute la nuit, nous fûmes éclairés par l'incendie. Ce spectacle était affreux.

Nous restâmes en batterie jusqu'au jour, sans tirer un coup de canon. Ce jour terrible éclaira la célèbre et mémorable bataille de Wagram, où j'eus le bonheur de trouver encore l'occasion de me faire remarquer.

# CHAPITRE XVIII


*Bataille de Wagram.*

L'armée autrichienne était en bataille sur une hauteur faisant face au midi; sa droite, appuyée au Danube, occupait la forêt qui se trouve entre ce fleuve et Lang-Enzersdorf. C'est à la gauche de ce grand village que commence la position qu'avait choisie l'ennemi. Elle s'étendait du côté de Presbourg jusqu'à la Tour-Carrée où il avait appuyé sa gauche. La ligne des Autrichiens, dont le centre était à Wagram, avait six lieues d'étendue, et elle était toute hérissée de troupes et de canons.

L'armée française était en bataille dans la plaine d'Enzersdorf, sa droite du côté de Presbourg, sa gauche à l'île de Lobau.

L'ennemi nous attaqua par son centre à trois heures du matin, en face de Baumersdorf ; ce village brûlait encore depuis la veille. Nous nous canonnâmes pendant deux heures dans cette position, mais je jugeai bien que ce n'était encore là qu'un léger prélude. En effet, la jeune Garde étant arrivée à notre hauteur par la gauche, et la vieille Garde l'appuyant en seconde ligne, je reçus l'ordre de prendre le commandement de toutes les batteries d'artillerie du 2e corps d'armée et de me porter avec rapidité vers ma droite, pour attaquer l'ennemi en face de la Tour-Carrée, tandis que le 3e corps devait enlever la position de gauche de l'ennemi, en la prenant à revers. Pour protéger ce mouvement, il fallait me porter successivement à gauche jusqu'à ma première position, attirant sur moi seul l'attention et le feu de l'ennemi. Un corps nombreux de cavalerie était chargé de soutenir cette manœuvre délicate, que j'exécutai avec un rare bonheur.

Aussitôt que je fus arrivé en face de la Tour-Carrée, j'attaquai l'ennemi avec impétuosité, et ce fut alors seulement que l'affaire devint générale.

De son côté le 3e corps (maréchal Davout) avait abordé vigoureusement l'ennemi ; et, après une vive canonnade, suivie de plusieurs charges d'infanterie et de cavalerie, il avait enlevé la Tour-Carrée.

Les Autrichiens, qui jusque-là avaient vaillamment défendu leur position de gauche, furent alors obligés de l'abandonner, et de se replier sur la droite. Ils exécutèrent d'abord ce mouvement en bon ordre : mais lorsqu'ils eurent abandonné leur position de gauche, je commençai à faire jouer mon artillerie ; quand l'ennemi faisait front au 3e corps, je l'abîmais par son flanc droit, et quand il me faisait face, le 3e corps l'écrasait par son flanc gauche, je profitais de tous ses mouvements pour me porter tantôt à droite, tantôt à gauche, et me tenir toujours à portée de le saluer. C'est ainsi que nous le menâmes jusqu'à Baumersdorf, où il arriva vers midi. L'action devint encore plus vive sur ce point, et à une heure nous étions maîtres du village.

Avant de se retirer, le prince Charles avait

fait mettre le feu aux trois ponts qui étaient dans cet endroit. Il espérait nous arrêter quelque temps ; mais bientôt ils furent réparés par mes soins, et nous nous trouvâmes en mesure de poursuivre l'armée autrichienne ; car, pendant que j'étais occupé à la réparation des ponts, j'avais reçu de la réserve six batteries de douze et d'obusiers à grande portée ; ces batteries étaient servies par six compagnies du 5e d'artillerie à pied. Je pensai à tirer un parti convenable de ces forces, et voici les dispositions que je pris.

Je fis passer les ponts à toute mon artillerie, et, dès que je fus de l'autre côté, je fis faire halte à ma troupe, en disant au chef de bataillon qui commandait les six batteries qui venaient de m'arriver, de faire mettre les *prolonges* et d'attendre mes ordres. J'avais fait faire la même manœuvre aux deux colonnes de droite ; sans perdre de temps, je monte sur la hauteur qui dominait la position de Baumersdorf, et je vis la manière dont l'ennemi s'était placé. Je m'aperçus aussi que j'aurais assez de terrain pour me déployer et me mettre en batterie : j'ordonne alors à mon artillerie à pied, qui était à gauche, de se mettre en marche aussitôt que je serais maître de la position, et de ne pas dépasser ma gauche jusqu'à ce qu'elle reçût de nouvelles instructions. Je me portai ensuite au galop à la tête des deux colonnes d'artillerie légère. Je leur expliquai avec le plus grand soin la manœuvre que j'allais faire, afin que nul malentendu n'en pût empêcher la réussite.

Je plaçai mes canonniers à cheval en avant de leurs pièces, en escadrons; je fis rester chaque commandant de pièce à la tête de sa pièce, les artificiers à leurs caissons et les pourvoyeurs à la suite de leurs pièces, ayant tous trois coups à mitraille dans chaque sac.

Les choses étant ainsi réglées, je leur ordonne de me suivre et de se mettre en batterie sur la hauteur, en chargeant les pièces à mitraille (excepté les obusiers, qui le seraient d'obus), pendant que j'attaquerais l'ennemi avec mes canonniers à cheval. Je me mets alors à la tête de mes escadrons d'artillerie légère, et je leur dis : « Amis, nous allons charger l'artillerie autrichienne et enlever cette position ; mais il ne faut pas vous amuser à ramener les canons que nous allons prendre, sabrez les canonniers et les soldats du train à leurs pièces. La charge se fera avec impétuosité et en fourrageurs ; mais dès que je ferai sonner le ralliement, il doit se faire à la place des chevaux, en arrière de leurs bouches à feu. Pendant que vous l'effectuerez, il y aura déjà un coup par pièce de tiré. Notre mouvement sera soutenu par le 10e d'infanterie légère, qui est à notre gauche. Cette manœuvre est sûre si elle est bien exécutée, et la bataille doit être infailliblement gagnée. (1). »

(1) Pendant que je haranguais ma troupe, le 10e régiment d'infanterie légère, commandée par le colonel Berthezène, s'était porté sur le revers et à gauche de la position à enlever ; nous étions convenus, le colonel et moi, que, pendant que je sabrerais les canonniers autrichiens à leurs pièces, il monterait sur la hauteur pour prendre l'ennemi en flanc, et qu'aussitôt que je ferais rallier ma troupe, il commencerait le feu avec la sienne, qu'alors je le soutiendrais par celui de mon artillerie.

Pendant ce détail indispensable, l'Empereur arriva. Voyant mes dispositions, il me dit : « Le succès est certain ; allons, *mon vieux*, (en me frappant sur l'épaule), à toi la pomme ! il faut enlever la position et marcher sur Wagram. » — Je réponds : « Sire, dans une heure la position sera enlevée et Wagram pris, ou je n'existerai plus ! »

Je me mets alors à la tête de mes escadrons ; je pars au trot, puis au galop. J'arrive ainsi sur la hauteur. La charge sonne, mes canonniers l'exécutent avec ce courage et cette ardeur qui les a toujours distingués. L'ennemi est partout renversé, culbuté. Je fais ensuite sonner le ralliement, et, depuis que je fais la guerre, je n'ai jamais vu de troupe se rallier avec autant de précision.

Tandis que mes canonniers mettent pied à terre, je fais allumer les lances et faire feu. Bientôt l'ennemi, écrasé par mes batteries et voyant notre infanterie arriver par ma droite, se met en retraite sur Wagram, laissant plusieurs canons dans la position qu'il abandonnait. Je le suivis en lançant sur lui une grêle d'obus qui lui faisaient un mal horrible.

Le résultat de la manœuvre que je viens de décrire fut que le 2e corps, et le 3e qui était à sa droite, ainsi qu'une bonne partie de la cavalerie, ayant fait un *à-gauche*, l'armée française se trouva placée *en potence*, ayant Wagram à l'angle de cette potence. Je me portai sur le champ avec mon artillerie à cheval en avant, par *échiquier*. De cette manière j'avais toujours la moitié de mes pièces faisant feu, tandis que l'autre avançait.

Je parvins ainsi à gagner l'extrémité droite du camp ennemi, qui était à la gauche de Wagram. N'étant plus gêné par les *trous de loup* que l'ennemi avait fait faire dans son camp, je me portai rapidement en avant, en obliquant un peu à droite. Dans cette position, la droite de mon artillerie se trouva en batterie derrière Wagram, le centre faisant face au midi, ma droite au nord et ma gauche à l'est ; alors mon artillerie à pied, sur laquelle je comptais pour le grand coup, étant arrivée, je la fis mettre en batterie à ma gauche, faisant face à l'ouest.

Mes batteries de droite faisaient déjà par leur feu un mal horrible à Wagram ; mais lorsque je fis jouer mes six batteries de douze et d'obus de huit pouces, l'ennemi n'y put plus tenir et un quart d'heure après il voulut sortir de Wagram ; mais il fut renversé de toutes parts par la mitraille et contraint de mettre bas les armes.

Cependant le 2e corps d'armée prenait position à droite, sur le bord d'un ruisseau, à une demi-lieue en avant de Wagram. Je me mis aussitôt avec mon artillerie à cheval à la poursuite de l'ennemi qui se retirait par la route de Bohême et de Moravie ; la cavalerie légère me suivait ; mais quand je fus arrivé à une lieue en avant du 2e corps d'armée, je reçus l'ordre de m'arrêter et de laisser à cette hauteur deux batteries d'artillerie à cheval avec la cavalerie légère. Je fis placer mes batteries à droite et en arrière d'un grand village qui se trouvait à l'embranchement des routes de Bohême et de Mora-

vie, et je rentrai au bivouac où était toute
mon artillerie.

La cavalerie légère à laquelle j'avais laissé
deux batteries d'artillerie à cheval pour
poursuivre l'ennemi, fut attachée au 2e corps
d'armée à dater de ce moment.

J'ai eu dans cette bataille, qui a été une
des plus terribles que l'on ait vues, tant la
veille que le jour, cinq chevaux tués sous
moi ; ma jambe gauche, fracassée à la bataille d'Essling, n'était pas encore cicatrisée,
et j'étais couvert de contusions.

Vers les six heures du soir, deux heures
après l'affaire, l'Empereur qui visitait le
champ de bataille, vient au bivouac de notre
corps d'armée. Se promenant avec le général
Oudinot qu'il venait de nommer *maréchal*,
il m'aperçut dormant sous un obusier et dit
au maréchal Oudinot : « Voilà Séruzier qui
dort; il a besoin de repos, mais il faut le re-
veiller, car je veux lui parler.« Le baron de
Lorencez, chef d'état-major du corps d'armée
vint à moi et me dit : « L'Empereur vous
demande.» Je me lève aussitôt, mais je ne

pouvais me remuer. J'arrive cependant clo-pin-clopant, en soutenant ma jambe gauche avec mes deux mains, et saluant Napoléon, je lui dis : Sire, je me rends à vos ordres.» — «Tu me feras pour demain un état de tes pertes ; tu m'en remettras ensuite un autre pour l'avancement et les récompenses que tu demandes pour tes canonniers.» — «Il doit être prêt, Sire.» Sur le champ je l'envoie chercher ; on finissait de le mettre au net. Je le signe et le présente à l'Empereur. Il prend ma plume et écrit en marge *accordé*. Il me demande ensuite où étaient mes artil-leurs. Je répondis qu'il étaient au fourrage. «Je suis content de toi, dit-il alors, et je te fais *baron* avec une dotation de quatre mille francs de rente ; dis à ton artillerie qu'elle s'est immortalisée dans les journées d'hier et d'aujourd'hui.» L'Empereur me quitta à ces mots, en me laissant plein d'admiration et de reconnaissance.

Après cette bataille, l'Empereur assura l'existence de tous les *amputés* ; tous les militaires dans ce cas, jusqu'au grade de lieutenant, reçurent des dotations de cinq cents francs de rente; les capitaines et chefs de bataillon ou d'escadron eurent deux mille francs de rente et les officiers de grades supérieurs reçurent de plus fortes récompenses.

# CHAPITRE XIX



Le 7 juillet l'armée se remit en marche et se porta sur Znaïm. Fidèle à la loi que je me suis faite de ne parler dans ces Mémoires que des choses où j'ai eu une grande part, je ne dirai rien du combat qui eut lieu devant cette ville, ni de la suspension d'armes qui le suivit. Le traité de Presbourg est également connu de tout le monde ; je vais donc passer aux faits suivants qui me sont particuliers.

Pendant qu'on traitait de la paix à Presbourg, l'armée prit ses cantonnements. Le 2e corps, commandé par le maréchal Oudinot, connu sous le nom de *duc de Reggio*, vint camper en avant de Vienne, sur le champ de bataille même de Wagram. Je fus chargé de faire ramasser et conduire à mon parc les armes françaises et autrichiennes, ainsi que les projectiles qui étaient restés sur le champ de bataille. Ensuite nous fortifiâmes notre camp et fîmes des ouvrages avancés qui le rendirent bientôt un des plus beaux camps retranchés qu'on ait jamais vus. C'était le but de promenade de toutes les dames de Vienne. Nous y passâmes l'été d'une manière fort agréable. Notre artillerie faisait ses écoles comme en garnison.

Les canonniers à cheval et les soldats du train étaient logés chez les paysans ; ils travaillaient chez eux comme je le leur avais fait faire en Prusse, et tout annonçait que si nous désirions la paix, nous étions bien préparés pour la guerre.

Au commencement de l'hiver notre armée s'étant retirée, le 2e corps où j'étais partit pour la basse Autriche ; de là nous fûmes en Bavière, ensuite dans le grand duché de Bade ; enfin, vers la fin de janvier 1810, nous rentrâmes en France.

On me dirigea sur Strasbourg, où je

commandai l'école d'artillerie, pendant environ six semaines ; je fus ensuite envoyé à Metz pour le même objet. Le 23 mars je partis de Metz et me mis en route pour Besançon, où non seulement j'étais encore commandant d'école, mais je fus en outre chargé d'une mission fort importante, c'était la remonte de l'artillerie et l'organisation de trois bataillons du train. On voit que pendant la guerre, la confiance du souverain ne m'abandonna jamais.

Je reçus à Besançon mon brevet de colonel d'artillerie, sous la date du 29 janvier 1812. Je reçus en même temps l'ordre de me rendre à Wesel et de là à Munster en Westphalie. Mes bataillons étant organisés et mon artillerie remontée, je fis partir ma troupe le 2 février, et je pris la poste le 18 pour la rejoindre. Dix jours après j'étais à Munster, où j'attendis mon régiment, le 5e d'artillerie à cheval, qui n'arriva que le 10 mars.

# CHAPITRE XX



*Campagne de Russie. — Batailles de Smolensk et de Valutina-Gora.*

———

On réunit dans Munster notre matériel avec celui du train, et l'on organisa douze compagnies prises dans les 1er, 2e et 4e régiments d'artillerie légère, pour les appliquer au service de douze batteries de 6 et d'obusiers de 24 (batteries allongées), ce qui formait soixante-douze bouches à feu. Chaque chef d'escadron avait deux de ces batteries. On plaça cette belle artillerie dans le 2e corps de réserve de cavalerie commandé par le général comte Montbrun, sous les ordres du roi de Naples, qui commandait en chef toute la réserve de cavalerie, forte de vingt-cinq à trente mille hommes (1).

(1) Cette réserve ne formait que la moitié de la cavalerie

Nous quittâmes Munster le 13 mars et fûmes dirigés sur Leipzig. Nous ne séjournâmes pas dans la ville, mais nous restâmes dans ses environs pendant huit jours, après quoi nous fûmes cantonnés près de Custrin sur l'Oder. Enfin, nous nous rendîmes à Bromberg, petite ville de la Prusse à seize lieues de Thorn. Au bout de quelques jours les différents corps d'armée filèrent et prirent d'abord la ligne d'Elbing, Marienwerder, Thorn, Plotzk, Varsovie et Lublin. Nos troupes s'approchèrent ensuite des bords du Niémen et l'Empereur établit son quartier-général à Gumbinen. Après plusieurs négociations, la guerre fut déclarée le 22 juin, et des ponts ayant établis en face de Kowno (1), le 23 l'armée française passa le Niémen et se trouva sur le territoire russe.

de l'armée, car chaque corps avait avec lui deux mille quatre cents chevaux; il y avait dix corps d'armée et la garde impériale. (Note de M. Le Miere de Corvey.)

(1) Kowno est une ville du gouvernement de Wilna (Lithuanie) située au confluent des rivières de Wilna et du Niémen; il y a environ deux mille deux cents habitants; toutes les marchandises qui vont et viennent entre Wilna, Memel et Kœnigsberg passent par Kowno.

7.

Cette campagne de Russie, tant de fois décrite par plusieurs officiers français, ne sera point détaillée par moi d'une autre manière que les précédentes, bien que je me sois trouvé dans le cas de pouvoir rendre compte d'un grand nombre d'évènements; je me bornerai toujours à ne rapporter que ceux qui me concernent particulièrement, sans me permettre de hasarder aucune conjecture sur les causes ou les résultats de cette guerre.

Une fois le passage effectué devant Kowno, nous nous trouvions maîtres des deux rives de la Wilna. Le duc de Tarente avait passé le Niémen devant Tilsit; le prince de Schwarzenberg, qui était vers Lublin à l'extrémité de la ligne, avait passé le Bug; enfin toute l'armée se trouvait sur le territoire russe vers la fin de Juin. Nous marchâmes sur Wilna, capitale de la Lithuanie, où Napoléon établit son quartier-général (1); l'on nous or-

_______________

(1) Wilna est une très grande ville ayant vingt mille habitants.

donna ensuite de marcher sur Smolensk (1).
Le corps d'armée dont je faisais partie y arriva sans combattre, à moins que l'on ne
veuille donner le nom de combats à quelques affaires d'avant-garde qui avaient toujours lieu entre nos éclaireurs et l'arrière-
garde ennemie jusqu'à Smolensk; mais aux
environs de cette ville, cette arrière-garde
cessa de se retirer devant nous, et alors elle
fit une résistance très forte. Nous avions l'ordre de prendre Smolensk, mais nous ne l'em-
portâmes qu'après de grands efforts. Il est
même à présumer que si je n'avais pas eu le
bonheur de trouver un endroit guéable pour
passer le Dniéper avec l'artillerie sous mes
ordres, — les eaux du Dniéper étaient alors
fort basses — nous n'aurions pas eu la ville
sans une perte beaucoup plus considérable.

(1) Cette ville est à peu près à moitié route de Wilna à
Moskow; elle est sur le Dniéper et contient environ dix
mille habitants; elle est ceinte de murailles de trente pieds
de haut et de quinze d'épaisseur, de très hautes tours, d'un
fossé, d'une espèce de chemin couvert et de quelques redoutes modernes. Son commerce s'étend en Ukraine par le
Dniéper, à Dantzig et à Riga par la Dwina.

Dès que j'eus acquis la certitude que mes canons pouvaient passer à gué sans danger, je fus tranquille sur le résultat de l'attaque. En effet, mon artillerie ne fut pas plus tôt sur l'autre rive avec notre cavalerie qui suivait mon mouvement pour la protéger, que l'ennemi évacua la ville en mettant le feu à toute la partie qui n'était pas encore à nous (1).

(1) Ce fut le général Korff qui, le 19 août, à deux heures du matin, avant de se retirer, fit mettre le feu aux quatre coins de la ville basse qui était construite en bois; on ne put y porter de secours, elle fut entièrement consumée.

Dès lors on pouvait aisément faire la réflexion que cette méthode barbare de brûler les villes avant de les abandonner aux Français, pourrait à la fin sauver la Russie sans lui faire éprouver de grandes pertes, puisque les villes sont éloignées et en fort petit nombre; par ce moyen les Russes, en enlevant à nos soldats les ressources sur lesquelles ils comptaient pour vivre, devaient finir par affamer l'armée, car il était très difficile d'établir des services réguliers dans un pays où nous ne pouvions avoir d'entrepôt. De là le pillage des villages où nos soldats allaient chercher des vivres; ces mesures, que nécessitaient les circonstances, forçaient les paysans à s'enfuir; ils s'armaient en abandonnant leurs propriétés, et insensiblement la guerre devenait nationale.

Tout le monde ne pensait pas à cela d'abord; mais les hommes habitués à réfléchir le voyaient assez, et la position pénible où nous fûmes après la prise de Smolensk, qui n'était qu'à moitié détruite et d'où les Russes n'avaient presque rien enlevé, fit pressentir à plusieurs officiers généraux les dangers et les malheurs qui pouvaient nous atteindre. Pour moi

Avant d'arriver à Smolensk, le corps du prince Eugène et la réserve de cavalerie sous les ordres du roi de Naples eurent de beaux engagements avec l'ennemi à Ostrowno ; ils eurent constamment l'avantage. De son côté le prince d'Eckmühl battit le prince Bagration au combat de Mohilew ; le duc de Reggio et le duc de Tarente eurent aussi de grands avantages, et le prince de Schwarzenberg avec le corps du général Reynier mit les Russes en déroute à Gorodeczna.

Après l'incendie de la ville de Smolensk, le général russe Korff se dirigea avec son arrière-garde sur les hauteurs de Valutina-Gora. Un combat très sanglant eut lieu entre les Français et ce général russe, qui avait fait sa jonction avec le prince de Wurtemberg. Mais le maréchal Ney et le prince d'Eckmühl furent victorieux. Nous eûmes à regretter le brave général Gudin. Les Russes

j'avoue que, malgré nos victoires, je n'ai jamais, sans trop en savoir la cause, partagé la confiance excessive des troupes relativement au résultat de cette désastreuse campagne. (Note de M. Le Miere de Corvey.)

perdirent huit mille hommes et plusieurs
généraux. Ils avaient mis une espèce de fana-
tisme à défendre ce plateau qu'ils regardaient
comme inexpugnable.

Notre armée marchait toujours en avant.
Mon artillerie à cheval et les divisions de
cavalerie légère qui l'escortaient, avaient chaque soir des engagements sérieux avec les
Russes ; il fallait toujours se canonner deux
ou trois heures avant que l'ennemi consentît
à nous laisser prendre une position pour
passer la nuit, et souvent nous l'achetions
très cher. Toutes les fois qu'il se retirait devant nous, il encombrait les chemins ou
rompait les ponts ; et moi, je m'occupais à
les rétablir avec autant de persévérance qu'il
en mettait à les détruire. Mes artilleurs
étaient sur les dents. Cette manœuvre dura
jusqu'à Mojaïsk, et plus nous approchions
de Moskou, plus nous nous apercevions que
l'ennemi nous présentait d'obstacles et de
résistance. Cependant je donnais l'exemple
à mes sapeurs, pontonniers et canonniers,
pour rétablir les communications, les ponts,

etc,. que les Russes continuaient à rendre impraticables. Enfin, lassés de ma persévérance, ils prirent le parti de charger leurs Cosaques de cette opération destructive de chaque soir, et ceux-ci s'en acquittèrent d'une manière cruelle, en mettant le feu partout ; de sorte que nos soldats commencèrent à ne plus trouver de vivres ni de fourrages qu'avec la plus grande peine. Ces misérables Cosaques frappaient les habitants, les chassaient de leurs chaumières qu'ils brûlaient ensuite, et ces malheureux s'enfuyaient dans les bois avec leurs bestiaux et ce qu'ils avaient de plus précieux.

Pour faire subsister l'armée, on était obligé d'envoyer de forts détachements pour cerner et fouiller avec soin les forêts ; quand ils trouvaient des vivres ou des fourrages, ils les enlevaient aux pauvres paysans, et l'on conduisait au bivouac de chaque corps tout ce que l'on avait rapporté. Alors le chef principal, chargé des différents services, en faisait la distribution.

Je souffrais beaucoup, ainsi que mes ar-

tilleurs, mes pontonniers et mes sapeurs,
non seulement de la disette des vivres et des
fourrages, mais encore de la fatigue excessive des travaux que nous faisions journellement.

Tous les soirs, lorsque je faisais rétablir
les ponts pour l'armée qui nous suivait, je
voyais mes hommes tomber de faiblesse et
d'épuisement. Afin de ranimer leur courage
j'entrais dans l'eau jusqu'à la ceinture et je
plantais le premier piquet. Malgré toutes les
privations que mes soldats éprouvaient, cette
conduite de ma part leur redonnait de l'énergie ; ils se levaient, me forçaient à rentrer et
se mettaient à réparer les passages sans dire
un mot.

Depuis Smolensk jusqu'à Mojaïsk, telle
fut notre occupation. C'est sur le territoire
de cette petite ville de Mojaïsk que se donna
la fameuse bataille de la Moskowa.

Le 4 septembre au soir, en arrivant à
Gridnowo, nous eûmes un combat assez opiniâtre avec l'arrière-garde russe que nous
chassâmes de ce village.

Le 5, jusqu'à deux heures de l'après-midi, nous nous observâmes attentivement. L'armée française arrivait à grandes marches et se mettait en ligne de bataille derrière la position que j'occupais depuis la veille. Ce fut donc à deux heures après-midi seulement que je reçus l'ordre de recommencer l'attaque avec mon artillerie et celle du 1$^{er}$ corps (prince d'Eckmülh). Cette attaque devait se diriger sur une grande et formidable redoute placée en avant du champ de bataille. Je la canonnai de la manière la plus terrible jusqu'à dix heures du soir ; de son côté elle nous ripostait avec une égale vivacité. Nous perdîmes beaucoup de monde ; mais comme l'ordre était précis, il fallait l'enlever.

On n'était plus éclairé depuis longtemps que par le feu des batteries, lorsqu'on se décida à marcher à la baïonnette sur la grande redoute. Après plusieurs assauts, tous très sanglants, la division Compans (5$^{e}$ du 1$^{er}$ corps) s'y logea et en demeura maîtresse. Je retournai aussitôt à ma première position. Il était onze heures du soir lorsque je passai près de la redoute qui nous avait coûté si cher : elle était jonchée de morts et de mourants.

Le lendemain 6, pendant que l'on chargeait mes caissons au complet, car je venais d'envoyer chercher un double approvisionnement au grand parc, je reçus un ordre qui, par son importance, me fit juger de la grandeur de l'effort que l'on voulait tenter contre l'ennemi sur un seul point.

Cet ordre m'enjoignait de réunir à mes batteries toute l'artillerie à cheval wurtembergeoise, bavaroise et polonaise qui, avec la cavalerie légère de ces trois nations, formait un corps considérable. Ces trois corps de cavalerie se joignirent à la division de cavalerie française commandée par le général Montbrun.

Je me hâtai d'exécuter les ordres que j'avais reçus de l'Empereur. Je commençai par arranger cette nombreuse artillerie de manière à ce que les batteries alliées fussent nombre *pair*, et les batteries françaises nombre *impair*, excepté la dernière de gauche, qui était française. Il résultait de cet arrangement que chaque batterie alliée se trouvait en ligne entre deux batteries françaises.

Je divisai ensuite mon corps d'artillerie en trois grandes divisions de chacune six batteries, confiant le commandement des six de droite au chef d'escadron Romangin, les six du centre au chef d'escadron Pariset, et les six de gauche au chef d'escadron Cly.

Quant je fus en bataille, j'occupais avec mes distances, une ligne d'environ trois quarts de lieue de terrain ; j'avais en total cent huit bouches à feu. C'est avec ce superbe commandement que je pris part à la mémorable bataille de la Moskowa.

# CHAPITRE XXI

*Bataille de la Moskowa ou de Mojaïsk* (1).

———

J'ai parlé plus haut des privations et des fatigues que l'armée éprouvait depuis le

(1) Cette bataille, qui fut nommée Mojaïsk ou de la Moskowa par l'Empereur, et bataille de Borodino par les Russes, eut lieu le 7 septembre 1812. Quelques heures avant, l'Empereur, étant à la position prise l'avant-veille, reçut vers les quatre heures du matin tous les maréchaux et chefs de corps d'armée. Il leur donna ses derniers ordres, et le soleil s'étant levé sans nuage à cinq heures et demie (il avait plu la veille), Napoléon leur dit : *C'est le soleil d'Austerlitz*. Aussitôt on battit un ban, et on lut à haute voix l'ordre du jour suivant, qui fut couvert des cris mille fois répétés de : *Vive l'Empereur*.

Ordre du jour :

« Soldats, voilà la bataille que vous avez tant désirée ! Désormais la victoire dépend de vous ; elle nous est nécessaire ; elle nous donnera l'abondance, de bons quartiers d'hiver et un prompt retour dans la patrie. Conduisez-vous comme à Austerlitz, à Friedland, à Witepsk, à Smolensk, et que la postérité la plus reculée cite avec orgueil votre conduite dans cette journée ! Que l'on dise de vous : *Il était à cette grande bataille sous les murs de Moskow !* »

commencement de la campagne. Son seul désir était une bataille décisive, à la suite de laquelle elle espérait entrer à Moskow, y trouver des vivres en abondance, de bons quartiers d'hiver et une paix glorieuse. On se figurera donc sans peine la joie qu'elle éprouva lorsqu'elle vit l'ennemi l'attendre sur les bords de la Moskowa.

L'armée russe était bien retranchée. Depuis longtemps ses moyens de défense étaient préparés, mais jamais on ne vit une armée plus belle que l'armée française ; et, malgré les privations qu'elle avait éprouvées depuis Wilna, sa tenue était ce jour-là aussi brillante qu'à Paris, lorsqu'elle passait la revue de l'Empereur aux Tuileries.

Les difficultés que nous avions à vaincre étaient incalculables. Il fallait combattre sur un terrain étroit où nos masses ne pouvant se développer, se trouvaient nécessairement très profondes et devaient considérablement souffrir par le feu de l'ennemi. Il fallait en outre forcer les Russes dans une position formidable ; mais depuis nombre d'années nous étions habitués à vaincre, et si la victoire nous faisait quelquefois payer cher ses faveurs, la présence de notre chef électrisait tous les soldats et nous ne regardions tous les obstacles que comme des moyens de plus d'acquérir de la gloire.

La relation de la sanglante bataille de la Moskowa se trouve dans les bulletins officiels et dans plusieurs ouvrages militaires qui ont traité de la campagne de Russie. Je me contenterai donc de décrire ici la position des deux armées, les manœuvres dont j'ai été témoin, et de faire part de mes observations particulières. On verra par la suite de cette narration les efforts qu'il nous a fallu faire pour déloger l'ennemi et le contraindre à nous céder le terrain.

L'armée russe était rangée en bataille sur deux lignes faisant face au midi ; sa droite était à l'ouest et sa gauche à l'est ; la première de ses deux lignes était placée en avant de deux ravins très profonds ; le dernier de ces ravins était soutenu par la seconde ligne et par plusieurs fortes redoutes ; une nombreuse réserve était encore en arrière. Il ne faut pas oublier que, l'ennemi ne pouvant être tourné, avait rendu ses lignes d'autant plus fortes qu'il n'avait pas eu besoin de les étendre (1).

L'armée française, rangée aussi sur deux

(1) Le colonel Séruzier rapporte ici la position des deux armées d'après celle qu'il occupait; mais je vais la décrire telle qu'elle était le 5, lorsque les Français attaquèrent et s'emparèrent de la redoute qui était en avant du village de Chewarino.

La droite de l'ennemi, sous les ordres du général Barclay de Tolly, était couverte par un grand retranchement placé devant un bois entouré d'abatis; ce retranchement faisait face à la Moskowa et au village de Maslowa. L'aile droite, ainsi placée en arrière du village de Borodino, se trouvait naturellement protégée par le cours de la Kalogha, petite rivière qui coule dans un ravin et va se jeter dans la Moskowa.

La gauche, commandée par le prince Bagration, était appuyée au bois de Passarewo; elle était couverte par trois redoutes, savoir : deux sur le front de la ligne et la troisième devant le village de Seminskoï.

Le centre des Russes était sous les ordres du général Béningsen; le général en chef Kutusow avait son quartier général près de Gorka; deux grandes batteries avaient été établies sur le point qui formait comme le pivot de ses opérations, et pour couvrir sa gauche il avait fait construire une redoute à douze cents toises de son front, en avant du village de Chewarino; cette redoute était occupée par les troupes de l'arrière-garde : elle fut prise le 5. (Extrait des bulletins et rapports officiels. — (Note de M. Le Miere de Corvey.)

lignes, faisait face au nord, et sa réserve était
en arrière du centre de la seconde ligne.
L'extrême gauche de l'armée, composée du 4ᵉ
corps (armée d'Italie) était à l'ouest, et l'extrême droite, formée par le 1ᵉʳ corps, était à
l'est. Le 3ᵉ corps, commandé par le maréchal Ney, et soutenu par la cavalerie
aux ordres du roi de Naples, composait le
centre. C'est là que j'étais avec mes cent
huit pièces.

L'Empereur avait réuni, dès trois heures
du matin, dans la grande redoute prise
l'avant-dernière nuit, les maréchaux et les
lieutenants généraux commandant les corps
d'armée, avec les officiers supérieurs commandant leur artillerie. Napoléon avait l'habitude avant toutes les grandes batailles de
donner lui-même ses instructions à ses
lieutenants. Il obtenait par là cette harmonie
si difficile et pourtant si nécessaire à rencontrer quand on opère avec de grandes
masses, Je ne dirai rien de ce qui se passa
dans ce conseil, auquel j'eus l'honneur d'as-
sister, parce que rien ne me fut personnel ;

ce n'était que sur le champ de bataille que l'Empereur parlait à son *vieux* Séruzier.

A cinq heures les maréchaux et lieutenants généraux ayant reçu directement leurs instructions, retournèrent à la tête de leurs corps, et la bataille s'engagea par notre cavalerie légère en avant et un peu à gauche de la grande redoute, autour de laquelle l'Empereur avait fait mettre sa garde en carré.

Pendant que nos tirailleurs étaient engagés avec ceux de l'ennemi, j'avais fait déployer une partie de mon artillerie, et, quoique les Russes fissent feu depuis longtemps sur moi, je continuai à marcher en bataille. Cette assurance produit toujours un double effet : elle encourage nos troupes et déconcerte celles de l'ennemi. J'étais soutenu par notre cavalerie légère, que Napoléon avait fait appuyer par les carabiniers à cheval et les cuirassiers. Il s'agissait de trouver une position avantageuse : je la vois en deçà du premier ravin ; je pars au galop et je m'en empare avec une partie de mon artillerie, que je fais aussitôt mettre en batterie. Je fais pleuvoir sur les Russes une grêle d'obus et de boulets : j'écrase de mitraille les troupes qu'ils avaient dans le premier ravin, et je les force à l'abandonner. Toute mon artillerie arrive alors en ligne et l'affaire devient générale.

Le 3e corps, commandé par le maréchal Ney, étant arrivé à notre droite et à notre hauteur, je reçus l'ordre de porter mes pièces de l'autre côté du premier ravin, et de tirer sur le second pour tâcher de forcer l'ennemi à l'abandonner ; j'ordonne alors à mes canonniers de faire un feu semblable à celui qu'ils avaient fait sur le premier ravin.

Lorsque les Russes furent forcés de battre en retraite, ils avaient concentré leurs forces derrière le second ravin et l'avaient rempli de troupes dont la fusillade nous incommodait beaucoup. Mon artillerie, dont le sang-froid et l'adresse augmentaient toujours en raison du danger, dirigea ses coups plus heureusement encore que la première fois et l'ennemi éprouva une perte considérable.

Enfin, après une canonnade de quelques heures, le 2e corps étant en mesure de nous soutenir si nous étions ramenés, il fut décidé qu'on forcerait ce second ravin. Je redouble mon feu : les tambours battent la charge, les trompettes la sonnent, tout est en mouvement et le ravin est enlevé. Je sentis toute l'importance de ne pas perdre un moment pour mettre mon artillerie en batterie de l'autre côté ; je l'y menai au galop. Dès que je fus arrivé, je fis charger à obus et à mitraille, et le feu recommença. Je voulais ménager à notre cavalerie légère, qui était ramenée, le moyen de se rallier derrière mes pièces. Elle en profita. Pendant ce temps-là je culbutai la cavalerie ennemie qui poursuivait la nôtre. L'ennemi, qui reconnaissait l'avantage que nous donnait sur lui le poste que je venais de lui enlever, redoubla sa canonnade pour me déloger, mais tous ses efforts furent vains.

En ce moment mon cheval tombe raide mort ; un obus lui avait éclaté dans le ventre. Je fis un saut comme Franconi n'en fera

jamais. On me crut tué, mais je n'étais qu'é-
tourdi. Je me relève, on m'amène un autre
cheval, et, comme je me préparais à le monter, le brave général Montbrun, qui avait vu
ma chute, s'approche de moi pour me demander si je n'étais pas blessé. Je le remercie
en l'assurant que j'en étais quitte pour une
contusion. Au même instant un boulet arrive, le frappe dans la poitrine : il tombe
mort à mes pieds.

Ce fut une grande perte pour l'armée. Il
faut longtemps pour faire un bon général de
cavalerie et l'Empereur avait perdu dans ses
précédentes batailles les généraux Lasalle,
d'Hautpoul, d'Espagne, etc. Le général Montbrun avait la confiance de ses troupes; sa
perte était difficile à réparer.

Le général Caulaincourt, frère du duc de
Vicence, grand écuyer de l'Empire, vint de
suite remplacer le général Montbrun.

Le roi de Naples et le maréchal Ney, qui
sentaient bien que dans la situation où nous
nous trouvions il fallait prendre un parti
décisif, se concertèrent alors avec le général

Caulaincourt; il fut décidé : que, sans cesser de canonner les masses ennemies, je dirigerais mes obus sur leurs redoutes, et qu'à l'instant où les Russes seraient ébranlés par mon feu, le maréchal Ney marcherait sur ces formidables redoutes et tâcherait de les enlever à la baïonnette; que pendant ce mouvement la cavalerie légère chargerait sur la gauche et qu'elle serait remplacée par la première ligne de cuirassiers.

Tout s'exécuta d'après les ordres reçus : mon artillerie fit merveille. On croit le moment favorable; notre infanterie marche au pas de charge sur les redoutes. et deux fois elle est repoussée. Le maréchal Ney met pied à terre, et, l'épée à la main, charge à la tête des bataillons. Ses généraux l'imitent; mais, malgré la bravoure de nos troupes, animées par le noble exemple de leurs chefs, nous ne pûmes enlever que la redoute de droite; nous fûmes repoussés devant les deux autres. Cependant il était absolument indispensable de les avoir; sans cela l'affaire ne pouvait se décider.

L'Empereur, qui avait suivi des yeux notre attaque, arriva en ce moment avec l'artillerie à cheval de sa garde et sa cavalerie. Il donna l'ordre à la première de me remplacer dans ma position aussitôt que je l'aurais quittée, et me dit de faire comme à Neuwied, en passant entre la seconde et la troisième redoute. Il ordonna au général Caulaincourt de charger l'ennemi avec sa cavalerie légère et de venir ensuite se rallier derrière mon artillerie. Le maréchal Ney reçut également l'ordre de soutenir notre droite pendant cette charge; la seconde division de cuirassiers devait entrer dans la seconde redoute par sa porte, aussitôt que je l'aurais rompue; et l'ordre fut en même temps donné à la quatrième division, composée des carabiniers et de cuirassiers, de faire la même manœuvre sur la troisième redoute. Pendant ce mouvement, la cavalerie de la Garde devait remplacer les deux divisions de cuirassiers.

Avant de faire le mouvement difficile qui m'était ordonné, je prévins le commandant de mes six batteries de droite qu'aussitôt qu'il

aurait passé entre les deux redoutes, il ferait
mettre ses pièces sur la droite en batterie, et
commencerait le feu à mitraille et obus sur
le derrière de la seconde redoute. Je donnai
le même ordre au commandant de mes six
batteries de gauche pour la troisième redoute,
en se mettant sur sa gauche en batterie, pendant que je me porterais en avant avec mes six
batteries du centre pour soutenir ma droite
et ma gauche et culbuter l'ennemi au moment où il ramènerait notre cavalerie légère,
qui avait reçu l'ordre de se rallier derrière
mon artillerie.

Le mouvement ainsi ordonné fut mis à
exécution avec la rapidité de l'éclair. Après
un feu des plus vifs en avant et sur les derrières des deux redoutes, voyant les *chevaux
de frise* qui en fermaient les entrées, pulvérisés par mon artillerie, je fais sonner la
charge, qui s'exécute avec succès. Les divisions de cuirassiers entrent dans les redoutes
et sabrent tout ce qu'elles rencontrent. Je
profite du moment où elles venaient se rallier derrière nos pièces pour faire mettre

mon artillerie de droite et de gauche *face en
arrière en batterie sur mon centre*. L'ennemi
bat en retraite, et nous le poursuivons vivement. Il se rallia derrière sa réserve. Là
nous le canonnâmes encore quelque temps;
mais, le voyant faire sa retraite sur Moskow,
je fis cesser le feu. Dans cette belle charge,
j'eus encore la douleur de voir tomber mort
à mes côtés le général Caulaincourt. Il fut
remplacé par le général Rapp, qui fut blessé
dangereusement. Un moment après, le général Sébastiani vint prendre ce commandement, si brillant et si périlleux, où nous
venions de perdre deux généraux.

Dès ce moment, la bataille était gagnée.
L'ennemi se retirait et laissait sur le terrain
un nombre considérable de morts et de blessés; mais, tandis que nous commencions à
nous reconnaître, je remarquai près d'un
taillis très prolongé quatre pièces d'artillerie
régimentaire qui s'étaient portées en avant
de ma position. Je jugeai que le chef de
cette artillerie s'était trop avancé et qu'il
exposait ses pièces. Sur-le-champ, j'ordonnai

à mes artilleurs de rester à leur poste, et, partant au galop avec un adjudant et mon trompette-major, je poussai jusqu'au taillis et dis en passant à l'officier d'artillerie qu'il s'était trop avancé et qu'il aurait dû faire reconnaître le bois. Il me répondit qu'en cas d'attaque il se retirerait sur mon artillerie. J'entre dans le taillis pour savoir au juste à quoi m'en tenir, et je vois un rassemblement considérable de cosaques. Aussitôt j'en sors, mais plus rapidement que je n'y étais entré, et, repassant au galop devant le commandant d'artillerie régimentaire, je lui ordonne de se retirer au plus vite. Il allait m'obéir, mais il était déjà trop tard, comme on va le voir dans un instant.

J'entends battre *aux champs* et les trompettes sonner les marches. Je me dirige au grand galop de ce côté, et j'aperçois l'Empereur qui passait la revue. On me dit que Sa Majesté m'avait demandé. Je me hâte d'arriver auprès de Napoléon. Il me commanda de réunir à l'instant tous mes artilleurs en escadrons. — « Sire, ce n'est pas le moment, répondis-je, nous allons être chargés. »

Au même instant, les *hourra* se font entendre et une nuée de cosaques fondent sur nous de toutes parts, ils étaient plus de vingt mille. Je cours à mes pièces; je fais allumer les lances et commencer le feu par mes pièces *impaires*; mes pièces *paires* continuent à mitrailler; les obusiers tirent en même temps : tous les coups portent. Mon feu était aussi régulier qu'à l'exercice. Les cosaques sont culbutés. Mon artillerie en avait fait un tel carnage, que les hommes et les chevaux étaient entassés devant mes batteries en si grand nombre qu'ils auraient pu me servir de retranchements dans une attaque. En ce moment je commande : *canonniers à cheval !* — et je charge à leur tête le reste de ces cosaques, qui se sauvaient de toute la vitesse de leurs chevaux. Je continuai à pousser cette canaille jusqu'à l'endroit où j'avais vu les quatre canons régimentaires. Ils avaient été pris, comme je l'avais prédit à l'officier, mais je les ramenai. Je fis ensuite réunir en escadrons mes artilleurs à cheval devant leurs pièces pour attendre la revue de l'Empereur. Il vint peu de temps après et m'adressa la parole avec beaucoup d'intérêt; il s'informa des pertes que j'avais faites depuis trois jours et remplaça dans les différents grades les officiers que j'avais perdus: après il me dit : « Quel est le plus brave de tous ceux que tu commandes ? — Ma foi, sire, je n'en sais rien; tout ce que je sais, c'est que je suis le plus *capon.* » Cette réponse le fit rire.

A cette revue, j'obtins pour mes subordonnés tout ce que j'avais demandé, sans aucune restriction. Quand l'Empereur eût accordé les différentes grâces et récompenses, il me dit : « Il faut finir par toi, puisque tu es le plus *capon* : je te donne quatre mille francs de dotation en France (1). — Sire,

_______________

(1) Le colonel Séruzier avait reçu une dotation de deux mille francs de revenu à Friedland; il en reçut une seconde de quatre mille francs à Wagram, avec le titre de baron ; et une troisième également de quatre mille francs sur le canal de Saint-Quentin après la bataille de la Moskowa. Napoléon récompensait grandement les braves de son armée. (Note de M. Le Miere de Corvey.)

repris-je avec une profonde émotion, puisque les faveurs de Votre Majesté se répandent sur moi, que cette dotation soit dans la partie de la France qui m'a vu naître, sur le canal de Saint-Quentin ; je désire jouir de vos bienfaits au milieu de mes compatriotes, et leur prouver que de loin comme de près je les ai toujours aimés. » L'Empereur m'accorda ma demande.

A cette revue le maréchal Ney fut nommé prince de la Moskowa (1).

L'armée russe étant dans le plus grand désordre, tous ses corps abîmés et désunis, la foule des fuyards alla porter l'épouvante dans Moskow, et l'armée française se mit en marche le lendemain de la bataille pour s'emparer de cette ancienne capitale de la Russie.

(1) Cette bataille est la plus sanglante de toutes celles que l'armée française a livrées, par l'opiniâtreté qu'on mit de part et d'autre. Les Russes eurent plus de trente mille hommes tués ou blessés, cinq mille prisonniers, dont deux généraux, et trente-cinq généraux hors de combat. La perte ne fut pas si considérable du côté des Français ; mais ils eurent vingt mille hommes hors de combat, deux généraux de division tués, cinq généraux de brigade, et beaucoup de généraux blessés, dont sept de division.

La journée de la Moskowa avait eu lieu le 7 septembre 1812, comme je l'ai déjà dit ; dès le 8, la cavalerie commandée par le roi de Naples, se mit en marche, et le 12 elle était à trois lieues de cette ville magnifique, que les Moskowites nomment *la Sainte*.

Cette cavalerie fut un moment arrêtée par l'arrière-garde de l'ennemi, qui s'était ralliée dans de petits retranchements élevés en avant de la ville, de distance en distance ; ce fut l'affaire de trois heures pour forcer les Russes à quitter ces positions et à se jeter dans la ville de Moskow. Nous les y suivîmes et bientôt cette vaste cité s'offrit à nos regards.

Le roi de Naples ordonna alors de mettre en bataille sa cavalerie et mon artillerie, et fit sommer le gouverneur Rostopchin de se rendre. L'ennemi nous envoya des parlementaires. Il paraît que l'on ne fit aucune difficulté, et que leur parti était pris de nous ouvrir les portes d'abord, et de détruire la ville ensuite. Cependant il fut convenu que nous traverserions Moskow sans nous y arrêter ; que nous nous porterions à deux lieues de l'autre côté, sur la route de Kazan, et que notre avant-garde serait précédée à deux cents toises par un escadron de cosaques.

# CHAPITRE XXII



*Prise de Moskow. — Excursion en Ukraine. — Affaire de Winkowo. — Evacuation de Moskow.*

Les choses ainsi décidées, le 14 septembre, à deux heures de l'après-midi, les troupes françaises firent leur entrée dans Moskow de la manière suivante : le premier escadron du 1er régiment de hussards polonais, suivi de deux pièces de mon artillerie avec un de mes officiers, commençait la marche ; ensuite les autres escadrons du régiment polonais suivaient ; puis la quatrième division de cavalerie légère ; enfin mon artillerie, suivie des deuxième et quatrième divisions de cuirassiers. Immédiatement après nous, venait le 1er corps, suivi de l'Empereur avec sa garde, qui resta dans la ville et s'établit au Kremlin.

A peine notre avant-garde fut-elle parvenue sous la première voûte du Kremlin qu'elle fut assaillie par une grêle de balles qui partaient de toutes les croisées de l'arsenal. Le roi de Naples qui s'était porté en avant, faillit être tué.

Dès que j'entendis la fusillade, je mis au galop mon artillerie et j'entourai l'arsenal. Je fis alors avancer un trompette avec un officier pour parlementer avec ces tirailleurs que je prenais pour des habitants de la ville réduits au désespoir (1) : mon trompette sonne en parlementaire, et pour toute réponse, nous recevons une décharge de mousqueterie. Un de mes capitaines, celui qui accompagnait le trompette, un de mes adjudants et le trompette lui-même furent dangereusement blessés.

Aussitôt je donnai l'ordre de mettre le feu aux pièces (j'en avais fait placer deux sous chacune des voûtes qui servaient d'entrée à

(1) Si le colonel Séruzier eût été instruit alors à quelle espèce d'ennemis il avait affaire, il n'aurait pas sans doute parlementé avec eux. (Note de M. Le Miere de Corvey.)

l'arsenal) et je fis pleuvoir la mitraille d'une manière impitoyable sur cette troupe, qui vint se mettre à genoux devant mes canons en demandant grâce. Je vis alors à qui j'avais affaire : ce n'était pas des habitants de Moskow, ni des soldats qui cherchaient à défendre l'arsenal et le Kremlin au mépris de la convention faite de céder la ville ; c'était le rebut de la société, enfin des criminels tirés de leurs prisons ; on leur avait promis leur grâce et leur liberté à la condition qu'ils se révolteraient contre les *chiens* de Français. Le comte Rostopchin, gouverneur de la capitale fut accusé d'avoir employé ces misérables à l'exécution d'un projet funeste aux Russes, mais qui fut plus fatal encore pour notre armée : c'était celui d'incendier Moskow.

Je m'emparai d'une partie de cette canaille, (c'étaient des galériens, il y en avait plusieurs mille) et je les remis entre les mains de notre infanterie.

Je devais continuer ma route sans m'arrêter dans la ville ; mais, après ce qui venait de m'arriver, je jugeai qu'il fallait marcher avec une extrême circonspection et toujours être prêt à se défendre à chaque instant. En conséquence, je ne m'avançai plus qu'avec mes pièces à la prolonge et marchant par section, afin d'être toujours en mesure. Nous continuâmes cette manœuvre jusqu'à ce que nous fussions hors de Moskow, et nous nous rendîmes au poste qui nous était indiqué à deux lieues plus loin sur la route de Kazan. C'était la première fois que je traversais une ville avec mes pièces à la prolonge.

Arrivés à notre destination, où la cavalerie, sous les ordres du général Sébastiani, s'était rendue aussi, le général commandant l'arrière-garde de l'armée russe demanda une entrevue au général français. Il paraît que le général russe ne cherchait qu'à gagner du temps. Le résultat de cette conférence, qui eut lieu le soir, donna un peu de répit aux vaincus; ils obtinrent une suspension d'armes jusqu'au lendemain à huit heures du matin.

Peu de temps après l'entrevue, vers les neuf heures du soir, nous aperçûmes de notre bivouac un signal, comme une bombe d'artifice, qui partait d'un château situé entre Moskow et nous, à la droite de cette ville, près de notre position. Aussitôt nous entendîmes une forte détonation dans Moskow, et nous aperçûmes cette ville en flammes.

Voici les détails que nous avons recueillis sur l'incendie de Moskow. Le nombre des criminels auxquels on avait ouvert les prisons était très considérable. Indépendamment de ceux que j'avais pris à l'arsenal, il en restait encore cinq ou six mille, qui, munis de mèches, de fusées incendiaires et d'étoupes goudronnées, se répandirent dans la ville et y mirent à la fois le feu en plus de cent endroits différents. Nos sapeurs crurent d'abord que cet incendie provenait de la négligence de nos soldats. Ils essayèrent de l'éteindre ; mais voyant à chaque instant la flamme paraître dans des endroits nouveaux, ils n'eurent plus de doute que ce fût le résultat d'un projet prémédité. Des incendiaires portaient des matières combustibles dans les maisons situées sous le vent, d'autres jetaient des fusées incendiaires du

haut des clochers ; enfin cet affreux incendie
dura six jours, et toutes les horreurs d'une
ville prise d'assaut se renouvelèrent. Les
Français eurent le chagrin de ne pouvoir y
porter remède, mais ils arrêtèrent une partie de ces brigands. Plus de trois mille furent
pris en flagrant délit, des commissions militaires en firent justice : cinq cents furent
condamnés à mort et exécutés ; les autres
furent envoyés au dépôt des prisonniers. Ils
avouèrent tous qu'ils avaient obéi aux ordres
du grand'maître de la police (Iwachkin) et à
ceux du gouverneur militaire (le comte de
Rostopchin). Le signal que nous avions
aperçu avant l'incendie s'était élevé d'une
maison de plaisance qui appartenait, disait-
on, à ce comte de Rostopchin ; il incendia
lui-même son château. Il paraît qu'il était
l'inventeur de ce projet. Ce qui porte à le
croire, c'est qu'avant de se rendre à Moskow,
il avait fait partir ou détruire les quatre-
vingt seize pompes à feu qui y étaient, et
que, dès le 12, il avait fait secrètement enlever les archives de l'Empire, celles de la

noblesse et les trésors du Kremlin. Il avait aussi fait prévenir les prêtres et les nobles qu'ils eussent à mettre en sûreté leurs effets les plus précieux. Tout cela nous semble des preuves assez fortes de ce que nous avançons ; mais quel que fût l'inventeur de ce projet infernal, ce fut à lui que la Russie dut son salut.

L'Empereur, qui était au Kremlin avec sa garde, le quitta le 16, parce que la chaleur de l'incendie avait rendu ce quartier inhabitable. Il alla s'établir au château de Pétrowskoë, où il resta jusqu'à son départ. Quand le feu fut totalement éteint on trouva encore beaucoup de vivres et de munitions, qui furent très utiles à nos troupes.

L'armée française était campée dans les environs de Moskow. De cette ville elle s'étendait sur la route de Twer, de Wladimir, de Kazan et de Kalouga. Le corps dont je faisais partie resta trois jours dans la position qu'il avait prise le jour de notre entrée à Moskow ; le quatrième, le général Sébastiani nous fit porter en avant sur la route de Kazan ; ensuite ayant fait un *à droite*, nous changeâmes de route et prîmes celle de Kalouga. Nous eumes trois forts combats en deçà de cette ville ; le dernier eut lieu le 3 octobre (1).

Je reprends ma narration du moment où je quittai momentanément mon corps d'armée. Le roi de Naples nous avait rejoints ; il avait établi son quartier-général au *clocher à cinq flèches*, et la cavalerie avait pris position en se plaçant *à cheval* sur la grande route de Moskow à Kalouga ; mais nous éprouvions une disette extrême de fourrages ; les chevaux n'avaient d'autre nourriture que la paille des toits ; les cavaliers commençaient aussi à manquer de vivres ; autour de nous la campagne était abandonnée et

(1) Il y eut plusieurs jours de distance entre ces trois com bats, puisque le dernier n'eut lieu que le 3 octobre. Le colonel Séruzier n'en parle ici que comme d'un fait d'armes arrivé à son corps, mais auquel il ne prit aucune part ; à l'époque de ce combat, il était en route du côté de Pultawa, pour chercher des vivres et des fourrages nécessaires à l'approvisionnement du corps d'armée dont il faisait partie. (Note de M. Le Miere de Corvey.)

les suites funestes de l'incendie de Moskow se faisaient déjà sentir cruellement.

Tel était l'état des choses lorsque je reçus l'ordre de prendre le commandement d'un fort détachement que l'on tira de tous les régiments de notre cavalerie légère; je devais réunir à ces forces la moitié de mes escadrons de canonniers à cheval. L'opération dont j'étais chargé était l'approvisionnement de notre corps d'armée.

Je me mis donc en route pour aller fourrager, promettant à mon départ de ne rentrer que lorsque j'aurais trouvé les provisions qui nous manquaient.

Je poussai mon *fourragement* à plus de quarante lieues à gauche de notre position. Je fus contraint d'aller si loin, car dans les environs de l'armée je ne rencontrai que des villages abandonnés. Je m'enfonçai dans l'Ukraine, et ce ne fut qu'aux environs de Pultawa que je trouvai les campagnes habitées. Ce pays est fertile; j'y remontai parfaitement la totalité de ma cavalerie et je fis rassembler une quantité considérable de chariots que je chargeai de grains, de farines et de fourrages.

Lorsque mon convoi fut prêt, je repris le chemin de Kalouga et fis toutes les dispositions nécessaires pour le défendre en cas de fâcheuse rencontre. Heureusement que toutes mes précautions furent inutiles; je ne fus pas inquiété un seul instant dans ce voyage, et mon approvisionnement, qui était très considérable, arriva sans accident et fut d'un très grand secours à notre corps d'armée.

Lorsque je fus de retour, je me présentai chez le roi de Naples pour lui rendre compte de mon expédition et des observations que j'avais eu l'occasion de faire pendant cette longue absence. Il me reçut de la manière la plus distinguée. Il attendait probablement ma visite car il avait près de lui, sur une table, un papier qu'il me remit aussitôt après que je lui eus fait mon rapport; ce papier, daté de Moskow et signé Napoléon, était ma lettre de nomination au grade de commandant de la légion d'honneur. La date de ce brevet était du 9 octobre; or, je n'avais pas vu l'Empereur depuis le jour de la bataille de la Moskowa, où il m'avait doté de quatre mille francs de rente en France; cela me prouva que Sa Majesté avait songé à moi pendant mon absence. Car ma récompense était prête d'avance pour mon retour. Je me croyais heureux autant qu'un brave militaire peut l'être; cette dernière campagne, faite sous les yeux de Napoléon qui m'avait toujours distingué, et qui, après chaque affaire me comblait de gloire et de bienfaits, semblait m'assurer le sort le plus fortuné pour toujours; mais le dernier degré de félicité touche au premier degré de misère : mon expédition d'Ukraine me coûta cher.

Une suspension d'armes avait été convenue entre quelques corps d'armée pendant les négociations entamées par l'intermédiaire du général Kutusow : on devait se prévenir avant de reprendre les hostilités; le prince vice-roi d'Italie avait, dès le 5 octobre, recommencé ses opérations militaires, qui eurent du succès; mais la suspension d'armes durait encore aux avant-postes du roi de Naples, lorsque l'ennemi, sans dénoncer la reprise des hostilités, résolut d'attaquer l'avant-garde française qui se gardait négligemment, comptant sur la suspension d'armes. Le 17 octobre, vers le soir, plusieurs corps russes, commandés par le général Béningsen, vinrent prendre position sur la rive droite de la Nara; ils passèrent cette rivière à minuit et s'avancèrent sur trois colonnes par la grande route de Moskow.

Le corps d'armée du roi de Naples demeura jusqu'au 17 octobre dans la position que j'ai décrite; mais le 18 l'ennemi vint à l'improviste m'attaquer; le signal qu'il prit pour tomber sur nous fut un obus qu'il lança sur mon bivouac. Je fais sonner à cheval, les officiers veulent se rendre à leurs postes, mais chacun se trouve entouré de toutes parts par une nuée de cosaques; on y voyait à peine et je n'avais pas alors quinze hommes autour de moi. Mes canonniers à cheval et à pied ne pouvant recevoir mes ordres, se mirent à se défendre avec leur courage ordinaire;

mais cette fois, ne pouvant avoir l'ensemble que donne le commandement du chef, ce ne fut pendant longtemps qu'une mêlée où la supériorité du nombre devait finir par nous accabler.

Pendant le combat, j'entendis de tous côtés prononcer mon nom aux Russes; j'ai su depuis que le comte Orlow (1) commandait la partie de l'attaque dirigée contre ma troupe. Le comte, furieux du succès de l'expédition que j'avais faite sur ses domaines jusqu'aux environs de Pultawa voulait absolument se venger de moi et avait juré de m'avoir; il donna en conséquence l'ordre à ses cosaques de me prendre vivant; aussi, dans cette attaque, tous leurs efforts se dirigeaient-ils vers l'endroit où ils croyaient me rencontrer.

Dans le premier moment du désespoir que j'éprouvais de m'être laissé surprendre, je cherchai à me faire tuer; n'ayant pu y réussir et voyant mes soldats se rallier peu à peu, j'eus l'espoir d'échapper, si je parve-

(1) Le comte Orlow-Denisow était premier aide de camp de S. M. l'Empereur de Russie.

nais à n'être pas reconnu, puisqu'il semblait
que c'était à moi particulièrement qu'on en
voulait. Je réfléchis qu'un chef se devait à
sa troupe et que je pourrais encore être utile
à mon pays. Je me fais donc donner un
collet pour couvrir mes décorations et n'être
pas reconnu pendant le combat. Je parviens
à joindre un gros de canonniers qui s'étaient
réunis et qui me cherchaient. Je me mets à
leur tête, je sabre l'ennemi. Pendant ce
temps, la cavalerie légère accourait à mon
secours ; en moins de rien, ces misérables
cosaques avaient abandonné mon camp, en
nous laissant plusieurs blessés ; ils fuyaient
à la débandade, de toute la vitesse de leurs
chevaux. J'empêchai ma troupe de les poursuivre, craignant une embuscade. Je doublai
les postes, et, en passant la revue, je vis que
nous avions eu heureusement plus de peur
que de mal.

Pendant que cela se passait près de moi,
voici le résultat de l'affaire de Winkowo :
l'avant-garde, sous les ordres du roi de
Naples, était derrière la Czerniwzna, petite

rivière qui passe à Winkowo; sa droite, composée du 5e corps, appuyait contre la Nara en arrière de Winkowo, et la gauche, à l'extrémité de laquelle se trouvait le général Sébastiani, appuyait à un bois qui n'avait pas été occupé. Le général Orlow fut chargé de tourner ce bois à la tête de la première colonne : ce fut ce corps qui tomba à l'improviste sur les derrières de la division Sébastiani ; j'en ai donné le détail plus haut pour ce qui me concerne. La troupe du général Sébastiani parvint à se former sur la route de Woronowo ; aussitôt la cavalerie ennemie, soutenue par de l'infanterie, chercha à la couper; mais le roi de Naples étant monté à cheval arriva à la tête de sa réserve : il chargea deux fois avec sa bravoure ordinaire et força les Russes à lui abandonner le champ de bataille. Six bataillons de grenadiers russes voulurent soutenir leur cavalerie; mais une seconde charge décida de l'affaire, où nous eûmes à regretter un aide de camp du roi de Naples et un général polonais. Les Russes perdirent deux généraux, et le général Beningsen, qui commandait en chef, fut blessé et perdit l'avantage qu'il avait eu d'abord sur la gauche du roi de Naples qui le força de repasser la Nara en désordre avec ses troupes. Ce combat fut remarquable par l'acharnement avec lequel les deux parties se battirent.

Je ne m'appesantirai pas sur les détails de la retraite de Russie ; ils sont trop affligeants pour que je m'arrête longtemps sur ces pénibles souvenirs. On trouve d'ailleurs partout des récits très circonstanciés, dont l'exagération fait souvent tout l'intérêt. Je vais, au contraire, mettre le plus de simplicité possible dans tout ce qui me reste à dire, jusqu'au moment où je fus fait prisonnier.

Le 19 octobre au matin, on commença à évacuer Moskow. Le Kremlin fut miné et l'on résolut de faire sauter cette forteresse avant de quitter la ville. Ce fut le duc de Trévise qui resta le dernier avec la jeune Garde, afin de couvrir la marche des convois de blessés, de malades, d'artillerie et de munitions.

Le 21, le général Wintzingerode voulut entrer àMoskow, croyant ne pas trouver de résistance; mais il fut fait prisonnier, et le 23, le maréchal duc de Trévise, ayant reçu ses ordres de départ, fit sauter le Kremlin, qui est une citadelle de forme triangulaire, entourée de murailles hautes et épaisses, garnies de créneaux et flanquées de tours (1).

L'armée effectuait sa retraite dans le meilleur ordre possible; mais les maladies, suites de la disette, l'avaient beaucoup affaiblie : les plus forts régiments de cavalerie n'avaient pas cent chevaux.

(1) Derrière cette enceinte sombre, on voit l'ancien palais des Czars, où se trouvait un trésor rempli de couronnes, d'habits, d'anciennes armures, de riches selles et des harnais dans le goût tartare. Le Kremlin renfermait trois cathédrales et plusieurs églises remarquables par leur antiquité, leurs dorures et leurs cloches : la plus belle de ces dernières, nommée Ivan-Veliki, pesait plus de trois cent cinquante milliers de France; mais le clocher où elle était ayant été brûlé en 1737, la cloche est tombée et se trouva enfoncée en terre; elle y était encore au commencement du règne d'Alexandre. On voyait dans une de ces cathédrales les tombeaux des anciens Czars. Le Kremlin avait encore dans sa vaste enceinte le palais des patriarches grecs, dont la bibliothèque se trouvait dans l'église des Douze-Apôtres. L'arsenal, qui était un superbe bâtiment très régulier, contenait une grande quantité d'armes. (Note de M. Le Mière de Corvey.)

Napoléon, informé que les Russes s'approchaient de Maloiaroslawetz, donna l'ordre au prince vice-roi, qui commandait le 4ᵉ corps formé par l'armée d'Italie, de se porter sur ce point : le général Delzons s'en empara, y laissa deux bataillons, fit rétablir le pont sur la Luja et plaça le reste de sa division en bataille dans la plaine, à gauche de cette rivière. Le prince Eugène se trouva avoir en tête l'armée commandée par Kutusow. Le combat fut très sanglant, et j'eus le bonheur dans cette affaire de mériter la bienveillance du prince Eugène, et d'en obtenir une preuve éclatante. Je vais donner les détails de cette importante journée.

# CHAPITRE XXIII



---

Le général Doctorow, s'avançant par le chemin de Lectaskowa attaqua brusquement, le 24 au matin, les deux bataillons que le général Delzons avait laissés à Maloiaroslawetz, et les força d'abandonner la ville. Le prince Eugène sentait l'importance de cette position : il ordonna au général Delzons de marcher avec toute sa division pour la reprendre. Le général Kutusow, qui voyait aussi que le résultat de cette journée dépendait de ce point important, envoya de nouvelles troupes pour soutenir le général Doctorow; les Russes firent un moment reculer les Français. Alors le général Delzons court au milieu de la mêlée, rallie sa division et cherche à repousser l'ennemi. Il commençait à reprendre l'offensive, lorsque des tirailleurs, embusqués derrière un mur, firent feu sur lui ; il tomba mort. Aussitôt le général Guilleminot, chef d'état-major du prince Eugène, prit le commandement de cette division et parvint à mettre les Russes en désordre. Cependant les troupes fraîches leur arrivant de tous les côtés, ils nous forcèrent encore à abandonner une seconde fois Maloiaroslawetz. Cette ville fut prise et reprise plusieurs fois dans la journée par nos troupes, mais rien n'était décidé et nous perdions beaucoup de monde. Le prince, voulant en finir, ordonna à la division italienne du général Pino de passer le pont pour soutenir les divisions Broussier et Guilleminot : il demanda mon artillerie dont il avait le plus grand besoin et fit placer la garde royale d'Italie et la cavalerie légère du général Ornano en réserve derrière la rivière, à l'entrée du bois. Aussitôt je fis sonner à cheval ; et, voulant tourner les Russes, je me mis à chercher un gué pour pouvoir traverser la rivière avec mes pièces. Après quelques recherches, j'en trouvai un assez commode : je le reconnus moi-même avec soin, afin d'être sûr de mon opération ; puis, je revins vers mes canonniers,

J'avais remarqué que le talus opposé de la rivière était fort escarpé et que cette disposition du terrain pourrait mettre un obstacle insurmontable à mon passage, je me hâtai donc d'envoyer dix-huit hommes sur l'autre rive ; ils étaient armés chacun d'une pelle et d'une pioche ; je leur avais ordonné d'adoucir la pente afin de faciliter le passage d'une voiture. Il y avait une petite forêt en avant de ce lieu, et c'était ce qui m'avait déterminé à choisir ce gué plutôt qu'un autre.

J'eus bientôt fait passer toute mon artillerie à l'autre bord, et nous nous trouvâmes dans le petit bois dont j'ai parlé. J'en sors sans perdre de temps et je me mets en bataille pour me jeter au grand galop sur les derrières de l'ennemi. Me voilà en batterie,

envoyant aux Russes des obus et de la mitraille.

Mon mouvement avait été si rapide et si
heureusement exécuté à l'aide du petit bois,
que, quand même les Russes n'auraient pas
été fortement engagés avec le prince Eugène,
ils auraient encore pu ne pas m'apercevoir ;
aussi ne se doutèrent-ils pas de mon passage, ni de la manœuvre que je venais d'exécuter ; elle les surprit au dernier point ; et
dès qu'ils commencèrent à recevoir mon feu,
ils cessèrent d'opposer une résistance aussi
soutenue au 4e corps. Mais ce fut bien pis,
lorsque me déployant à mon aise sur leur
arrière, ils s'aperçurent de l'effet terrible
que je produisais sur leur centre. Pendant
ce temps, le colonel Peraldi de la division
italienne, ayant pris le commandement de la
brigade du général Levie, qui venait d'être
tué, se précipite sur les Russes qui cherchaient à s'emparer du pont pour couper les
troupes qui étaient dans la ville, et les cul-
bute jusqu'au ravin ; mais, chargé de nouveau par des troupes fraîches, il s'appuya

sur le petit bois et se trouva à l'abri de la
cavalerie Russe. Dans ce moment, je redou-
blai mon feu, et, en moins de trois quarts
d'heure, la victoire fut décidée.

Le bruit de notre artillerie s'était fait entendre et le maréchal prince d'Eckmühl arrivait à la hâte. Il déboucha par le village de
Maloczkina et fit de suite passer la Luja aux
divisions Gérard et Compans. Les Russes ne
jugèrent pas prudent de les attendre : ils
laissèrent le champ de bataille au prince
Eugène.

Cette affaire fut une des plus brillantes de
la campagne : le prince vice-roi battit avec
environ dix-huit mille hommes, plus de qua-
tre-vingt mille Russes ; l'ennemi perdit huit
mille hommes dans ce combat, et les Français environ quatre mille. L'Empereur ayant
vu le lendemain ce champ de bataille, donna
les plus grands éloges aux troupes du 4e
corps et dit au prince qui les commandait :
« L'honneur de cette belle journée vous ap-
partient tout entier. »

Lors de la revue de l'Empereur, le prince

Eugène fit l'éloge de ma conduite et demanda à Sa Majesté, pour moi, la décoration de la *Couronne de fer* qui me fut accordée sur-le-champ, ainsi que les demandes que je fis pour mes braves canonniers.

La fortune, qui commençait à nous abandonner, nous laissait encore de temps à autre quelques belles journées : c'étaient, comme le disait prophétiquement l'empereur Alexandre, les derniers rayons de notre étoile, qui mourait en jetant un brillant éclat (1).

Le 25 octobre, toute l'armée française se trouva réunie devant Maloiaroslawetz. Le prince d'Eckmühl passa la Luja avec son corps d'armée et se mit à la poursuite de l'ennemi. Nous faisions journellement des pertes irréparables, malgré nos beaux faits d'armes. La fatigue, la faim, le froid nous minaient

(1) Lorsque nos premiers désastres commencèrent, les Russes refusèrent d'accéder aux propositions de paix qui leur furent faites ; plusieurs relations rapportent que l'Empereur Alexandre fit alors cette réponse : *Votre campagne est finie, la nôtre va commencer.* (Note de M. le Mière de Corvey.)

sensiblement ; dès qu'une voiture était arrêtée, on était obligé de l'abandonner ; à chaque instant on faisait sauter les caissons dont les chevaux tombaient morts ; on enclouait les pièces que l'on ne pouvait plus conduire ; notre matériel diminuait d'une manière effrayante, et notre cavalerie était dans le plus triste état, tandis que les Russes avaient réuni des troupes nombreuses ; et malgré l'échec de Maloiaroslawetz, ils pouvaient nous combattre avec d'autant plus d'avantage que notre armée s'affaiblissait tous les jours. L'Empereur, voyant qu'il ne pouvait effectuer paisiblement sa retraite par Serpeisk, ni se rendre à Viazma par Medin et Inchnow, prit la résolution de retourner vers Mojaisk pour rejoindre la grande route de Moskou à Smolensk ; cette détermination de sa part était affreuse, car tout ce pays était ruiné ; mais il n'y avait plus d'autre moyen de sauver les débris de l'armée : ce mouvement fut donc décidé.

Le 26, l'armée se remit en marche ; le prince d'Eckmühl qui avait poursuivi l'en-

nemi pendant quelques lieues, formait l'arrière-garde. Il eut l'ordre de brûler tous les
équipages qui se trouveraient en arrière :
enfin toute l'armée se trouva rénie le 29 sur
la route de Smolensk.

Ce fut dans les premiers jours de novembre
que nos maux s'accrurent. Le froid commença le 7 et ne fit qu'augmenter chaque jour.
Les chevaux ne pouvaient plus marcher, ne
se nourrissant que d'écorces d'arbres et de
la paille gelée et pourrie qui leur avait servi
de litière lorsque nous allions à Moskow. Ils
périssaient à chaque instant. La cavalerie se
trouvant démontée, on fut forcé de prendre
les chevaux des équipages que l'on brûlait.
Chaque jour on faisait sauter les caissons et
l'on enclouait les pièces ; nos provisions de
tout genre étaient épuisées ; le pays était
ruiné ; et, si l'on s'écartait du gros de l'armée
pour chercher quelques vivres, on était pris
ou impitoyablement massacré par une foule
de cosaques qui interceptaient les communications de l'armée avec les dépôts que nous
avions laissés à Smolensk ; ils arrêtaient nos

convois et enlevaient tous les hommes isolés. On ne peut mieux peindre la triste situation de notre armée, qu'en transcrivant ici quelques fragments du XXIX<sup>e</sup> bulletin qui jeta la consternation dans toute la France (1).

Pendant cette malheureuse retraite nos

(1) « Jusqu'au 6 novembre le temps a été parfait et le mouvement de l'armée s'est exécuté avec le plus grand succès. Le froid a commencé le 7 : dès ce moment, chaque nuit nous avons perdu plusieurs centaines de chevaux, qui mouraient au bivouac. Arrivés à Smolensk, nous avions déjà perdu bien des chevaux et bien de l'artillerie...

« Le froid, qui avait commencé le 7, s'accrut subitement...

« Les chemins furent couverts de verglas ; les chevaux de cavalerie, d'artillerie, du train périssaient toutes les nuits, non par centaines, mais par milliers..... Plus de trente mille chevaux périrent en peu de jours ; notre cavalerie se trouva à pied ; notre artillerie et nos transports se trouvaient sans attelages ; il fallut abandonner et détruire une bonne partie de nos pièces et de nos munitions de guerre et de bouche.

« Cette armée, si belle le 6, était bien différente dès le 14... Sans cavalerie, nous ne pouvions pas nous éclairer à un quart de lieue ; cependant, sans artillerie, nous ne pouvions pas risquer une bataille et attendre de pied ferme. Il fallait marcher pour ne pas être contraint à une bataille, que le défaut de munitions nous empêchait de désirer... Les hommes... parurent ébranlés, perdirent leur gaieté, leur bonne humeur, et ne rêvèrent que malheurs et catastrophes...

« L'ennemi, qui voyait sur les chemins les traces de cette affreuse calamité qui frappait l'armée française, chercha à en profiter ; il enveloppait toutes les colonnes par ses cosaques,

pauvres soldats mangeaient les chevaux morts, et quand ils s'endormaient près des feux qu'ils faisaient, souvent ils ne se réveillaient plus; dès que le froid les saisissait, s'ils n'avaient pas le courage de marcher pour empêcher l'engourdissement total de leurs membres, c'était autant d'hommes perdus : ils n'écoutaient plus ni la voix de leurs chefs, ni aucun autre sentiment ; l'idée seule de leur conservation les occupait. Ils laissaient des caissons chargés d'or que l'on avait abandonnés sur la route faute de moyens de transport, et ils n'attendaient pas qu'un de leurs malheureux camarades fût mort pour le dépouiller de ses vêtements afin de s'en couvrir. Tous les récits ne pourront jamais donner qu'une faible idée des souffrances que nous avons éprouvées pendant notre retraite. Mais revenons à nos opérations militaires.

L'armée continuait sa marche sur Smolensk ; le 2 novembre l'Empereur avait son

qui enlevaient, comme les Arabes du désert, les trains et les voitures qui les suivaient... » (Extrait du XXIXᵉ bulletin officiel de la Grande-Armée. — (Note du colonel Séruzier.)

quartier-général à Semlevo, de l'autre côté de Wiazma, occupé par le prince de la Moskowa (maréchal Ney). Le 3, nous fûmes attaqués vigoureusement par les Russes, et, après cinq heures de combat et des efforts inouïs de la part du prince de la Moskowa, le prince Eugène demeura maître du champ de bataille, traversa Wiazma et vint prendre position de l'autre côté. Ce combat de Wiazma coûta quatre mille hommes aux Français et le double aux Russes.

L'armée se remit en marche en se dirigeant sur Dorogobuj, où elle arriva le 6. Ce fut dans la nuit du 6 au 7 que commencèrent les grands froids. Le prince vice-roi reçut l'ordre de s'avancer sur Witepsk. Mais les chevaux n'avaient plus la force de tirer les pièces. Le prince de la Moskowa, qui était resté à deux lieues en arrière de Dorogobuj avec le prince Eugène, fut attaqué par Milo-radowitch : il parvint à gagner cette ville, fit sauter le pont et continua sa retraite en ordre. Arrivé sur les bords du Wop le 9 au matin, on s'aperçut que le pont avait été brisé pendans la nuit par la crue des eaux et par les énormes glaçons que la rivière charriait. Comme il était impossible de le rétablir, que les cosaques de l'*hetman* Platow s'avançaient, on chercha un gué. On en trouva un. Mais il fallait le courage français pour surmonter les obstacles. La garde royale italienne donna l'exemple. Elle passa, ayant à sa tête les aides de camp du prince vice-roi. Il fallait écarter avec peine les glaçons amoncelés, et l'on avait de l'eau jusqu'à l'estomac. L'artillerie suivit le mouvement ; quelques pièces passèrent ; mais le terrain fangeux s'étant creusé, il ne fut plus possible d'avancer ; dans un moment, le seul gué praticable se trouva encombré de voitures de toute espèce, de caissons, etc. Nous étions dans la situation la plus critique. Le général Broussier était avec sa division sur la rive gauche du Wop pour contenir l'ennemi, tandis que le prince avait fait bivouaquer les divisions Pino et Guilleminot sur la droite. Le lendemain 10, le général Broussier passa ; mais il fut obligé de faire enclouer soixante pièces de canon,

qu'il laissa avec une foule de voitures d'é-
quipages ; il ne put ramener que douze pièces
d'artillerie, lesquelles, jointes à celles que le
prince avait encore, servirent à repousser
les cosaques jusqu'à notre arrivée à Smolensk.
Elle n'eut lieu que le 13. Depuis quatre jours
l'Empereur y était.

Pendant notre retraite, il s'était passé de
grands évènements à la gauche de l'armée.
Le général russe Wittgenstein attaqua le
maréchal Gouvion Saint-Cyr à Polotsk; la
bataille eut lieu le 18 octobre et fut des plus
sanglantes. Les Français eurent l'avantage
malgré le nombre considérable des Russes
qui les attaquaient. Le 19 on se battit encore
avec le plus grand acharnement; des milliers de Russes périrent devant nos batteries.
Mais le 20 on songea à faire la retraite. La
division bavaroise se couvrit de gloire au
défilé de Bononia, que les Russes voulaient
forcer; l'artillerie bavaroise fit taire l'artillerie russe, et les troupes françaises et bava-
roises poursuivirent l'ennemi, qui perdit au
moins huit mille hommes dans ces trois

journées. Le maréchal Gouvion Saint-Cyr
fut blessé et remplacé par le maréchal Oudinot.

Enfin une partie de l'armée française
arriva à Smolensk; mais, d'après les pertes
que la saison et le défaut de vivres nous
faisaient éprouver journellement, il fut décidé
de marcher de suite sur Minsk, où l'Empereur avait beaucoup d'approvisionnements
en vivres et en munitions. Malheureusement
le prince de Schwarzenberg ayant fait un
mouvement rétrograde sur le grand duché
de Varsovie, laissa le passage libre à l'amiral
Tchitchagow. Si les ordres de l'Empereur
eûssent été alors fidèlement exécutés, il était
encore possible d'assurer la position de la
Bérésina et de couvrir Minsk et Borisow;
mais l'insouciance et le défaut de moyens du
gouverneur de cette première place furent
cause d'une partie de nos revers. Le faible
corps qu'il avait détaché de Minsk pour
défendre le passage du Niémen fut battu et
tellement poursuivi, que le chef ne put faire
défendre le pont. Après cet échec, cette ville

devenait impossible à couvrir, à moins d'un dévouement dont le gouverneur n'était pas capable, comme il le prouva par la suite; mais on pouvait encore défendre Borisow, où l'armée eût trouvé des vivres. Le gouverneur de Minsk, sans attendre l'attaque de l'ennemi, évacua la ville et se retira sur Borisow avec environ trois mille hommes. L'amiral Tchitchagow entra dans Minsk le 17 et il y trouva des munitions de toute espèce en abondance, et surtout des vivres, dont l'armée française manquait entièrement.

Arrivé à Borisow, ce gouverneur commit la même faute qu'à Minsk. Au lieu de se mettre en défense, de fortifier la tête de pont, d'établir des batteries, etc..., et surtout de faire prévenir le duc de Reggio, il se contenta de placer un faible corps en observation et d'ordonner quelques patrouilles. Aussi la ville fut prise, et avec elle le reste des ressources de l'armée française. Le duc de Reggio étant instruit à temps de la négligence du gouverneur de Minsk, arrive à la hâte, bat les Russes et reprend Borisow. Malgré tous ces succès, notre armée se trouvait dans une position si cruelle qu'on ne voyait plus de ressources que dans les hasards d'une bataille, afin de pouvoir rétablir la communication du gros de l'armée avec les ailes. Mais pour cela, il nous fallait arriver à la Bérésina avant l'ennemi, sans quoi plus d'espoir de retraite. L'empereur quitta donc Smolensk le 14, avec sa garde, et l'armée suivit le mouvement. Nous avions perdu plus de quatre cents pièces de canon: on avait, il est vrai trouvé quelques ressources dans Smolensk; mais trois jours de marches suffisaient pour les détruire. Le prince vice-roi fut obligé de soutenir un combat très sanglant le 15, en avant de Krasnoï, pour rejoindre l'Empereur qui y était arrivé la veille. Je fis, par ordre du général Sébastiani, placer mon artillerie à l'extrémité de chaque rue dans la crainte d'une surprise de la part de l'ennemi. Il vint nous observer; mais, voyant notre position, il n'osa pas nous attaquer. Le brave maréchal prince de la Moskowa se trouva coupé et séparé de l'armée pendant deux jours; mais son audace, son intrépidité et son sang-froid le tirèrent de ce mauvais pas. Ne pouvant, avec un corps épuisé de fatigues, rompre des masses énormes d'ennemis et se faire jour à travers, il rétrograde le 18 sur la route de Smolensk, surprend le passage du Dniéper, traverse des nuées de cosaques et rejoint les postes du prince viceroi en avant d'Orscha, où étaient déjà réunis la garde impériale et les 1er et 4e corps.

Cette manœuvre du prince de la Moskowa est une des plus belles de la campagne, si l'on en considère les résultats.

Jusqu'à Vitepsk je vins à bout de contenir les cosaques; et malgré les fréquentes escarmouches que nous avions avec eux chaque jour, je me serais fait fort de me tirer d'affaire avec mon artillerie à cheval; mais au combat de Witepsk la fatigue des chevaux qui traînaient la grosse artillerie de l'armée, retarda sa marche, et le désordre occasionné par l'attaque subite des cosaques leur donna la facilité de s'emparer de toute cette grosse artillerie. Je me trouvai heureusement assez près pour rendre un service essentiel; car, ayant formé mes artilleurs à cheval en escadrons, et soutenu par mes pièces à chacune desquelles je n'avais laissé que trois hommes pour avoir des escadrons plus considérables, je me jetai sur les cosaques, et je fis sur cette misérable cavalerie une charge si leste et si bien combinée que, malgré la très grande supériorité de son nombre, je la mis dans une déroute complète. Je repris nos pièces de position. Nous les ramenâmes aussitôt au corps d'armée, et je les remis à leur commandant.

A Orscha la nécessité de réorganiser l'artillerie se fit sentir, et les généraux Lauriston et le colonel Nègre furent chargés de cette opération. Depuis ce moment, je me trouvai avec ce qui me restait de pièces, à la tête d'un corps de pontonniers, et je fus chargé d'assurer les passages pour le retour de l'armée, de même que j'avais eu soin de lê faire pendant notre marche victorieuse sur Moskow ; mais quelle différence !

L'armée française continuait son mouvement rétrograde et faisait chaque jour de nouvelles pertes. Je n'ai rien à dire de particulier sur cette retraite jusqu'au passage de la Bérésina, car il ne m'arriva rien de particulier depuis Orscha.

# CHAPITRE XXIV



*Passage de la Bérésina.*

---

Lorsque nous arrivâmes au bord de la rivière de la Bérésina, nous trouvâmes l'armée russe, qui s'était préparée à nous en disputer le passage. Elle avait eu le temps de faire toutes ses dispositions, et son avantage était fort grand sur nous, car il ne pouvait manquer d'y avoir beaucoup de désordre dans notre armée après les malheurs qu'elle avait éprouvés.

Il y eut donc sur les bords de la Bérésina un combat fort opiniâtre, qui dura pendant trois jours sans aucune combinaison savante ni d'un côté ni de l'autre ; en effet, il s'agissait simplement pour eux d'empêcher le passage sur divers points, et pour nous de le forcer à ces mêmes endroits.

Pendant ces trois jours nos pontonniers étaient enfin parvenus à établir deux ponts sur le fleuve à Wesselowo. On avait hésité longtemps pour savoir dans quel endroit on effectuerait le passage. Comme j'ignore quels étaient les intentions et les motifs de l'Empereur, je ne puis dire ici que ce que j'ai fait. Je reçus donc l'ordre de faire établir ces deux ponts, et j'obéis malgré les difficultés sans nombre qu'il me fallut surmonter. L'un était destiné au passage de l'infanterie, et l'autre de la cavalerie et de l'artillerie. Malheureusement ces deux ponts, jetés avec tant de peine, avaient été fortement endommagés par le feu des pièces russes, qui n'avaient cessé de les canonner. Nous redoublâmes donc nos efforts et vînmes à bout de les rétablir de nouveau malgré l'ennemi.

Il s'en fallait peu que notre retraite ne devînt impossible. Je vis l'instant où les deux ponts allaient être coupés par les Russes, qui revenaient toujours à la charge avec une nouvelle ardeur.

Je détachai deux batteries d'artillerie à

cheval, sous le commandement du chef d'escadron Pons, et je secondai le mouvement en marchant à la tête de plusieurs escadrons de toutes armes que j'avais réunis comme je l'ai dit plus haut.

Dès que les deux batteries du chef d'escadron Pons eurent commencé à ébranler les Russes par les obus et la mitraille, je chargeai vivement avec notre cavalerie, et je rejetai l'ennemi assez loin. Il battit en retraite aussitôt et m'abandonna quelques vivres qu'il avait enlevés les jours précédents à nos vivandières et cantinières.

Après cette attaque, nous fûmes en repos pendant la nuit du 26 au 27 novembre. Le duc de Reggio passa le premier avec le 2e corps ; l'Empereur et sa garde passèrent ensuite ; puis les 3e et 5e corps. Pendant le passage, ces ponts construits à la hâte se rompirent plusieurs fois ; mais, grâce à l'activité de nos intrépides pontonniers, on parvint à les rétablir ; je passai la Bérésina sans inquiétude avec mon artillerie et ma cavalerie.

Pendant la matinée du **27**, le maréchal duc de Bellune arriva dans l'après-midi sur les hauteurs de Wesselowo et y prit position pour soutenir la retraite. Mais nous apprîmes par un bataillon de l'extrême arrière-garde de la division Partouneaux, qui arriva fort tard, que ce général, s'étant trompé de route, avait été fait prisonnier avec trois mille homme d'infanterie et deux régiments de cavalerie. Cette nouvelle ayant donné l'éveil à tout l'attirail qui suit une armée en retraite, il se forma un encombrement considérable aux environs des ponts : les uns voulaient passer et forçaient toutes les consignes ; les autres voulaient rester en disant qu'ils seraient pris de l'autre côté : cette hésitation avait tellement détruit l'ordre que personne ne voulait obéir.

L'Empereur avait bien senti qu'il fallait empêcher l'ennemi de nous suivre, et que par conséquent il était nécessaire de passer très vite et de brûler les ponts aussitôt après le passage. Comme la foule des voitures ne pouvait que retarder et compromettre le sort de l'armée, l'Empereur avait donné l'ordre formel d'incendier toutes celles qui ne seraient pas utiles ; pour ôter tout prétexte de désobéissance, et faire voir l'importance de cette mesure, il avait commencé par faire mettre le feu aux siennes.

Avant l'arrivée du bataillon de la division Partouneaux, le passage s'effectuait avec assez de régularité. J'avais reçu du général Eblé l'ordre de faire rompre et sauter les ponts dès que le corps du duc de Bellune et les voitures conservées seraient de l'autre côté. J'étais chargé de presser le trajet de ces dernières. Je mis donc toute la célérité et toute la fermeté possible dans cette commission. Mais quand on sut que les Russes approchaient, il me fut impossible de faire entendre raison aux conducteurs de voitures de bagages, de cantinières et de vivandières ; j'eus beau dire qu'avec de l'ordre tout le monde se sauverait, que leur salut dépendait de la promptitude de leur passage, et que celui de nos troupes exigeait que l'on rompît les ponts, ils passèrent en petit nombre avec leurs voitures légères ; mais la plus grande partie s'obstina à rester sur la rive gauche avec le duc de Bellune.

Ma situation était pénible ; l'ennemi reparaissait et le danger devenait plus grand de minute en minute. Le maréchal duc de Bellune, qui avait tenu longtemps sur la rive gauche contre une armée triple en force du corps qu'il commandait, se vit contraint d'ordonner la retraite. Ce fut alors que les conducteurs des voitures qui étaient restés sur cette rive virent le danger ; mais il n'était plus temps : le corps du duc de Bellune passa en désordre ; les voitures d'équipages, d'artillerie, de blessés, etc., s'encombrèrent à l'entrée du pont ; on se frayait un passage à coups de baïonnette ; plusieurs hommes se jetèrent à la nage et périrent. L'ennemi, qui nous saluait à coups de canon et qui nous envoyait force obus, acheva de mettre le désordre. Enfin, une partie des troupes passa, mais je voyais plusieurs centaines de voitures chargées qui restaient de l'autre côté. L'encombrement détruisait tout espoir de passage ; une foule d'hommes et de femmes allaient être sacrifiés lorsque j'aurais détruit les moyens de nous rejoindre : c'était bien leur faute. Malgré cela j'attendis pour remplir cette mission pénible aussi longtemps qu'il fut possible, et ce ne fut qu'à la dernière extrémité, c'est-à-dire lorsque l'artillerie russe me harcela de toutes parts, que je me déterminai avec un vif regret, à exécuter l'ordre du général, qui était celui de l'Empereur.

A l'instant je fis brûler les ponts et je fus témoin du spectacle le plus affligeant qu'on puisse voir. Les cosaques se précipitèrent sur ces malheureux abandonnés ; ils pillèrent tout ce qui était resté du côté opposé du fleuve, où il y avait une grande quantité de voitures chargées d'immenses richesses ; ceux qui ne furent pas massacrés dans cette première charge furent faits prisonniers et leur fortune devint la proie des Cosaques (1).

(1) On ne peut évaluer ici la perte de l'armée française ; elle fut incalculable : douze ou quinze mille hommes furent faits prisonniers pour n'avoir pas suivi les ordres qu'ils avaient reçus ; six mille au moins furent tués dans cet encombrement, tant par ceux qui voulurent forcer le passage

Après le passage de la Bérésina, le maréchal Ney, prince de la Moskowa, reçut le commandement de l'arrière-garde de l'armée. Je reçus également le commandement de l'artillerie sous ses ordres. Nous continuâmes de nous retirer en ordre, en couvrant l'armée dont nous protégeâmes la retraite jusqu'à Wilna, sans être entamés ; mais, en approchant de cette ville, comme nous étions plus fortement pressés par les Russes, je me disposai à leur tenir tête avec toutes mes pièces.

Je combinai ma défense de manière à mettre l'ennemi en désordre, en le forçant à deux combats à la fois. Je partageai mes pièces et leur fis suivre les deux routes qui tournaient la ville ; ensuite je fis attaquer les Russes sur deux points à la fois, en avant et en arrière de Wilna, calculant mon mouvement de telle sorte que mes deux divisions, après s'être séparées pour attirer sur

que par les Russes qui arrivèrent en masse et reprirent toutes les richesses que nous ramenions de Moskow. (*Note de M. Le Mierc de Corvey.*)

deux points les forces des Russes, devaient se rejoindre dès qu'elles auraient dépassé la ville. Si mon projet réussissait, je me trouvais en état d'opposer mes deux divisions réunies aux efforts des troupes ennemies, que ma première manœuvre devait déterminer à se séparer.

Mes canonniers se conduisirent avec leur valeur accoutumée et déjà les Russes fuyaient en désordre ; je les pressais vivement, lorsque….. je frémis en pensant à ce funeste évènement ! n'importe, il faut le dire ; je dois toute la vérité : les malheurs ne sont pas des fautes.

Arrivé au point de jonction que j'avais déterminé, je commençais à prendre un avantage marqué sur les ennemis, lorsque je vis un grand encombrement de voitures à nous, parmi lesquelles se trouvaient celles qui portaient le trésor de l'armée. Je fis des efforts incroyables pour me frayer un passage avec mes canons. Jamais je ne pus y parvenir. De toutes parts j'étais pressé par la cavalerie russe. Pendant le temps que je perdais à vouloir forcer le passage, les cosaques, s'étant jetés parmi nos équipages, tuèrent une partie des chevaux, de sorte que le désordre s'accrut au point que non seulement mon artillerie ne pouvait plus tirer puisque j'avais devant moi plus de trois cents de nos voitures encombrées, mais encore je reconnus que j'allais être enlevé et que j'allais perdre mes pièces.

Dans ce moment désespéré, j'ordonnai à mes canonniers de briser la glace de la Wilna, et je fis jeter tous mes canons, caissons et munitions dans la rivière. Ceux qui me connaissent par la lecture de ces Mémoires, peuvent se figurer ce que je dus souffrir en ce moment cruel ! Je m'abstiens de faire de plus longues réflexions sur cette affligeante position (1).

(1) Si cet événement malheureux ne fût pas arrivé ce jour-là, il serait indubitablement arrivé peu de temps après ; car les débris de cette belle armée, dont le courage héroïque se soutenait encore par l'espoir de trouver des vivres et une température plus douce à Wilna, furent tellement démoralisés par la réception qu'on leur fit, que ce reste de courage les abandonna. Les Juifs surtout se distinguèrent par leur cruauté : nos malheureux soldats, sans force, mourant de

Après avoir sacrifié mon artillerie pour ne pas la laisser prendre par l'ennemi, je fis connaître ma situation au maréchal Ney. Le maréchal me loua du parti courageux que je venais de prendre. Il est certain que si les Russes eussent enlevé notre artillerie, ils nous auraient infailliblement écrasés avec elle en cet endroit.

Ceux qui ont connu le maréchal Ney savent qu'il était peut-être l'homme de l'armée française le moins capable de perdre la tête: personne n'eut jamais plus de sang-froid dans les moments critiques. Il venait de faire des pertes énormes; tous ses corps de cavalerie et d'infanterie étaient dans l'état le plus déplorable; ce fut alors qu'il prit la résolution de se retirer sur Kowno.

faim, accablés de fatigues, ayant la plupart des membres gelés, furent impitoyablement mis à la porte sans secours et moururent par milliers dans les vingt-quatre heures; les Juifs les dépouillaient même avant qu'ils fussent refroidis! Nous perdîmes là beaucoup plus de monde qu'au passage de la Bérésina. Plusieurs officiers généraux, ne pouvant aller plus loin, furent faits prisonniers ; aussi, en sortant de Wilna, les débris de notre armée n'étaient plus que des masses isolées de fuyards, sans armes, sans vêtements, et dans l'état le plus déplorable. (Note de M. Le Miere de Corvey.)

En partant pour cette ville, dans laquelle il allait m'attendre, le maréchal me confia le commandement des débris de son corps d'armée, avec ordre d'organiser en bataillons, compagnies et escadrons tout ce qui restait d'infanterie et de cavalerie de toute arme ; après quoi je devais le rejoindre et prendre ses ordres de nouveau pour continuer notre retraite.

Je formai donc le mieux qu'il me fut possible l'organisation nouvelle dont j'étais chargé, et, me dirigeant sur Kowno, je commençai par quitter la grande route.

Deux raisons me déterminaient à prendre cette mesure ; la première, c'est que par ce chemin je n'avais plus à craindre d'être suivi par l'artillerie légère russe, contre laquelle je n'avais plus de défense, la seconde, c'est que, n'étant plus gêné moi-même dans aucun passage, puisque je n'avais plus de canons, je pouvais m'écarter à gauche de la grande route et me procurer plus aisément quelques vivres dans les villages que je rencontrais en grand nombre.

Mes précautions semblaient devoir me faire espérer un trajet favorable jusqu'au point où je désirais arriver, c'est-à-dire jusqu'à Kowno ; mais la fortune avait cessé de me sourire : je n'avais plus que mon courage ; mon bonheur était épuisé.

# CHAPITRE XXV

*Affaires sur la route de Kowno. — Je suis fait prisonnier.*

J'avais toujours marché, en m'éloignant de la grande route jusqu'au 13 au matin, sans avoir eu aucun engagement sérieux avec les cosaques. Je me trouvais alors à trois lieues de Kowno ; il fallait prendre le grand chemin pour y parvenir ; je m'y décidai et me remis en marche avec assez d'ordre ; ma troupe rejoignit la route qui conduit de Wilna à Kowno.

Vers onze heures du matin, je vis sur ma gauche un très fort parti de cosaques ; je présumai qu'ils étaient soutenus par d'autres troupes de la même espèce, puisqu'ils semblaient disposés à nous combattre.

Aussitôt je donnai les ordres nécessaires ; je rangeai mon infanterie en bataille sur le chemin, et sans balancer je fondis sur les cosaques à la tête de mes escadrons de cavalerie. Notre charge fut très belle et son succès complet. Je culbutai ces misérables pillards et, ce qui me fit le plus de plaisir, ce fut la prise de trois cents bons chevaux que je ramenai et dont je me ·hâtai de faire la distribution à ceux de mes cavaliers qui étaient démontés ou dont les chevaux étaient blessés ou déferrés. Après ce combat nous continuâmes notre marche et déjà nous apercevions le Niémen. Mais lorsque nous fûmes arrivés à la tête du pont qu'il fallait passer nécessairement, nous y trouvâmes plus de quinze mille cosaques qui nous attaquèrent. Je vis clairement qu'il me serait impossible cette fois de résister à une troupe aussi nombreuse ; mais, voulant faire au moins bonne contenance afin d'obtenir, s'il était possible, une honnête capitulation, je plaçai mon infanterie dans un petit bois et me disposai à charger avec ma cavalerie. J'espérais que les cosaques, voyant notre résolution, s'estimeraient heureux de nous obliger à nous rendre, et nous laisseraient nous retirer au quartier-général de l'armée russe, avec nos équipages sans nous dépouiller.

Comme je donnais l'ordre de sonner la charge, je vis arriver un cavalier russe en parlementaire. Il me fit la proposition de mettre bas les armes et de me rendre prisonnier avec mon infanterie et mes escadrons. Je répondis que je voyais ma position avec calme, sans m'en dissimuler le danger; je déclarai que je me croyais effectivement obligé de me rendre pour conserver le reste des soldats qui m'avaient été confiés; mais que je mourrais les armes à la main, à moins que l'on ne consentît à nous respecter, à laisser à mes officiers et à toute ma troupe leurs effets et leurs équipages.

Le parlementaire, après avoir écouté ma réponse, s'en retourne vers son chef; et moi, voulant voir les dispositions de mon infanterie et la rassurer en lui parlant de la timidité que l'ennemi mettait dans ses prétentions, je me rends au petit bois : je crois y trouver mes fantassins, mais il n'y avait plus personne. Pendant que je songeais à leur ménager une capitulation honorable, ces indignes soldats, effrayés des nuées de cosaques qu'ils apercevaient de toutes parts dans la plaine, s'étaient débandés et avaient tâché de gagner le pont pour se sauver. On ne peut se faire une idée de ma colère; j'étais furieux ! Je quitte le bois; je reviens au grand galop vers ma cavalerie; mais..... je ne trouve plus personne !.... N'étant plus retenus par ma présence, mes cavaliers en avaient fait autant que les fantassins, de sorte que je me trouvai sans troupe. Un seul homme m'était resté, il mérite que je dise son nom : c'était un alsacien, nommé Klein (1).

Dès que les cosaques reconnurent la défection de mes soldats, ils les chargèrent de tous côtés ; tous les fuyards furent repris et subirent ignominieusement la peine de leur manque de courage; tous furent dépouillés et traités avec la dureté ordinaire aux cosa-

(1) Klein ne m'a pas même quitté pendant ma captivité. Il est rentré avec moi en France; je l'ai amené dans mon pays natal et l'ai gardé trois mois dans mes foyers.

ques. Quant à moi, demeuré seul à cheval dans le bois, on pense bien que je ne tardai pas à être attaqué. Une multitude de ces misérables ennemis m'entoura, essayant pour me prendre de m'abattre à coups de lance. Je parai les premiers le mieux que je pus avec mon sabre. Alors leur chef ordonna de faire feu sur moi. Six cosaques me tirèrent à quinze pas et je reçus quatre coups de carabine. Mon cheval était tombé raide mort, et ma jambe droite était prise dessous. Alors ces brigands fondirent sur moi ; ils me donnèrent vingt sept coups de lance, m'arrachèrent mes vêtements, me prirent mes décorations, mes armes, mon argent et me dépouillèrent totalement. J'ai toujours pensé que j'ai dû mon salut au froid excessif qui régnait en ce moment : en effet, mes blessures avaient mis mon sang dans une agitation extraordinaire, ce qui m'empêcha de me trouver engourdi, malgré ma nudité ; en même temps ce froid terrible, en me saisissant, avait gelé toutes mes blessures ; le sang n'en coulait plus ; c'est ce qui m'a sauvé.

Quoique je fusse blessé de la manière la plus cruelle, le chef de ces cosaques, voyant que je m'étais relevé, et jugeant, d'après ma riche dépouille, que j'étais un officier marquant de l'armée française, eut la barbarie de me faire marcher ainsi nu et à pied pendant trois lieues, par un froid de vingt-sept à vingt-huit degrés, pour rejoindre le quartier-général de l'hetman Platow (1).

(1) L'hetman comte Platow avait un pouvoir despotique sur tous les Cosaques sous ses ordres.

# CHAPITRE XXVI

*Détails sur ma captivité jusqu'à mon échange. — Mon entrevue avec le grand-duc Constantin, etc...*

Il était environ quatre heures du soir lorsque je fus fait prisonnier. Pendant la route, pour parvenir au quartier-général de l'hetman Platow, je voyais arriver successivement mes soldats pris par les cosaques ; ils étaient, ainsi que moi, nus pour la plupart. Je leur fis des reproches amers de ne m'avoir pas attendu (nous aurions obtenu la capitulation que je demandais pour eux), et je ne daignai pas leur dire autre chose, sinon qu'ils méritaient leur sort.

Après des souffrances incroyables, occasionnées par mes blessures et par le froid, j'arrivai près de l'hetman Platow. Son fils, qui avait étudié en France, et qui était son aide de camp, s'approcha de moi, me fit asseoir et me proposa de me servir d'interprète.

Le général me demanda quel était mon grade... Je répondis : Colonel d'artillerie. — Que vous a-t-on pris? — Tout : argent, bijoux, effets, etc. — Aviez-vous des chevaux de prix? — J'en avais six, deux limousins, deux normands et deux hanovriens. »

Alors Platow donna l'ordre d'amener devant lui le commandant qui m'avait dévalisé et s'assura de la vérité de mes aveux en se faisant tout représenter. Je crus qu'il allait me faire restituer ce que j'avais perdu. Il se tourna vers moi et me demanda : « Est-ce là tout? — Je répondis : « Oui. » Alors le général cosaque me dit en riant : *Dobjé.* Cela signifie : *c'est bon.* Il ne me rendit rien. Il n'avait pris tant d'informations que pour s'assurer d'avoir sans réserve toute ma dépouille. Il envoya mes chevaux dans son écurie pour se monter, lui et les officiers de sa suite.

Cependant la chaleur extrême que j'éprouvais à ce bivouac (j'étais devant un énorme brasier) fit dégeler mes plaies ; mon sang commença à couler de toutes les parties de mon corps et en si grande abondance, que mes forces m'abandonnèrent.

Le fils de l'hetman, me voyant défaillir, me retint dans ses bras au moment où j'allais tomber. Ce jeune homme me fit donner un verre de *schnaps* (1) ; après cela, Platow permit qu'on pansât mes blessures. Son fils me fit conduire chez le major commandant son quartier-général ; il recommanda que l'on eût soin de moi, et, comme j'étais entièrement nu, il me fit rendre, à ma prière, ma pelisse, que je reconnus en passant sur les épaules d'un cosaque ; il y fit joindre une capote de soldat et une vieille paire de souliers. Dans cet accoutrement je me rendis chez le major, qui, d'après les recommandations du fils de l'hetman, eut beaucoup d'égards pour moi. J'obtins que mon fidèle Klein ne m'abandonnerait pas.

(1) Eau-de-vie de grains que les Russes, les Polonais et les Allemands aiment beaucoup.

Je demeurai pendant trois jours chez ce major. Klein me pansait : peut-être, sans les soins de ce brave soldat, n'aurais-je pas survécu aux cruelles souffrances que j'éprouvais.

Le quatrième jour, au moment où la fièvre me tourmentait le plus fort, j'appris que le général Platow avait donné l'ordre de faire transporter tous les prisonniers français à Wilna. Je regrettai bien alors de n'avoir pas été tué ; car, dans l'état où je me trouvais, il m'était impossible de faire cette route à pied. Je savais que les Russes avaient l'habitude de faire marcher à coups de *knout* les prisonniers qui restaient en arrière, et qu'il arrivait souvent que les cosaques irréguliers tuaient à coups de lance ceux qui ne pouvaient plus continuer leur route. Je pensai donc que je périrais dans ce trajet. Mais, au moment de partir, je fus bien surpris de l'attention que l'on avait eue pour moi : un traîneau m'attendait avec deux cosaques, qui avaient ordre de ne pas me quitter. Je présume que je dus cet adoucis-

sement aux sollicitations du jeune fils de
l'hetman Platow ; car l'officier qui commandait le détachement qui nous escortait, fut
aussi honnête avec moi pendant la route,
qu'on pouvait l'attendre d'un cosaque. Les
deux qui m'accompagnaient s'acquittèrent
parfaitement de leur mission : ils prenaient
mes vivres en chemin, me les préparaient
et veillaient à ce que je ne fusse gêné ni
insulté par personne jusqu'au lieu de notre
destination (Wilna), où j'arrivai sans avoir
éprouvé le plus petit désagrément.

Il ne faut pas que j'oublie, en cet endroit
de mes Mémoires, un trait qui fait le plus
grand honneur à celui qui en fut capable en
ma faveur. La reconnaissance est une des
qualités qui me plaisent le plus dans un
militaire. Voici donc ce qui m'arriva :

Dans les endroits où l'on s'arrêtait, tous
les prisonniers étaient répartis dans des
granges ; j'étais très souffrant, malgré les
égards que l'on avait eus pour ma douloureuse position, lorsqu'à environ dix lieues
de Wilna, le seigneur d'un château voisin,

colonel d'artillerie russe, voulut voir passer les prisonniers français. Ce n'était point pour satisfaire une vaine curiosité, mais parce qu'il avait appris qu'il y avait parmi ces prisonniers un colonel d'artillerie.

Il vint donc, déclara qu'il voulait avoir ce colonel chez lui avec sa suite (elle consistait dans un seul homme, mon brave Klein). On me transporta chez ce seigneur qui me fit donner un verre de rhum en attendant que l'on eût préparé le dîner; mais, tandis que je buvais, le colonel fit une exclamation de surprise : il venait de me reconnaître !

Si le lecteur n'a pas oublié ce qui m'arriva à la bataille d'Austerlitz, il doit se rappeler ce brave colonel d'artillerie russe que j'avais fait alors prisonnier, et que je traitais avec toutes sortes d'égards, par l'estime que m'avait inspirée sa belle conduite. Eh bien ! c'était lui. On ne peut se faire une idée du plaisir que nous éprouvâmes tous les deux : il ne savait comment me peindre sa reconnaissance; il n'est point d'attentions délicates ni de soins qu'il ne m'ait prodigués. « Je me souviens, me dit-il, de vos bons traitements; vous me fîtes même fournir des chevaux pour me rendre de Brünn à Vienne, etc. Soyez sûr que je ne serai pas en reste de procédés envers vous, lorsque je vous trouve dans un état aussi affligeant. » A ces mots, il appela l'officier de cosaques qui commandait l'escorte de nos prisonniers, et tirant de son secrétaire une bourse avec dix pièces d'or, il la lui remit en lui disant : Je te donne cette somme pour te récompenser des soins que tu as déjà eus et de ceux que je t'ordonne d'avoir encore pour le colonel que tu escortes; s'il manque de quelque chose sur la route ou s'il est insulté, je te fais fusiller... »

Ce brave colonel, que je me plais à nommer *frère d'armes* quoique d'une autre nation, ne se borna point à ces recommandations qui me furent très utiles; il vint encore me visiter une fois à Wilna quelque temps après.

Cette aventure, à laquelle j'étais loin de m'attendre, me fait plaisir à raconter, parce

qu'il y avait alors beaucoup de danger pour
les prisonniers français dans les villes où ils
s'arrêtaient, à cause du mal que notre armée
avait fait éprouver aux Russes pendant la
campagne et surtout depuis la retraite; tout
était brûlé et dévasté sur la route; les habitants rentraient chez eux la rage dans le
cœur, et les escortes qui n'étaient pas assez
nombreuses pour maintenir l'ordre, ou assez
courageuses pour défendre les prisonniers,
les exposaient à être massacrés par le peuple,
ou du moins à en être maltraités de la manière la plus indigne. Je dus donc, comme
on le voit, mon salut ou du moins ma tranquillité à la manière dont j'en avais agi précédemment envers un ennemi, qui se montra
ensuite généreux à son tour.

Les jeunes gens qui liront cette page de
mes Mémoires, se confirmeront dans l'idée
que la loyauté et la reconnaissance sont deux
qualités inséparables du vrai courage.

A Wilna, je fus logé chez un maréchal-
ferrant; mon hôte était un honnête homme;
il me traita d'abord fort bien; mais ses atten-

tions redoublèrent après la visite que le colonel d'artillerie vint me faire. J'attribue à ses recommandations les bons procédés que l'on eut pour moi dans cette ville. Tout ce qui pouvait être utile au rétablissement de ma santé me fut offert avec empressement.

Cependant, malgré la douceur de ce traitement, je manquais de plusieurs choses essentielles, telles que vêtements, et surtout de linge, dont la privation me semblait plus pénible et plus gênante que toute autre ; mais je ne voyais aucun moyen d'y remédier. Heureusement pour moi je me rappelai qu'à Tilsit et ensuite à Erfurt, j'avais reçu du grand duc Constantin l'accueil le plus obligeant; je résolus de le voir. Je fis demander à être conduit en sa présence. On prévint aussitôt son état-major qu'un officier français, prisonnier, sollicitait l'honneur de lui être présenté.

Le prince envoya un aide-de-camp chez moi avec ordre de s'informer du motif de ma demande ; pour toute réponse, je dis mon nom, et, quelques minutes après, l'aide-de-camp vint me chercher.

Nous nous rendîmes de suite chez le grand duc. Lorsque l'on m'introduisit dans le salon, le prince me reconnut : « Ah ! je le tiens donc à la fin », s'écria-t-il. Il vint alors à moi d'un air un peu moqueur ; mais, voyant l'affreux dénûment où j'étais, il changea de visage. « Ces coquins de cosaques, dit-il, comme ils l'ont arrangé !.. Au reste, cela ne m'étonne pas de leur part. » Il me fit asseoir à côté de lui près de son feu et me considéra en silence pendant quelques minutes ; puis, tout à coup, se rappelant nos anciennes manœuvres de Tilsit et d'Erfurt, il me cria du ton de commandement : « — Garde à vous ! — Otez les avant-trains et mettez les prolonges ! » Je répondis tranquillement : « Mon prince, avant de parler manœuvre, faites-moi donner à déjeuner, je vous prie ; mais surtout un verre de vin, car il y a longtemps que je n'en ai bu ; ensuite, nous parlerons aussi longtemps qu'il vous plaira, de guerre et d'évolutions. »

Le prince Constantin sourit et parut satisfait de ma franchise et de mon calme. Il
donna de suite les ordres nécessaires, et
quelques minutes après on nous servit un
fort beau déjeuner à la française. Je bus une
bouteille de vin de Bordeaux d'une excellente qualité; ma gaieté revint un peu, je fus
en état de tenir conversation et de raisonner
avec le prince; nous parlâmes tactique, mouvements, manœuvres, etc...., pendant plusieurs heures.

Dans un moment de gaieté, il me dit :
« Parbleu, je ne sais pas faire le nœud à la
prolonge comme vous le faites dans l'artillerie française ; colonel, donnez-moi une
leçon. — Avec bien du plaisir, mon prince,
repartis-je aussitôt. » Il envoya chercher du
cordeau, et, au bout de dix minutes, il faisait
ce nœud aussi bien que moi.

Avant de quitter le grand duc, je lui
parlai de mes blessures ; et, sur-le-champ,
me dépouillant de mes vêtements, je lui fis
voir mon corps tout couvert de bandelettes,
comme celui d'une momie d'Égypte. « Vous

voyez, lui dis-je, que je manque de linge et de vêtements convenables; je vous prie, mon prince, de me prêter vingt-cinq louis. Je ne les accepterai cependant, ajoutai-je, quand je le vis qui allait me les faire compter, qu'à la condition que vous me permettrez de faire passer une lettre au maréchal Ney, pour lui apprendre l'obligation que je contracte avec vous. » Le prince y ayant consenti avec beaucoup d'empressement, j'écrivis chez lui ma lettre et la lui remis pour la faire parvenir au maréchal, qui était alors dans l'île de la Nogat; ensuite j'acceptai les vingt-cinq louis et quittai ce prince, qui m'avait témoigné les égards les plus distingués et rendu, comme on le voit, un service essentiel avec une grande délicatesse.

Le désespoir me fit faire cette démarche auprès du grand duc; mais, s'il avait refusé de me recevoir, il est à croire que le dénûment total des objets de première nécessité, surtout la privation de linge et la mauvaise nourriture que l'on donne aux prisonniers, eûssent fini par empirer mon état; je crois

même que, malgré les soins de mon maré-
chal-ferrant, j'aurais bien pu laisser mes os
en Russie, comme tant d'autres.

Trois semaines après cette entrevue, je
reçus la réponse du maréchal Ney. Il m'envoyait cinquante louis au lieu de vingt-cinq
que je lui avais demandés. Je me hâtai d'aller
remettre au prince Constantin la somme
qu'il m'avait si obligeamment prêtée; les
vingt-cinq autres louis me servirent à
me procurer les choses nécessaires à ma
guérison et les soins qu'exigeait mon
état.

J'oublie encore une particularité qui fait
honneur au grand-duc. En me quittant, il
avait fait venir le comte de Saint-Priest,
émigré français, qui était lieutenant-général
au service de Russie et aide-de-camp de
l'Empereur Alexandre; ses fonctions pendant la guerre contre la France (1) étaient le

(1) Je croyais alors qu'il avait choisi ces fonctions pour ne
pas servir activement contre la France; mais je me suis
trompé; car, pendant l'impression de ces Mémoires, j'ai lu
dans un ouvrage intitulé : *Manuscrit de 1814, par le baron*

soin des prisonniers. Je lui fus recommandé par le prince Constantin, avec l'ordre de me faire donner le traitement de maréchal-de-camp, ce qui fut exécuté. Le comte de Saint-Priest, en attendant que mes habits, linges et vêtements fussent confectionnés, me fit donner un pantalon, une veste *de soldat* et une chemise (1).

Cependant l'armée française faisant chaque jour des pertes incroyables, continuait sa retraite dans le plus grand désordre; mais comme je n'y étais plus, je ne puis en parler. Je ne suis point un historien; je ne rapporte ici que ce que j'ai vu de mes propres yeux; et, si j'ai suivi avec un peu plus de détail les opérations de la campagne de Russie, c'est que le commandement que j'y avais me mettant en rapport avec tous les officiers géné-

*Fain* (page 175), que le général Saint-Priest commandait la division russe qui s'empara de Reims dans la nuit du 13 au 14 mars, et qu'il y fut blessé mortellement, lorsque Napoléon reprit cette ville vingt-quatre heures après.

(1) A Austerlitz, j'avais partagé mon linge avec le colonel russe dont j'ai parlé plus haut; il n'était pas mon compatriote, mais c'était un homme brave et malheureux.

raux, je savais fort exactement ce qui se passait sur un point, pendant que je manœuvrais sur un autre; j'ai pensé que mon lecteur suivrait avec plaisir tous les mouvements d'une armée qui doit doublement intéresser, par sa bravoure et par ses malheurs.

L'Empereur de Russie, qui suivait l'armée française dans sa retraite, se trouva logé à Stolberg en Saxe, dans la famille de ma femme (1), qui profita de cette circonstance favorable pour lui demander un passe-port, afin de venir me rejoindre en Russie, et me donner des soins pendant ma captivité.

L'Empereur Alexandre ne fit aucune difficulté pour accorder cette grâce ; et peu de temps après, j'eus le bonheur d'embrasser ma femme et d'avoir près de moi une compagne de mes souffrances ; sa vue adoucissait mes chagrins, et ses soins m'ont fait supporter avec résignation la situation douloureuse

----

(1) Le colonel Séruzier s'était marié en Saxe avec une demoiselle d'une famille très distinguée. (Note de M. Le Miere de Corvey.)

dans laquelle mes blessures m'avaient réduit.
Je fus forcé, pendant plus d'un an, de rester
dans ma chambre sans en sortir, tant ma
santé était dérangée par mes douleurs phy-
siques et morales.

Enfin, mes forces s'étant à la fin insensiblement rétablies, le vieux général Korsakow (1) prit de l'amitié pour moi. Il avait
un fils qui était alors maréchal-des-logis
d'artillerie à cheval ; il me pria de vouloir
bien donner quelques leçons d'équitation à
ce fils qu'il aimait beaucoup. J'acceptai avec
plaisir ; cela m'amusait même, car le jeune
Korsakow profitait très bien de mes leçons.
Je m'attachai à ce jeune homme et passai
dans sa famille des moments fort agréables.
L'exercice du cheval que je prenais avec un
grand plaisir, et les promenades que je fis
souvent aux environs de Wilna me rendirent
mes forces en peu de temps. Ce fut, je crois,
cet exercice salutaire pour un homme habi-

(1) Je connaissais de nom ce général depuis la campagne
de Suisse ; il y avait été battu avec le général Suwarow, et
j'avais aidé à le battre,

tué comme moi à l'activité. qui acheva de rétablir ma santé.

Le 27 janvier 1814, ma femme mit au monde ma chère fille Hectorine, qui fut ondoyée par un prêtre grec. La naissance de cette enfant me combla de joie, et je résolus, si j'avais le bonheur de rentrer en France, de tout sacrifier pour lui faire donner une bonne éducation, afin que, dans le cas où ma femme viendrait à me perdre, elle pût trouver dans sa fille une compagne et une amie qui la consolerait un jour des chagrins qu'elle avait éprouvés (1).

Les affaires de l'armée française ayant pris une mauvaise tournure après la bataille de Leipzig, le retour du roi accéléra notre échange ; le mien eut lieu contre le général comte Orlow. Je rentrai en France par Lille le 19 août 1814 ; et, d'après les ordres du maréchal duc de Trévise, je revins dans mes

(1) Ma fille Hectorine a été admise dans la maison royale de Saint-Denis en 1821 ; et, depuis mon retour en France, j'ai eu une seconde fille, et un fils que je destine au service de l'artillerie ; j'espère qu'un jour il marchera sur les traces de son père.

foyers, à Charmes, où je trouvai chez moi tout pillé, brûlé et dévasté. Toute ma famille était morte : ma mère avait cessé de vivre dans le courant d'avril 1812, pendant que j'étais parti pour la campagne de Russie.

# CHAPITRE XXVII



Dès que je fus arrivé à Charmes, j'écrivis au commandant du département et au ministre de la guerre, le général Dupont, pour leur faire part de mon retour dans mes foyers. Je reçus l'autorisation d'y demeurer, avec ma demi-solde, jusqu'à ce que j'eusse reçu de nouveaux ordres. Le ministre m'accorda, à titre de gratification, trois mois de solde entière pour m'indemniser des pertes que j'avais faites en Russie, lorsque je fus fait prisonnier.

Le 14 février 1815, je fus nommé chevalier de l'ordre royal de Saint-Louis, et le ministre de la guerre m'autorisa à me rendre à Paris : j'y allais pour solliciter une direction. Mais le gouvernement ayant reçu, dans les premiers jours de mars, la nouvelle du débarquement de Napoléon, je fus nommé commandant en second de l'artillerie de S. A. R. le duc de Berri, sous les ordres du lieutenant-général comte Ruty.

Le 19 mars, m'étant rendu à Villejuif, où devait être le quartier général du prince, je reçus un détachement de volontaires et de conscrits, destinés à faire partie de l'artillerie sous mes ordres. Je leur fis délivrer des chemises et des pantalons; mais dès qu'ils les eurent reçus, ils s'en retournèrent, et le soir, à l'appel, il ne s'en présenta pas un seul; en sorte que n'ayant ni soldats, ni pièces, ne recevant aucun ordre, et apprenant dans la nuit le départ du roi, je suivis le mouvement de l'armée et retournai à Paris, où Napoléon arriva le soir.

Tout le monde connaît l'histoire des *Cent-Jours* et les résultats du retour de l'Empereur. Quelque temps après je reçus des lettres de service et je fis comme mes camarades. Voyant des armées étrangères menacer nos frontières, étant Français, je crus devoir défendre ma patrie ; et, lorsque deux cent mille braves, qui depuis nombre d'années s'étaient distingués sur différents champ de bataille, tiraient l'épée pour repousser l'ennemi, j'aurais cru manquer à l'honneur en ne les imitant pas.

Le ministre de la guerre, prince d'Eckmühl, m'ordonna de me rendre en poste à Toulon pour être directeur de l'artillerie de l'armée du Var. Je m'y rendis de suite, mais le général qui commandait en chef l'artillerie quitta cette armée, après l'assassinat du maréchal Brune, et me remit son commandement avant de partir. Tous les généraux l'ayant successivement imité, je me trouvais le plus ancien des colonels ; et, par conséquent, je pris le commandement en chef des troupes qui se trouvaient dans Toulon et aux environs, en attendant l'arrivée du lieutenant-général Partouneaux, que l'on attendait.

Pendant que je commandais cette ville, les généraux anglais qui la bloquaient me firent faire les propositions les plus brillantes.

Ils ignoraient sans doute à qui ils avaient affaire. Un parlementaire vint de leur part m'offrir des millions pour m'engager à rendre cette cité, son beau port, ses arsenaux, etc..... On ajoutait que l'Empereur Napoléon, pour lequel je commandais, ne gouvernait plus en France ; que, s'étant rendu volontairement prisonnier des Anglais, je me trouvais dégagé de mes serments envers lui; et que, si j'acceptais les offres que l'on me faisait, on se chargerait de me conduire, avec ma fortune et ma famille, dans le pays que je désirerais habiter. Je reçus ces offres avec le mépris qu'elles devaient inspirer et je fis repartir de suite l'insolent parlementaire qui en était porteur. Sans perdre un seul instant, j'écrivis au général anglais qui commandait devant Toulon que, s'il me faisait faire encore de semblables propositions qui avilissaient un homme d'honneur, elles seraient regardées comme un commencement d'hostilités ; que le parlementaire qui me les remettrait serait prisonnier de guerre, jusqu'à ce que S. M. Louis XVIII eût décidé sur son sort ; qu'étant Français, je défendrais mon pays tant qu'une goutte de sang coulerait dans mes veines ; et que tous les millions de l'univers ne pourraient jamais m'engager à déshonorer mon nom par une trahison.

J'envoyai un officier d'état-major porter cette réponse à l'amiral, et je lui donnai ordre de dire de ma part à cet officier général qu'il eût à se retirer de suite en dehors d'un rayon de quinze lieues de Toulon, tant par mer que par terre, car il donnait des ordres aux troupes qui bloquaient la ville, et cela dans l'intervalle de vingt-quatre heures; que, s'il s'y refusait, je ferais tirer à boulets rouges sur ses vaisseaux et je saluerais les troupes de terre par l'artillerie de tous les forts dépendant de la ville. Voyant qu'il n'y avait rien à faire avec moi, ces messieurs suivirent mon conseil et se retirèrent.

Les ministres de la guerre et de la marine, auxquels j'avais rendu compte de cette affaire, m'écrivirent des lettres de félicitations sur ma conduite ; mais j'avoue que je ne trouvais rien d'étonnant dans ce que j'avais fait, car je suis persuadé que tout militaire aurait agi en pareille circonstance de la même manière que moi.

# CHAPITRE XXVIII

*Persécutions que j'ai éprouvées. — Dénonciation. — Mon arrestation. — Mes souffrances en prison. — Je suis traduit à la cour prévôtale pour y être jugé comme conspirateur.*

---

C'est ici le chapitre de mes Mémoires qui m'a paru le plus pénible à écrire. Si j'ai souffert pendant que j'étais prisonnier en Russie, c'étaient des ennemis, qui me faisaient supporter de mauvais traitements. Je les avais battus dans une foule de combats, et d'ailleurs c'est le sort de la guerre. Mais être persécuté par ses concitoyens, quand on a reçu soixante-cinq blessures au champ d'honneur ; et quand, depuis l'enfance, on s'est voué au service de son pays, être traité comme un brigand par ceux-là même dont on a défendu les propriétés avec tant de persévérance , et voir au nombre de ses persécuteurs des gens qui ont quelquefois partagé avec nous d'honorables dangers sur de glorieux champs de bataille ; j'avoue que cela est bien affligeant !

Après que l'on eût licencié l'armée de la Loire, je reçus aussi ma lettre de licenciement et l'ordre de retourner dans mes foyers. J'obéis. Je vivais tranquille au sein de ma famille, espérant que le gouvernement me donnerait, pour récompense de mes longs services, une direction d'artillerie où je pourrais encore être utile à mon pays, lorsque je reçus ma retraite dans le courant de mars 1816.

Environ trois mois après, dans la nuit du 28 au 29 juin, le général comte ou vicomte *** qui commandait alors le département de l'Aisne, vint faire cerner ma maison avec une nombreuse troupe de gendarmes. On m'a assuré qu'il était lui-même déguisé en gendarme. Heureusement pour lui que je n'y étais pas, car je n'aurais pas souffert patiemment qu'on eût violé mon domicile pendant la nuit, contre toutes les lois; espérant faire une récolte de pommes sur mon domaine, j'étais allé acheter des cerceaux dans les campagnes des environs.

En arrivant chez moi à six heures du matin, je trouve mes armoires ouvertes, mon secrétaire enfoncé et ma famille en pleurs; on avait eu la barbarie de faire sortir de son lit ma petite fille Hectorine, âgée de deux ans et demi. Rien n'avait été respecté par les gendarmes. Il en était resté une brigade chez moi et ils attendaient pour m'arrêter. On me conduisit dans les prisons de Laon, mais un seul interrogatoire suffit pour prouver mon innocence; je fus mis en liberté.

Le 17 juin 1817, à quatre heures du matin, la brigade de gendarmerie de La Fère vint chez moi; j'étais au lit. Le brigadier commença par me demander mes armes, en me disant qu'il était porteur d'un ordre qui m'enjoignait de les lui remettre; en même temps, il m'exhiba cet ordre, dont je pris connaissance. Après l'avoir lu, je lui dis que mes armes étaient à la tête de mon lit, qu'il pouvait les prendre puisqu'il y était autorisé, mais que je ne les remettrais pas moi-même.

Quand mon désarmement fut effectué, le juge de paix entra avec son greffier. Le premier me demanda mes papiers. Sans me déranger de mon lit, je lui dis : « Passez dans la pièce à gauche, vous les trouverez dans ma commode : j'en ai peu ; ils consistent en brevets et en ordres de mes chefs ; je ne garde jamais d'autres papiers. J'ajoutai ensuite au juge de paix qu'il pouvait visiter ma maison depuis la cave jusqu'au grenier, et que je me reconnaissais coupable s'il trouvait la moindre chose qui fût contraire aux lois ou aux ordonnances du gouvernement. Il me crut sur parole et ne fouilla nulle part, mais il s'empara de mes papiers, les lut devant moi, les réunit, y apposa son cachet et moi le mien ; ensuite il les remit au brigadier de gendarmerie, qui avait l'ordre de m'arrêter aussitôt que le juge de paix aurait terminé sa visite. Je me levai et suivis les gendarmes. Ils m'emmenèrent à Soissons chez le procureur du roi, qui me fit de suite conduire à la maison d'arrêt, où je fus mis au secret. J'y restai huit jours, sans pouvoir communiquer avec qui que ce soit. Le neuvième, je fus transféré à Laon par ordre du prévôt de l'Aisne (le marquis de Beauvais); mais je fus enchaîné comme un brigand, pendant tout le trajet de Soissons jusqu'à cette ville, où étant arrivé, je fus conduit à la maison de justice et remis au secret. J'y suis resté pendant cinq mois, sans pouvoir embrasser une seule fois ma femme ni ma fille.

Les traitements que j'ai éprouvés pendant cette rigoureuse détention ne peuvent se dépeindre; ils furent affreux. Je pensai suffoquer deux fois, faute d'air : habitué depuis l'enfance à l'activité la plus grande, je fus obligé de rester cinq mois dans un cachot infect, de six pieds de large sur huit de long, ne recevant d'air que par deux trous grillés, où l'on avait entassé du fumier afin d'empêcher la circulation. J'étouffais dans cette horrible demeure; et, pendant cinq mois, on ne m'interrogea point; je ne pus même savoir, pendant tout ce temps, de quel crime j'étais accusé.

Enfin, au bout de ce terme, on me fit sortir de cet affreux cachot, et il me fut permis de respirer un peu plus librement l'air empesté de ma prison.

Le 2 avril 1818, mon procès commença à la cour prévôtale; il ne fut terminé que le 12. J'étais accusé de faire partie et d'être l'un des chefs d'une réunion de plusieurs milliers d'insurgés. Deux cent vingt-huit témoins furent entendus : la plupart ne m'avaient jamais vu de leur vie, et à peine en connaissais-je huit ou dix de nom.

Je vais donner dans le chapitre suivant quelques détails sur cette prétendue conspiration dont j'ai pensé être la victime, et dont j'ai entendu parler pour la première fois après cinq mois de cachot et de secret.

# CHAPITRE XXIX

*Mon acte d'accusation. — Ma défense. — Je suis acquitté et reconduit en triomphe par mes concitoyens.*

---

Je commence ce chapitre par faire l'analyse de l'affaire dite *de Quincampoix* : elle est conforme à l'acte d'accusation ; je rapporterai ensuite le jugement rendu par la cour prévôtale contre tous les accusés. Cet exposé est extrait du n° 31 du *Journal de l'Aisne*, en date du samedi 18 avril 1818. Je transcrirai ensuite la partie de l'acte d'accusation qui me concernait particulièrement. C'est sur cette accusation que j'établis ma défense, en répondant à chaque inculpation et en en démontrant l'absurdité et la fausseté. Quoique je sache mieux manier le sabre que la

plume, je voulus faire cette défense moi-
même, sans le secours d'aucun avocat; indi-
gné de me voir dans les fers, la conviction
de mon innocence me donna le courage de
l'écrire; et je la lus devant mes juges, avec
l'énergie d'un homme qui n'avait rien à se
reprocher. J'en donnerai un extrait pour
terminer.

---

## DÉPARTEMENT DE L'AISNE

### COUR PRÉVÔTALE

#### AFFAIRE DE QUINCAMPOIX

*Audiences du 2 avril et jours suivants*

(*Extrait du « Journal de l'Aisne », n° 31*)

Au commencement de mai 1817, des
bruits alarmants circulaient dans les campagnes; des propos séditieux se faisaient entendre; on annonçait un changement pro-

chain de gouvernement. Ces bruits, si souvent démentis jusqu'alors, avaient éveillé l'attention des autorités, qui cherchaient à remonter à leur source, quoiqu'ils ne parussent pas se rattacher à aucun projet.

Dans les premiers jours de juin, plusieurs maires furent instruits que la malveillance répandait des écrits incendiaires qui présageaient un événement prochain. La fermentation des esprits était remarquable dans une grande partie des arrondissements de Laon, Soissons et Château-Thierry; on parlait hautement d'un rassemblement armé qui se préparait. Le jour et le lieu en furent bientôt connus; on découvrit que les séditieux devaient se réunir la nuit du 5 au 6 juin dans la plaine de Quincampoix.

Instruit de ce qui se machinait, M. le sous-préfet de Soissons donna ordre à tous les maires des communes situées sur les deux bords de l'Aisne, de faire enchaîner les bacs et les bateaux qui étaient sur la rivière, pour intercepter toute communication d'une rive à l'autre. Des patrouilles de gendarmerie, de gardes champêtres et de gardes nationaux furent ordonnées; en un mot, aucune précaution ne fut négligée.

Ces mesures ne furent pas infructueuses; elles jetèrent l'alarme parmi les factieux; et le rassemblement, qui, d'après leurs discours et les démarches de leurs émissaires, devait être de plusieurs milliers d'hommes armés, ne s'éleva qu'à environ une centaine. Ne se voyant pas soutenus par les colonnes qui devaient arriver de Fismes, de Fère-en-Tardenois et de Château-Thierry, ils se dissipèrent promptement; quelques-uns de ces hommes furent rencontrés par les patrouilles et arrêtés les armes à la main.

Le but de ce rassemblement, qui devait se diriger sur Soissons, ne parut pas douteux. On saisit sur les conjurés des proclamations signées d'un prétendu général Marlemont, chef des partisans, tendant au renversement du gouvernement; de nombreuses lettres de convocation et des instructions sur la marche à suivre étaient revêtues de la même signature; ces lettres, en invitant tous les anciens officiers et soldats à prendre les armes, les menaçaient de la perte de leur pension, s'ils ne se joignaient pas aux partisans.

C'est avec ces écrits répandus dans les campagnes par de nombreux émissaires que l'on était parvenu à égarer le peuple et à le porter à un attentat contre l'autorité royale.

Ce complot déjoué, quarante-six personnes furent d'abord arrêtées comme soupçonnées d'en avoir fait partie; mais vingt-cinq seulement furent mises en accusation.

L'audience du 2 fut entièrement consacrée à la lecture de l'acte d'accusation, à l'exposé de l'affaire par M. le procureur du roi et à l'audition de quatre ou cinq témoins; les dépositions des autres durèrent jusqu'au 7.

Le 9, M. le procureur du roi parla dans le système de l'accusation ; son plaidoyer, repris le 10, occupa une partie de cette audience.

Ce magistrat conclut à la peine de mort contre dix des accusés (j'étais du nombre), comme coupables ou complices d'un complot tendant au renversement du gouvernement; à trois années d'emprisonnement et à cinq cents francs d'amende, contre cinq, comme ayant eu connaissance de ce complot sans l'avoir révélé ; et à ce que les autres fussent acquittés.

Les défenseurs des accusés, au nombre de quatre, occupèrent le reste de l'audience du 10, toute celle du 11, et une partie de l'audience du 12.

Me Lecocq, dont la tâche était d'autant plus difficile, que Joseph Martin, l'un de ses clients, avait fait de nombreuses concessions, s'est attaché à démontrer qu'il n'y avait point eu de complot contre l'État ; que Martin n'avait exercé aucun emploi ni commandement dans la bande dont il avait fait partie, et qu'il s'était retiré avant d'en avoir été averti par les autorités, ce qui ne le rendait passible d'aucune condamnation.

Me Blanchevoye, défenseur de M. l'adjudant-commandant Dufour, adoptant, ainsi que son confrère, le même système quant au complot, a dit qu'il était contre toute vraisemblance qu'un officier supérieur ait dirigé un rassemblement qui n'avait pour objet que la diminution du prix du pain, et dont les moyens d'exécution étaient aussi misérables ; que Martin, son accusateur, ne pouvait être cru contre son co-accusé, d'autant moins qu'il avait intérêt à le charger et que ses dépositions fourmillaient de contradictions.

Après que Me Bernard eût établi la défense du colonel baron Séruzier, celui-ci a pris la parole avec la franchise d'un militaire qui, au souvenir d'une carrière brillante, s'indigne de se voir dans les fers ; son discours a produit sur l'assemblée une profonde impression.

Nous ne suivrons pas Me Hennecart dans la défense de ses nombreux clients : il a, comme ses confrères, cherché à détruire toute idée d'un complot tendant au renversement de l'autorité royale. Sa plaidoirie a occupé presque toute la séance.

A dix heures, la cour est entrée dans la chambre des délibérations. Par son arrêt, rendu à huit heures du soir, elle a condamné Joseph Martin, charron à Sermoise; Alexis Clonier, manouvrier à Doeillet, et Michel Taté, père, sabotier à Chassemy, à la déportation, comme ayant organisé un rassemblement d'hommes, en partie armés ; Pierre-Antoine-Jean-Marie Deparpe, aubergiste à Soissons ; François-Joachim Delamarche, maître d'écriture au même lieu ; et Jean-Pierre Judas, *dit* Vincent, tonnelier à Sermoise, à deux années d'emprisonnement, et chacun en cinq cents francs d'amende, pour défaut de révélation du projet de ce rassemblement ; et tous solidairement aux frais.

Tous les autres accusés ont été acquittés.

Voici maintenant quelle était la partie de l'acte d'accusation qui me concernait ; on m'avait gardé pour le dernier. Le procureur du roi termina en disant : « Attendu que le « colonel baron Séruzier est suffisamment

« prévenu d'avoir fait partie d'un complot
« dont il devait être l'un des chefs : qu'il
« avait des rapports avec Clonier, auquel,
« longtemps avant le 5 juin, il avait annoncé
« un changement de gouvernement ; qu'il
« avait aussi des rapports avec le nommé
« Vaillant, l'un des principaux chefs de l'at-
« tentat, qui n'a pu être saisi ; que ce
« Vaillant a remis au colonel Séruzier une
« lettre dont celui-ci nie en vain la réception.
« Qu'à la fin de mai ou au commencement
« de juin, lorsque l'adjudant-commandant
« Dufour fut chez le sieur Bourse, le colonel
« Séruzier en fut aussitôt averti par le do-
« mestique dudit Bourse, et sur-le-champ
« se rendit chez ce dernier, où l'adjudant-
« commandant Dufour et le colonel Séruzier
« se sont embrassés ; que là, Martin donna
« en communication au colonel Séruzier le
« nouveau code Napoléon, et que celui-ci
« dit : *Il est toujours le même : la peine*
« *n'est pas assez forte contre les maraudeurs,*
« *et nous n'en viendrons pas à bout ; ces*
« *paysans pilleront indistinctement ;* qu'il

« ajouta *que les divisions qui se formaient*
« *du côté de Saint-Quentin étaient toutes*
« *composées d'anciens militaires* ; que ledit
« colonel Séruzier quitta ensuite Martin,
« Bourse et Dufour, en s'excusant sur ce
« qu'il devait aller à une réunion entre
« La Fère et Saint-Quentin ; et, comme l'ad-
« judant-commandant Dufour voulait avoir
« une entrevue avec le sieur Martin, colonel
« d'artillerie en retraite à La Fère, Séruzier
« se chargea de lui faire savoir qu'il eût à
« se trouver dans une prairie désignée à cet
« effet.

« Qu'il résulte de l'instruction, que le sieur
« Martin reçut ce jour-là un billet par lequel
« on lui demandait de se rendre à l'endroit
« indiqué ; ce qu'il ne fit pas. Que le soin
« qu'a pris inutilement le colonel Séruzier
« de nier pendant tous les débats, ses en-
« trevues avec Dufour chez Bourse, prouve
« évidemment qu'il y avait un projet crimi-
« nel ; que cette dénégation continuelle
« ajoute encore aux graves préventions qui
« s'élèvent contre lui, etc...»

Quand le procureur du roi eût prononcé ses conclusions contre moi, je me levai, et, après avoir avoir salué mes juges, je lus avec calme la défense que j'avais écrite à la hâte. Voici comme je commençai :

MESSIEURS (1),

« Depuis l'âge de quatorze ans je suis « militaire ; né, pour ainsi dire, dans les « camps, j'en contractai de bonne heure les « habitudes ; mon amour pour mes devoirs, « ma soumission à la discipline, m'ont « appris l'obéissance que je devais aux lois « et à mes chefs : sachant obéir, je sus bien- « tôt commander. Je ne suis point orateur ; « mais pour ne rien omettre dans ma justi- « fication, je l'ai écrite avec la franchise

(1) Je n'ai rien changé dans la défense du colonel Séruzier ; elle peint mieux que tout ce qu'on pourrait dire, le caractère énergique de l'homme qui m'a confié la rédaction de ses Mémoires ; je me suis contenté de faire quelques coupures peu importantes. (*Note de M. Le Miere de Corvey.*)

« d'un vieux soldat ; la conviction de mon
« innocence a guidé ma plume.

« Je vais répondre à chaque article de
« mon accusation ; et je réfuterai ensuite
« toutes les dénonciations dont on vous a
« fait lecture. »

Après ce préambule, je répondis à toutes
les charges qui pesaient sur moi ; je démon-
trai la fausseté des accusations, et je prouvai
qu'il y avait plus que de la malveillance de
la part de ceux qui avaient voulu m'impli-
quer dans cette affaire. Je terminai de la
manière suivante :

« Je puis assurer mes juges que je n'ai
« jamais connu l'adjudant-commandant Du-
« four, je n'ai point eu de relations avec lui :
« et ce n'est qu'à la lecture des pièces que
« j'ai reconnu en lui la personne que j'avais
« vue un instant, par hasard et non avec
« intention, chez M. Bourse, le 23 mai. Il ne
« pouvait donc pas y avoir de rivalité entre
« nous deux pour le commandement d'un
« prétendu rassemblement dont je n'ai ja-
« mais fait partie, puisque je n'en ai enten-

« du parler pour la première fois à la salle
« d'audience que lorsque nous y fûmes tous
« appelés, et, des quarante-six prévenus qui
« étaient présents, il n'y avait que M. Bourse
« qui me connût.

« Jamais Martin ne m'a fait voir ni pro-
« clamations, ni code pénal, ni ordre de
« marcher ; s'il l'eût fait, je l'aurais reconnu
« dans la chambre du geôlier de la prison
« lorsqu'il y fut confronté avec moi. Les-
« dites proclamations, code pénal et ordre
« de marche, ne sont venus à ma connais-
« sance que lors de la lecture des pièces à
« l'évêché et à la maison de justice.

« J'ai déclaré et déclare encore ne pas
« connaître Clonier : je l'ai vu pour la pre-
« mière fois à la salle d'audience.

« Je n'ai pu faire déguiser mes domesti-
« ques en femmes, comme j'en suis accusé,
« puisque, depuis le 15 janvier 1817, je n'ai
« qu'une seule fille pour mon service. Je ne
« suis pas non plus assez imbécile pour
« avoir donné des robes à Clonier pour se
« déguiser, afin de prendre nuitamment

« avec ses complices, dans une ville comme
« La Fère, des armes consistant en canons,
« mortiers, obusiers, affûts et projectiles de
« toute espèce, sabres, fusils et pistolets, —
« comme il en est question dans les dénon-
« ciations. Tout le monde sait que La Fère
« est une ville entourée d'eau ; qu'à cette
« époque les portes se fermaient une heure
« avant la nuit et ne s'ouvraient qu'une
« heure avant le jour ; donc, ce qui concerne
« les habillements de ma femme, prêtés à
« Clonier pour se travestir, est une histoire
« sottement inventée depuis la lecture des
« pièces, et dont il n'avait nullement été
« question.

« Si, après l'assassinat du maréchal Brune,
« j'avais été opposé au gouvernement royal,
« lorsque je commandais à Toulon en 1815,
« aurais-je défendu avec tant de zèle cette
« place formidable et son port encore plus
« redoutable ?

« Si j'avais été un traître, comme on se
« l'est imaginé, n'aurais-je pas livré ce port
« aux Anglais ? N'aurais-je pas livré la ville

« aux Autrichiens, aux Siciliens, aux Napo-
« litains, aux Piémontais et aux Marseillais
« qui l'entouraient ?

« Quand les Anglais m'ont offert des mil-
« lions pour avoir Toulon, son beau port et
« ses deux arsenaux, leur aurais-je répondu
« que s'ils m'envoyaient encore des parle-
« mentaires pour me faire des propositions
« avilissantes pour un homme d'honneur,
« elles seraient regardées par moi comme
« un commencement d'hostilités et que les
« parlementaires seraient prisonniers de
« guerre, en attendant que S. M. Louis XVIII
« eût prononcé sur leur sort ?

« Les lettres de félicitations que j'ai reçues
« à cette époque, lettres que l'on a saisies
« chez moi avec mes autres papiers, lors de
« mon arrestation, sont la preuve de ce que
« j'avance; l'une est de M. le marquis de
« Maisonfort, ministre de la maison du roi,
« et les deux autres sont des ministres de la
« guerre et de la marine.

« Je dois ajouter ici, qu'aussitôt l'arrivée
« du général Partouneaux à Toulon, plu-

« sieurs colonels reçurent l'ordre de se ren-
« dre à l'île d'Elbe pour y chercher le per-
« sonnel et le matériel de l'artillerie qui y
« étaient, et ramener le reste de la mai-
« son de Napoléon; ils refusèrent. Je reçus
« le même ordre, et j'obéis de suite.

« L'indemnité que j'ai reçue pour avoir
« bien fait mon devoir dans toutes les cir-
« constances de la vie, c'est d'avoir perdu
« toutes mes économies lorsque je fus fait
« prisonnier; c'est encore d'avoir vu deux
« fois mon domaine pillé et ravagé par les
« armées russe et prussienne, sans pouvoir
« obtenir la moindre gratification; tandis
« que d'autres individus recevaient des se-
« cours dont ils n'avaient pas besoin. Enfin,
« après trente-trois ans et demi de services
« honorables, pendant lesquels j'ai cons-
« tamment eu l'estime et la confiance de mes
« chefs; pour m'indemniser des nobles cica-
« trices que je porte sur mon corps, cica-
« trices qui sont en plus grand nombre que
« je n'ai d'années, je reçois pour toute ré-
« compense, ma retraite, l'enchaînement, le

« cachot, l'avilissement et le déshonneur.

« Ah! messieurs, je méritais autre chose.

« Je vous déclare, messieurs, que si j'avais
« jamais fait partie d'un rassemblement, on
« m'aurait vu paraître; je ne suis point
« homme à rester derrière le rideau; et, si
« j'y avais été, j'assure que malgré la bonne
« opinion que j'ai de la gendarmerie, dont
« plus d'une fois j'ai été à même d'apprécier
« la bravoure aux armées, ce n'aurait pas
« été une brigade, ni deux, ni quatre, qui
« auraient fait dissoudre un attroupement
« dont j'aurais été un des principaux chefs,
« comme j'en ai été accusé; je suis trop bon
« militaire pour cela. Je vous jure sur mon
« honneur, que si j'avais été capable de la
« moindre trahison, on ne m'aurait jamais
« eu vivant.

« Pendant que j'étais au secret, le défunt
« geôlier est venu huit fois ouvrir mon cachot
« pour me faire voir aux agents de nos vils
« et lâches ennemis. L'hyène, l'animal le
« plus vorace et le plus sanguinaire, n'est
« point comparable à la barbarie de ces

« êtres hypocrites et méprisables, qui ne se
« plaisent que dans le mal et la désunion.
« Mes dénonciateurs trouvaient leur jouis-
« sance à s'abreuver des larmes qu'ils fai-
« saient répandre à ma malheureuse famille,
« qui n'a dans ce moment que moi seul
« pour appui.

« Oui, je le dis avec la franchise d'un vieux
« militaire qui n'a rien à se reprocher,
« l'hyène, qui se repaît de cadavres qu'elle
« déterre, n'est pas aussi féroce que mes
« vils dénonciateurs.

« L'idée seule d'avoir pu être soupçonné
« d'entretenir des relations et des relations
« particulières avec un être aussi mépri-
« sable que Clonier, m'est plus pénible que
« le souvenir des chaînes que j'ai portées,
« par l'ordre, m'a-t-on dit, de M. le Prévôt,
« lorsque je fus transféré de Soissons à Laon.

« J'ai vu d'après les débats de cette affaire,
« que Martin s'était fait nommer *Marlemont,*
« et Clonier, qui était son major-général,
« *Bertrand.* Comme l'adjudant-commandant
« Dufour avait, dans un temps, commandé

« le département, ces intrigants l'ont cité
« comme étant à la tête du complot; et, pour
« se donner plus de poids auprès des mal-
« heureux paysans qu'ils voulaient séduire,
« ils ont emprunté mon nom et celui des
« colonels Debussy et Marin-Dubuard, en
« nous désignant comme chefs.

« Messieurs, je le dis avec peine, mais avec
« vérité, c'est le crime qui a dénoncé l'hon-
« neur. J'étais tranquille dans ma maison,
« ne voyant personne et ne m'occupant que
« de mes affaires domestiques; on est venu
« nuitamment chez moi; on a violé mon
« asile contre toutes les lois; on m'a mis
« dans un cachot au secret; l'on m'a con-
« duit enchaîné, comme un vil criminel,
« d'une ville dans une autre; si l'on ne
« devait pas des égards à un vieux soldat
« couvert de soixante-cinq blessures hono-
« rables, on aurait dû au moins respecter
« les nobles décorations que je portais;
« toutes les humiliations m'ont été pro-
« diguées pendant cinq mois que j'ai été au
« secret; et tout cela a eu lieu avant de

« savoir si j'étais coupable, puisque je n'a-
« vais point encore été interrogé.

« Je n'oublierai jamais le respect que je
« dois à mes juges; mais je ne ménagerai
« pas mes vils et lâches dénonciateurs. Je
« suis ici pour dire la vérité, j'aurai le cou-
« rage de la dire tout entière; s'ils étaient
« obligés de faire un récit exact de leur con-
« duite, seulement depuis deux ans, comme
« je viens d'avoir l'honneur de le faire pour
« moi depuis mon entrée dans la carrière
« militaire, ils seraient bien embarrassés.
« Je me contente de leur dire : mettez la
« main sur votre conscience; elle ne vous
« dira pas, j'en suis sûr, ce que la mienne
« me dit : *Je suis sans peur, parce que je
« suis sans reproche.*

« Je termine par dire à la cour ce que
« disait à son roi un ami vrai et un sujet
« fidèle, accusé, comme moi de trahison :
« *Sire,* disait Sully à Henri IV, *un brave
« n'est jamais parjure.* »

« J'attends mon jugement avec calme et
« sécurité; quand on a affaire à des juges

« intègres, comme vous, Messieurs, l'inno-
« nence peut attendre avec tranquillité la
« justice qu'elle mérite. »

A huit heures du soir je fus acquitté à
l'unanimité; je cherchai à me dérober à
l'enthousiasme de mes concitoyens : ce fut
en vain. Je fus porté en triomphe chez moi,
au milieu de leurs acclamations; et, le lendemain je reçus plus de cent visites et plus
de trente lettres de félicitations, des vers,
etc.... (1).

(1) Parmi les auteurs des nombreuses pièces de vers qui
me furent adressées, je me plais à nommer M. A. Lecointe
fils, employé à la préfecture, et M. Renard, avocat à Laon;
je consacre une ligne à la reconnaissance, pour l'intérêt
particulier qu'ils m'ont témoigné pendant ma détention.

# CHAPITRE XXX

## CONCLUSION

Peu de temps après le jugement qui m'acquitta, j'obtins un passe-port pour me rendre à Paris; mes affaires se trouvaient dans le plus mauvais état, par suite d'une si longue détention, et j'espérais beaucoup de ce voyage. Je sollicitai d'abord une indemnité du gouvernement, alléguant pour motif que mes propriétés avaient été pillées deux fois pendant la double invasion, tandis que j'étais à mon poste à défendre mon pays; mais je n'obtins rien. J'en sollicitai une autre pour le tort que m'avait fait une détention de dix mois; je ne fus pas plus heureux. Fatigué de ne pouvoir obtenir justice, je cessai de demander; mais ne voulant plus respirer le même air que mes dénonciateurs, je quittai mon pays natal, et vins me fixer avec ma famille à Château-Thierry. Là, revenu des vanités du monde, n'ayant rien à me reprocher, je vis heureux en cultivant mon petit domaine; j'élève mes trois enfants dans les sentiments d'honneur que j'ai toujours professés; et, malgré toutes les injustices que l'on m'a faites, si la patrie avait encore besoin de mon bras pour repousser l'ennemi commun, on me verrait voler au premier rang des braves, et prouver qu'un bon Français est toujours prêt à verser son sang pour le maintien des lois et l'indépendance de son pays.

Château-Thierry, 1823.

Le Baron SÉRUZIER,

Colonel d'artillerie légère en retraite.

# ÉTATS DE SERVICES

## DU

## Colonel SÉRUZIER

---

## Baron SÉRUZIER

### (Jean-Théodore-Joseph)

*Fils de* Louis-Théodore *et de* Marie-Madeleine LÉGER

*Né le 22 mars 1769, à Charmes (Aisne)*

Marié le 27 avril 1815

A Demoiselle Jeanne-Sophie-Frédérique STORCH

*(Autorisation ministérielle du 29 mars 1815)*

---

Enrôlé volontaire le.................... 11 juin 1789.
au régiment de Toul devenu 7ᵉ régi-
ment d'artillerie.
Passé à la 1ʳᵉ compagnie d'artillerie à
cheval, le ......................... 15 avril 1792.
Fourrier, le........................... 1ᵉʳ août 1793.
Maréchal-des-logis, le................. 28 octobre 1793.
Lieutenant en 2ᵉ au 7ᵉ régiment d'ar-
tillerie légère....................... 20 juin 1794.
Capitaine en 2ᵉ, adjudant-major, le..... 3 juillet 1796.
Capitaine en 1ᵉʳ, le.................... 31 août 1801.
Passé au 5ᵉ régiment d'artillerie à che-
val, le................................ 21 janvier 1802.
Chef d'escadron, le.................... 12 janvier 1807.
Major, le.............................. 3 juillet 1809.
Passé au 5ᵉ régiment d'artillerie à pied,
le..................................... 5 octobre 1809.

Passé au 5ᵉ régiment d'artillerie à cheval, le........................................ 28 mars 1811.
Colonel, le.............................. 29 janvier 1812.
Employé près le corps de réserve de cavalerie, le................................  7 février 1812.
Prisonnier de guerre, le................ 13 décembre 1812.
Rentré de captivité et mis en 1/2 solde, le  19 septembre 1814.
Mis à la disposition du général commandant l'artillerie de réserve à Paris, le. 12 mars 1815.
Directeur du parc d'artillerie du 9ᵉ corps d'observation, à Toulon, le............ 19 avril 1815.
Chargé de la tenue des contrôles et de la surveillance des militaires d'artillerie dans le département des Basses-Alpes, le.............................. 24 septembre 1815.
Mis en non activité, le.................  9 décembre 1815.
Retraité par décision du................ 10 février 1816.
Décédé à Château-Thierry (Aisne) le.... 10 août 1825.

## Campagnes

1792 et 1793, armée du Nord ; — 1794, armée des Pyrénées-Orientales ; — 1795, 1796 et 1797, armée de Sambre-et-Meuse ; — 1798, armée d'Allemagne ; — 1799 et 1801, armée du Rhin ; — 1804, armée des Côtes de l'Océan ; — Vendémiaire an XIV, 1805, 1806, 1807, Grande Armée ; — 1809, armée d'Allemagne ; — 1812, 1813 et 1814, rentrée de captivité ; — 1815, France.

## Blessures

Deux coups de sabre et un coup de baïonnette à la poitrine, le 30 octobre 1793 à l'affaire de Marchiennes ;
Coup de feu à la jambe gauche à l'affaire devant Ypres ;
Coup de biscaïen à la main droite et contusion au côté droit, à la bataille d'Iéna le 14 octobre 1806.

## Décorations

Membre de la Légion d'honneur, le....... 21 juin 1804.
Officier          —          le....... 11 juillet 1807.
Chevalier de St-Louis, le................ 13 février 1815.

## Dotation

A obtenu, par décret du 19 mai 1808, une dotation de 2000 francs sur les biens de Westphalie.

# TABLE

### DES

# CHAPITRES

## CONTENUS DANS LES MÉMOIRES MILITAIRES
## DU COLONEL SÉRUZIER

———

pages



**FIN DE LA TABLE DES CHAPITRES**

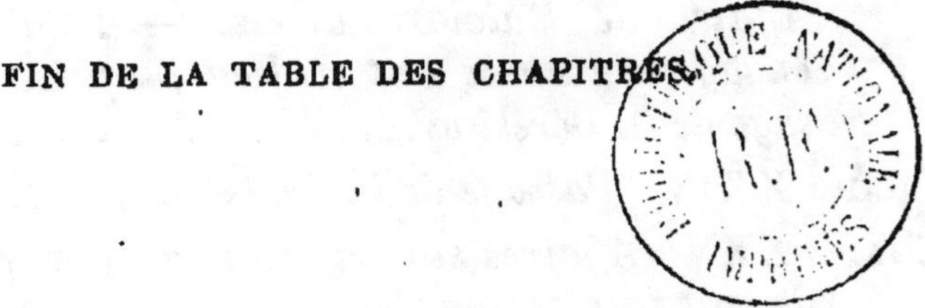

# TABLE ALPHABÉTIQUE

DES PERSONNAGES ET DES CORPS CITÉS DANS
CES MÉMOIRES

---

## A.



## B.

## C.

## D.

## H.



## I.

## M.

FIN DE LA TABLE ALPHABÉTIQUE DES PERSONNAGES ET
DES CORPS CITÉS DANS CES MÉMOIRES.

# TABLE ALPHABÉTIQUE

## DES VILLES, VILLAGES, RIVIÈRES, etc., DONT IL EST PARLÉ DANS CES MÉMOIRES

---

### A.



### B.

C.

## L.

# M

## Q.



## R.



## S.

## Z.



FIN DE LA TABLE ALPHABÉTIQUE DES VILLES, VILLAGES, RIVIÈRES, etc.

Le Mans. — Typ. Ed. MONNOYER.

# TRAITÉ

## DE LA

# PEINTURE

## AU PASTEL,

*Du secret d'en composer les crayons, & des moyens de le fixer ; avec l'indication d'un grand nombre de nouvelles substances propres à la Peinture à l'huile, & les moyens de prévenir l'altération des couleurs.*

**Par M. P. R. de C.... C. à P. de L.**

*Quand on a chez soi de pareils Artistes,*
*Il n'en faut pas aller chercher ailleurs.*
CAVAL. BERNIN.

## A PARIS,

Chez DEFER DE MAISONNEUVE, Libraire,
rue du Foin Saint-Jacques, Hôtel
de la Reine Blanche.

**Avec Approbation & Privilége du Roi.**
1788.

L'ACADÉMIE des Sciences & l'Encyclopédie, ont donné des Traités sur les Arts. La première a même publié celui de la Peinture sur verre. Mais il nous en manquoit un sur la Peinture au pastel. On ne trouve même d'éclaircissemens nulle part sur cette matière.

De leur côté, les marchands de couleurs font beaucoup de mystère de la composition des pastels, ou plutôt il n'y a dans Paris que deux ou trois personnes qui sachent en composer, encore n'employent-

elles, ſans s'en douter, que des
expédiens au lieu de moyens, &
des matières brutes au lieu de ſubſtances purifiées.

Un Traité ſur cet objet, abſolument neuf, étoit donc un ouvrage
néceſſaire.

Or, c'eſt le méchaniſme & le matériel de ce genre de Peinture
qu'on s'eſt propoſé de développer
dans celui-ci. L'on a tâché, ſans
rien prendre ſur des occupations
d'un autre ordre, de multiplier les
reſſources, & de fournir tous les
éclairciſſemens convenables ſur
cette matière.

Ce Traité contient de plus, à l'u-
fage de la Peinture à l'huile, des
obfervations importantes. On fait
qu'avec le tems elle perd fa fraîcheur, devient farineufe, pouffe
au noir. Il en indique le principe
& la caufe phyfique, avec les
moyens de prévenir cet inconvénient, dont on eft affligé de voir les
ouvrages des plus grands Maîtres
fe reffentir. C'eft un objet capital
fur lequel nous n'avions non plus
aucun éclairciffement.

D'ailleurs il fera connoître de
meilleures fubftances que celles

auxquelles on se plaint d'être réduit, & c'est en appliquant à la Peinture les expériences de la Chymie, qu'il a rempli ces différentes vues. Il étoit tems qu'on tournât ces sortes d'expériences vers le plus aimable de tous les Arts.

Il indiquera pareillement divers moyens de fixer le pastel, même en grand, de sorte qu'avec cette méthode on pourra faire usage de ce genre de Peinture dans tous les endroits où le jour n'est pas favorable à la Peinture à l'huile, & ce moyen vaut mieux que celui de la détrempe & de la fresque, par les avantages propres à la Peinture au pastel; c'est de pouvoir se retoucher & se finir autant que l'on veut.

Enfin, quoique cet ouvrage ne paroisse avoir pour objet que le matériel de la Peinture, il renferme une foule d'observations utiles sur l'Art en lui-même, ou plutôt il contient un précis, un ensemble des principes. Ce sujet-ci n'est pas neuf sans-doute comme les précédents; mais il n'étoit pas épuisé, l'on peut dire encore sur cette matière des choses importantes, ouvrir même des vues nouvelles. Au reste, on a toujours mis

A iv

l'exemple à côté du précepte, &
l'on s'eft attaché fur - tout à montrer l'École Françoife dans fon véritable jour.

# TRAITÉ

## *DE LA*

## PEINTURE AU PASTEL.

1. LA peinture au pastel est l'art de repréfenter les objets fur une furface plane avec des pâtes compofées de fubftances colorées, qu'on a broyées à l'eau pure & qu'on a fait fécher après les avoir roulées en forme de crayons.

2. Ce genre de Peinture est d'une facilité particulière. Il joint à cet avantage, celui de ne ré-

A v

pandre aucune odeur, de n'occasionner aucune malpropreté, de
pouvoir être interrompu quand
on veut & repris de même, enfin
de se prêter à toutes les positions,
de quelque côté que vienne la
lumière.

3. La Peinture au pastel seroit
donc généralement préférée, sur-
tout pour le portrait, où l'on est
souvent obligé d'opérer à différentes reprises; mais elle n'a, pour
ainsi dire, qu'une existence pré-
caire, faute de consistance & de
solidité; la moindre secousse fait
tomber le pastel : le plus léger frottement l'emporte. Il faut, pour le
garantir, couvrir les tableaux d'un
verre qui court lui-même les plus
grands risques au moindre choc.

4. Cet inconvénient l'a fait négliger par les grands Artistes. Ils

ont préféré la Peinture à l'huile, comme plus propre à transmettre leurs ouvrages à la postérité.

5. Cependant on pouvoit trouver un moyen de lui donner aussi de la consistance, en assurant & fixant le pastel. Mais il falloit que les Sçavans tournassent les yeux du côté des Arts, ou que les Artistes les tournassent du côté des sciences.

6. Dans la classe de ceux - ci, M. Loriot, méchanicien de réputation, fit des tentatives assez heureuses en 1753. Mais il se réserva son secret, même après avoir obtenu des marques de la munificence du Gouvernement. Ce n'est qu'en 1780 qu'il l'a publié. Nous y reviendrons bientôt.

7. Dans la classe des autres, M. le Prince de San-Severo di San-

gro, que Naples doit compter à la
fois parmi les Amateurs & les Phyficiens les plus recommandables
qu'elle ait vu naître, y parvint auffi
dans le même tems ; il ne fit aucune difficulté de communiquer le
moyen qu'il employoit à M. de la
Lande, pendant le voyage que celui-ci fit en Italie en 1766, & qui
ne tarda pas à le publier dans fa relation ( 1 ). Mais il ne paroît pas
qu'on en ait fait grand ufage, quoiqu'on le trouve copié dans l'Encyclopédie, & qu'il réuffiffe très-bien
dans de petits tableaux. Nous en
parlerons auffi dans la fuite, lorfque nous indiquerons les moyens
que nous avons trouvés de fixer le
paftel en grand ; peut-être que dé-
formais, rien n'empêchera les Artiftes de fe familiarifer avec ce

_______________

(1) Voyage d'un François en Italie, tome 6,
pag. 398.

genre de Peinture aimable & facile.

8. Aucun autre n'approche autant de la nature. Aucun ne produit des tons ſi vrais. C'eſt de la
chair, c'eſt Flore, c'eſt l'Aurore.
S'il n'a pas quelquefois autant de
force que la Peinture à l'huile,
c'eſt moins ſa faute que celle de la
main qui l'employe.

9. Non que je prétende inviter
à quitter le pinceau pour le paſtel.
Mais combien d'occaſions où l'on
trouveroit de l'avantage à le ſubſ-
tituer à la Peinture à l'huile plutôt que la détrempe. D'ailleurs,
ceux qui ne ſont pas bien habitués, pourroient, en s'exerçant
quelquefois dans ce genre, acquérir de la preſteſſe & de la facilité,
même du coloris. Nul doute au
moins qu'il ne valut mieux, quand

on veut développer un fujet vafte, l'efquiffer au paftel qu'à l'huile ; cette manière prendroit peu de tems, feroit moins pénible, fe prêteroit mieux aux corrections convenables, & feconderoit bien les élans & le feu de l'imagination.

10. Mais le paftel peut arracher beaucoup de jeunes perfonnes à l'ennui de la folitude. Ce genre de peinture a tant d'attraits, que rien n'eft plus propre à leur fournir des reffources contre le défœuvrement, fource de tant d'écarts. Le deffin fait partie de leur éducation. Mais elles s'y bornent, vu l'attirail qu'entraîne la Peinture. Cependant quel amufement plus doux, par exemple, ou qu'elle occupation plus délicieufe pour elles que de pouvoir tracer l'image des auteurs de leurs jours, des fleurs, un payfage. Le paftel leur en pré-

fente les moyens les plus faciles. Ce n'eft, pour ainfi dire, qu'un jeu.

11. Nous avons enfin pour objet de rendre aux Arts des talens découragés, en multipliant les reffources & leur fourniffant des moyens. La difficulté de deviner la préparation des crayons en paftel, quoique bien fimple quand on la connoît, rebute prefque tous ceux qui l'ignorent. Nous allons, dans cette vue, révéler fans-doute plus d'un fecret. Mais, dans les Beaux-Arts, le Génie feul doit en être un, parce qu'il ne peut fe communiquer.

12. La compofition méchanique des crayons en paftel, fera donc l'objet d'un des principaux articles de ce Traité.

13. Les divers moyens de fixer

le paſtel ſeront l'objet d'un autre article, & j'indiquerai de nouvelles matières propres aux divers genres de peinture, quand la nature du ſujet l'exigera.

14. Mais avant d'entrer dans ce détail, je crois, pour rendre ce Traité d'une utilité plus générale, & laiſſer à déſirer le moins qu'il ſera poſſible, devoir dire un mot des inſtrumens néceſſaires, en faveur des Amateurs qui ſeroient éloignés des ſecours & des éclairciſſemens. Ce ſera la matière du Chapitre premier, Chapitre que les gens inſtruits peuvent laiſſer à l'écart. Un livre élémentaire doit renfermer les premières notions.

15. Je fournirai, dans les mêmes vues, à la fin de cet ouvrage, quelques explications relatives aux-

divers canevas sur lesquels on peut peindre en pastel, avec le moyen de donner, si l'on veut, à cette sorte de Peinture le ton de la Peinture à l'huile sans le secours du verre.

16. Les Sciences & les Arts sont allés fort loin parmi nous; mais nous ne connoissons pas le prix de ce que nous possédons. (1). Notre indifférence peut à peine se concevoir. Nous ne voyons la supériorité que dans ce qui nous est étranger, comme si la nature n'étoit pour nous qu'une marâtre ; bien différens des autres peuples qui ne voyent la perfection que chez eux. Bientôt nous n'aurons plus que des idées d'emprunt ; nous irons demander aux Allemands des Comédies, & des Danseurs aux Flamans. Cepen-

_______________________________

(1.) *O fortunatos sua si bona norint !*

dant nous avons devancé les autres
nations dans plufieurs branches des
Arts & des Lettres. Nous aurons
encore ouvert la carrière dans le
fujet principal de ce Traité. Je tâcherai, lorfque l'occafion s'en pré-
fentera , que j'indiquerai les
moyens qu'employe le talent, je
tâcherai, dis-je, de faire connoître
les heureufes productions de notre
fol, & d'établir, non fur des lieux
communs, mais par des caractères
fpécifiques, l'opinion qu'on peut
fe faire de nos richeffes.

# CHAPITRE PREMIER.

*Des uſtenſiles néceſſaires dans la Peinture au paſtel.*

17. CETTE manière de peindre ſe pratique avec des crayons dont on a broyé la matière avec de l'eau ſur le *porphire*.

18. Un porphire ou pierre à broyer eſt donc un uſtenſile néceſſaire. C'eſt un grand carreau de marbre de dix-huit à vingt pouces de diamètre. Le nom de porphire lui vient de ce qu'on en fait quelquefois de cette matière. On en trouve encore ſous le nom d'écaille (caillou) de mer qui ſont très-bons. L'Auteur d'un ouvrage

de Phyſique ( 1 ) dit que c'eſt une eſpèce de grais fort compacte & fort dur. Ceux que j'ai vus ſont un véritable *ſilex*. On a quelquefois auſſi donné ce nom viſiblement eſtropié, d'écaille de mer, à la matière demi vitrifiée que vomiſſent les volcans, & qu'on nomme lave.

19. On conçoit qu'on peut ſe ſervir auſſi d'une table ordinaire de marbre, qui ne ſoit ni rayée, ni léſardée, après l'avoir dépolie avec du ſable & de l'eau ; mais on n'eſt pas toujours à portée de ſe procurer un porphire de marbre. On peut y ſuppléer par un plateau de verre, d'un pied de diamètre au moins & d'un demi pouce d'épaiſſeur, qu'on fait faire exprès

______

( 1 ) Dictionn. de Chymie, par M. Macquer, *verb.* laboratoire.

dans une verrerie, & qu'on fait enfuite enchâffer dans du bois. Le verrier répand fur une grande plaque de fer, bien unie & prefque rouge, la matière brûlante du verre, & l'étend au moyen d'une barre de fer, garnie aux deux extrémités, de poignées de bois. On peut fe fervir encore d'une glace de miroir, folidement encaiffée dans une boëte, dont les rebords n'excèdent pas fenfiblement la fuperficie de la glace ; mais avant d'en faire ufage, il faut ôter le poli du verre avec la molette & du fable très-fin.

20. Au défaut de ces matières & dans le befoin, quelques ouvriers fe fervent de véritable grais, ou d'une pierre de remouleur. Ils la choififfent d'un grain ferré, très-fin, bien dure, & la font applanir avec la molette & du fable. D'au-

tres, également dans l'embarras, se servent tout simplement d'une planche de bois dur & compacte.

21. La *molette* est un caillou, scié par les ouvriers qui travaillent le marbre en forme de poire applatie par sa base. Elle peut être de la même matière que la pierre à broyer. Elle doit avoir dans sa partie inférieure trois ou quatre pouces de diamètre. Il faut que la base en soit bien plate, arrondie vers les bords. Dans les cantons où les rues sont pavées de gros cailloux, on peut en faire choisir un propre à cet usage ; il se trouvera tout prêt.

22. Enfin comme il y a presque partout de ces *peintureurs* ( I ),

_______________________________

( I ) Je suis obligé d'employer ce terme pour ne pas confondre, par une même dénomination, des Artistes & des Ouvriers.

qui mettent les voitures & les boiferies en couleur, on trouvera chez eux des Ouvriers qu'on pourra charger d'apporter un porphire, parce qu'on doit abfolument, je parle aux Artiftes, faire broyer les couleurs fous fes yeux.

Je dis aux véritables Artiftes, car ce n'eft pas pour le peuple des praticiens que j'entre dans ce détail. Ils ne liront feulement pas cet écrit, & ne fe font jamais occupé de la fatisfaction de voir les nationaux & les étrangers fe difputer leurs ouvrages. Ces gens-là ne font pas faits pour s'affranchir du joug de la routine.

23. La plupart des Artiftes font dans l'ufage d'employer des couleurs qu'ils achètent toutes préparées. Il ne faut pas s'étonner fi leurs tableaux perdent leur fraîcheur avec le tems. On verra dans un

moment combien ces préparations-là font déteftables.

24. Pour amaffer les couleurs fur le porphire, à mefure qu'on les broye, on fe fert d'un *couteau* dont la lame, pour cet effet, doit être mince, pliante, large & ronde par le bout. Elle peut être d'acier, mais il vaudroit mieux qu'elle fut de corne, d'écaille ou d'ivoire, même de bois.

25. A ces trois uftenfiles il faut joindre un *chevalet*. C'eft un affemblage de deux montans ou tringles de bois, foutenus par une troifième tringle ou queue, attachée aux deux autres, vers le haut & par derriere, afin que le tout fe tienne debout, & puiffe porter le chaffis ou tableau qu'on fe propofe de peindre. Tous les Menuifiers font en état de comprendre & d'exécuter

-cuter cette espèce de pupitre, sans qu'il soit besoin d'entrer dans de plus amples explications. Il doit être, au plus, de cinq à six pieds de hauteur, si l'on ne se propose pas de peindre de bien grands tableaux. On peut y suppléer, dans un cas pressé, par une table sur laquelle on met le chassis appuyé par derrière contre le dos d'une chaise.

26. On se sert d'un petit bâton, qu'on tient de la main gauche, pour appuyer la droite & mieux l'assurer, pendant qu'on travaille. Cet *appuye-main*, de deux ou trois pieds de longueur, est terminé vers le bout comme une baguette de tambour. Quelques personnes s'en passent dans la peinture au pastel, le petit doigt un peu courbé leur suffit pour appuyer la main sans que l'ouvrage en souffre. Cela ne

feroit pas praticable dans la peinture à l'huile.

27. On doit enfin fe munir de
deux ou trois boëtes fort plates,
de bois mince ou de carton, de 15
à 20 pouces de longueur, fur un
peu moins de largeur, & diftri-
buées en compartimens. Les compartimens doivent avoir trois pouces de diamètre. Ils font deftinés
à recevoir les crayons de paftel,
qu'on y couche fur du coton, parce qu'ils font très-fragiles. D'autres
les mettent fur du fon. Chacun de
ces petits compartimens doit contenir les paftels dont les tons fe
rapprochent le plus.

28. Tel eft, avec d'excellens
tableaux, quand on peut s'en procurer, l'ameublement néceffaire
d'un attelier. On voit qu'il n'eft
pas bien embarraffant. Du refte,

ce laboratoire ne doit avoir qu'une croisée ouverte, mais élevée & percée au nord, s'il est possible.

Passons maintenant à la composition des pastels. Voici d'abord quels sont les ingrédiens ou substances dont ils peuvent être composés.

# CHAPITRE II.

*Des matières propres à la composi-
tion des Pastels.*

29. TOUTES ces matières peuvent se réduire aux dix ou douze
drogues suivantes. Nous en indiquerons , avec le prix actuel à
Paris, la quantité nécessaire pour
former un assortiment.

6 livres de craie de
    Troies, à..........,   1 s. la liv.
1 livre d'Ochre jaune,
    à................. 12
1 livre d'Ochre de rue,
    à.............. 16
4 onces de stil de
    grain jaune ou
    doré, à ..... 1 l. 10 s. la liv.
6 onces de cinabre
    en pierre, à . . . 8 l. la liv.

2 gros de carmin, à 24 liv. l'once.
3 onces de laque
    fine carminée, à 2 l. 10 f.
4 onces de bleu de
    Prusse, à . . . . 2
1 l. de terre d'om-
    bre, à . . . . .     10 f. la l.
2 l. de terre de Co-
    logne, à . . . . 1 liv. la liv.
2 liv. de noir d'i-
    voire, à . . . . . 1 l. 10 f.

30. Il y a quelques autres matières, dont on pourroit aussi composer des pastels ou crayons, après
les avoir purifiées, comme on
verra bientôt que celles-ci doivent l'être. Nous les indiquerons
plus bas ; mais celles, dont nous
venons de faire mention, peuvent
suffire. On les trouve chez tous
les Épiciers - Droguistes.

31. Voici quelle est la nature
B iij

de ces différentes substances. Il est plus important qu'on ne le croit, de savoir ce que c'est. Les Peintres cependant ne s'occupent guères de l'examen des drogues qu'ils employent. Si l'Architecte ne connoît pas la nature des matériaux dont il va se servir, comment pourra-t-il compter sur la solidité de l'édifice?

32. Le *blanc de Troies* est une espéce de terre calcaire ou marne blanche, de la craie en un mot, qui se prépare à Troies, où il y en a de vastes carrières. On en trouve aussi dans l'Orléanois. Il faut choisir celui dont les molécules sont les plus fines, sans mélange de grains pierreux. La craie de Troies est fort bien conditionnée, & d'un blanc très-solide. Cette matière ne peut servir dans la peinture à l'huile, on y employe la céruse ou le blanc de plomb. Nous en parlerons dans un moment.

33. *L'Ochre jaune* est une espèce de limon ferrugineux, dont l'eau s'est chargée, en traversant les mines de fer, & qu'elle dépose dans son cours. Il y en a de grandes carrières dans la Province de Berri. La couleur de l'ochre jaune approche de celle de l'or mat; choisissez la plus légère, la moins compacte & de la nuance la plus vive.

34. *L'ochre brune* ou *de rue*, est une autre chaux, ou rouille de fer, semblable à l'ochre jaune, mais plus haute en couleur. On trouve dans un livre d'histoire naturelle ( 1 ) que c'est de l'ochre jaune calcinée ou colorée en jaune saffrané. La méprise est évidente. Cette ochre devient beaucoup plus rouge au feu que l'autre, ce qui ne

______

( 1 ) Dictionn. d'hist. natur. par M. Valmont de Bomare, au mot *ochre*.

B iv

pourroit arriver dans l'une ni dans l'autre suppofition. Celle qui porte le nom de terre d'Italie eft la meilleure. La couleur des ochres eft très-folide.

35. Pour le *ftil de grain*, c'eft véritablement une préparation de craie, colorée en jaune par de fortes décoctions de graine d'Avignon, dont on fixe la couleur fur la craie au moyen de l'alun; ce ftil de grain n'a pas la folidité de l'ochre. Néanmoins il eft bon; quelques fabricans le compofent avec la cérufe; & c'eft de cette dernière préparation, que font peintes la plupart des voitures qu'on met en jaune. Il faut la laiffer pour cet ufage & choifir le ftil de grain le plus léger; que la couleur en foit jonquille ou dorée, & le grain doux au toucher.

36. Le *cinabre* eft une combi-

naiſon naturelle de mercure & de ſoufre, d'où réſulte un corps très-peſant, d'un rouge brun, compoſé de paillettes brillantes, & qui, réduit en poudre, devient écarlate. Il eſt, pour l'ordinaire, mêlé d'un peu de ſable. Celui du commerce eſt une production de l'art, qu'on obtient en ſublimant du ſoufre avec du mercure, & dont l'induſtrie des Hollandois, qui nous le fourniſſent, tire un aſſez bon parti. Cette préparation - là n'eût pourtant pas été long-tems un myſtère ſi peu qu'on eût voulu s'en occuper ( 1 ).

---

( 1 ) Tous ceux qui cultivent la Chymie, ſavent compoſer du cinabre ; mais on ignore, en France, la manière de le fabriquer dans les travaux en grand. Cela dépend d'une manipulation fort ſimple. Il faut d'abord faire fondre dans un creuſet une livre, par exemple, de ſoufre en poudre avec quatre ou cinq livres de mercure. On mêle bien ces deux matières. Quand elles commencent à ſe combiner ; elles s'enflamment

B v

37. Jamais il ne faut l'achetter en poudre, si l'on veut être sûr de n'avoir pas du minium au lieu de cinabre. On ne voit que des frau-

---

On couvre le creuset pour étouffer la flamme après l'avoir laissée durer deux ou trois minutes. La matière est alors ce qu'on nomme de l'*éthiops*. On la tire du creuset, on la pulvérise, on la tient près du feu pour l'entretenir presque brûlante. On prend un grand matras de verre, on le place dans un bain de sable. On met dans le cou du matras un entonnoir qu'on lutte bien. L'on passe par l'ouverture de l'entonnoir une baguette de verre, afin de pouvoir de tems en tems remuer l'éthiops; mais ce bâton porte un bourrelet ou noyeau de lut, en forme d'anneau coulant, pour fermer tout passage à l'air & faciliter le moyen d'introduire de nouvel éthiops dans le matras, car il ne faut le mettre qu'à parcelles. On chauffe doucement le vaisseau, l'on augmente le feu jusqu'à faire rougir le fond du matras. A mesure que l'éthiops se sublime on en ajoute par l'entonnoir qu'on referme aussitôt; & l'on entretient le feu jusqu'a ce que toute la matière se soit convertie en cinabre par la sublimation.

Au reste il vient de se former une fabrique de Cinabre dans la Carniole, en Autriche. Il y en a un dépôt à Vienne, au Bureau de la direction des mines. Le prix est de 180 florins le quintal net, c'est à-peu-près un écu la livre.

des, car on est pressé de faire fortune; c'est l'esprit du siècle. Le minium, quoique plus orangé, ressemble assez au cinabre. On ne peut pas s'y tromper, en ne prenant celui-ci qu'en pierre. On lui donne dans le commerce, quand il est réduit en poudre, le nom très-inutile de vermillon. Laissez-le encore une fois, même avec le surnom de vermillon de la Chine, à moins qu'il ne soit en pierre, c'est le même mélange avec un peu de carmin pour le mieux déguiser; il est pourtant vrai que le cinabre apporté de Manille par les Espagnols a beaucoup d'intensité; mais il est rare. On verra tout à l'heure que le cinabre bien pur est très-solide.

38. Le *carmin* n'est que de la cochenille qu'on a fait bouillir une ou deux minutes avec un peu d'alun, d'écorce d'autour & de graine

de chouan. La fécule ou précipité
qui fe dépofe affez vite, & qu'on
met en poudre, eft d'un rouge cra-
moifi fort éclatant. C'eft une préparation très-chère à caufe du prix
de la cochenille ( 1 ), efpèce d'in-
fecte qu'on ramaffe au Mexique fur
le Nopal. Il feroit aifé de la natu-
ralifer dans les plaines de la Gua-
deloupe & de Saint-Domingue (2),
& ce feroit une belle acquifition.
L'on jouit déjà, dans cette dernière Colonie, d'une efpèce de cochenille qui donne la même couleur, mais en moindre quantité.
Nous en avons une en France qu'on
nomme Kermés, & qu'on recueille
fur un arbriffeau du genre des
chênes verts, mais un peu moins

---

( 1 ) La cochenille fe vend en détail de 23 à 24
francs la livre.

( 2 ) M. Thierry, Botanifte du Cap François, avoit fait exprès le voyage de Guaxaca.
Mais, faute d'appui, fes foins ont été perdus.

belle. Cependant la couleur du carmin n'eſt pas auſſi ſolide que brillante. Auſſi ne l'employe-t-on point ou bien peu dans la peinture à l'huile, parce qu'il n'a pas aſſez de conſiſtance & qu'il tourne à la couleur naturelle de la cochenille qui tire ſur le violet. Peut-être ſeroit-il poſſible d'avoir quelque choſe de mieux : c'eſt ce que nous examinerons par la ſuite.

39. La *laque* eſt un compoſé qu'on prépare, à-peu-près de la même manière avec du bois de Bréſil ou de Fernambouc, au lieu de cochenille. On y fait entrer de l'os de ſêche, ou même de la craye, pour qu'elle ait un peu plus de volume. La laque, proprement dite, eſt une eſpéce de cire rouge, produite aux Indes par des fourmis aîlées, & qu'on appelle improprement gomme laque. Elle entre

dans la compoſition de la cire à cacheter. C'eſt par imitation qu'on a nommé de la ſorte la préparation dont nous parlons. Il y en a de pluſieurs nuances, de roſe, de cramoiſie, de pourpre, l'une ſous le nom de laque de Veniſe, l'autre ſous celui de laque fine carminée, l'autre enfin ſous celui de laque colombine, & qui tire un peu ſur le violet. Choiſiſſez la plus friable & la plus haute en couleur. Rejettez celle qui ne s'attache pas bien au papier. La laque eſt encore moins ſolide que le carmin.

40. Le *bleu de Pruſſe* ou de Berlin eſt encore une compoſition. Pour le fabriquer on fait calciner dans un creuſet, avec du ſel de tartre, du ſang de bœuf deſſéché, puis on fait bouillir ce charbon qui donne un précipité verdâtre par l'addition d'un peu de vitriol martial & d'alun.

Mais ce precipité devient d'un très-beau bleu turc, dès qu'on y joint de l'esprit de sel. La terre de l'alun qui se dépose avec celle du vitriol n'est-là que pour éclaircir un peu cette espèce de laque. Avant le commencement de ce siècle, on ne connoissoit point cette composition, qu'un Chymiste de Berlin découvrit par hazard. On employoit à la place l'inde plate ou l'indigo. Le bleu de Prusse a plus d'éclat, & la couleur en est assez bonne, quoique les Peintres à l'huile s'en plaignent. On verra bientôt pourquoi. Choisissez le plus léger, le plus friable, & le plus haut en couleur.

41. Je n'ai point indiqué de substance verte, pour en faire des crayons, parce qu'il faut, ainsi que dans la teinture, les composer par le mélange du jaune & du bleu dans diverses proportions, comme on

le verra dans la suite. Il y a néanmoins des ochres de cuivre, telles que la cendre verte, la terre de Véronne, qui donnent un vert assez gai, mais qu'il faut laisser, avec la cendre bleue, pour la peinture en détrempe.

42. La *terre d'Ombre*, ou plutôt d'Ombrie, est une pierre compacte, un peu grasse au toucher, d'un brun roux très-obscur. C'est une espèce d'ochre de fer, mêlée de tourbe, & qu'on trouve en Italie & dans les Cévennes.

43. La *terre de Cologne* est une substance en masse, rude au toucher, d'un brun très-foncé, qui tire sur le violet. Cette matière paroît à-peu-près la même que la terre d'Ombre, mais beaucoup plus bitumineuse, & mêlée même

de parties pyriteuſes ( 1 ). En un mot, elle a tous les caractères du ſafran de mars préparé par le ſoufre. Nous verrons plus bas le moyen d'aſſurer la couleur de la terre d'Ombre & de la terre de Cologne.

44. Au reſte, on donne ſouvent du biſtre pour de la terre de Cologne. Le biſtre eſt une préparation tirée de la ſuie des cheminées, & qu'il faut laiſſer aux enlumineurs.

---

( 1 ) Il eſt bon d'obſerver, à cette occaſion, que ſi l'on trouvoit quelque différence, & dans les matières dont il s'agit & dans le réſultat des manicipations dont nous allons parler, c'eſt que les drogues ne ſont pas exactement les mêmes partout, quoique ſous les mêmes noms. Par exemple, on lit dans un petit Traité ſur la mignature, que la terre de Cologne eſt une pierre tendre qu'on peut ſcier en crayons. Ce n'eſt point ſous ce rapport que cette ſubſtance m'eſt connue. De même on trouve dans l'Encyclopédie imprimée à Genève, que la terre d'Ombre eſt une poudre, ce qui ſuppoſe qu'elle ne ſe tire pas en maſſe de la carrière. Ainſi d'une foule d'autres exemples.

45. Enfin le *noir d'ivoire* est la terre des os, ou même de l'ivoire, qu'on a calcinés à feu clos. On peut y joindre celui que fournit le charbon des bois les plus communs, tels que le chêne, l'ormeau, le charme, le peuplier, la vigne & autres. Tous ces noirs là sont très-solides.

46. Ici finit l'énumération des substances nécessaires à la composition des crayons en pastel. On fera peut-être surpris que nous les bornions à ce petit nombre. Mais il y a tout ce qu'il faut. L'opulence ne consiste pas à posséder beaucoup, mais à savoir user de ce qu'on a. Le pastel est riche avec peu. Nous avons fait mention, parmi les couleurs connues jusqu'à présent, des plus essentielles, & qu'on trouve par-tout. Nous en indiquerons tout à l'heure beaucoup d'autres, plu-

fieurs même, qu'on ne connoît
point, avec le moyen de les tirer
des fubftances qui peuvent les
fournir.

47. Après avoir parlé de la nature des matières propres à la compofition des paftels, il faut expliquer la manière d'en compofer les
crayons. La plus fimple fera pareillement la meilleure.

Nous parlerons d'abord des couleurs principales, enfuite des nuances particulières.

48. La Peinture laiffe à la Phyfique l'examen de favoir s'il y a
plus ou moins de cinq, ou de fept
couleurs primitives. Elle appelle
indiftinctement de ce nom les
fubftances qui les fourniffent. Le
blanc même, chez elle, eft une
couleur. Cette manière de parler

ne feroit pas admife parmi les Phyficiens. Mais ce n'eft pas de la théorie des couleurs qu'elle s'occupe. Ce n'eft pour elle qu'une vaine fpéculation. Nous écarterons dónc le plus qu'il fera poffible, tout détail fcientifique, en traitant du méchanifme & de la compofition des paftels.

---

# CHAPITRE III.

*De la manière de composer les crayons & des diverses manipulations qu'exigent les différentes substances.*

49. **P**ARMI les matières propres à ce genre de Peinture, il y en a dont on ne parviendroit à tirer que des crayons aussi durs que le marbre, si l'on n'employoit des moyens qui paroîtront bien simples, mais qui ne se présentent pas toujours les premiers, quand on les cherche.

50. Il faut remarquer ici que ces moyens, en même tems qu'ils sont indispensables pour rendre ces substances traitables au pastel,

produifent le double avantage de
les purifier, & pour le paftel, &
pour la Peinture à l'huile; c'eft-à-
dire d'affurer les couleurs, & de les
rendre permanentes, en un mot
de les mettre à l'abri de perdre leur
fraîcheur & leur éclat. Ils peuvent
donc prêter ici l'oreille, ceux des
Peintres à l'huile qui font jaloux
de voir leurs ouvrages paffer, tels
qu'ils fortent de leurs mains, juf-
ques dans l'avenir. Quand ce Traité
n'offriroit que ce réfultat, j'oferois
déjà le croire de quelque utilité.

51. Les différentes fubftances
dont nous venons de parler font,
les unes, des productions de la nature, les autres, des préparations
de l'art. Plufieurs éprouvent du
tems, des altérations funeftes, & 
l'air en change la combinaifon, fuivant le degré d'influence qu'il a fur
elles. Mais le feu prévient fes ra-

vages fur les premières, & l'eau fur les fecondes ; le feu, parce qu'il confume tout ce que le tems peut détruire, ce qui n'a pas befoin de raifonnement pour fe comprendre; l'eau, parce qu'elle diffout & retient les fels qui font entrés dans leur compofition & qui les altéreroient; car, pendant qu'ils reftent dans les fubftances, à la préparation defquelles ils étoient néceffaires, comme les ftils de grain, les laques, le bleu de Pruffe, ils s'abreuvent de l'humidité de l'air, & tombant en efflorefcence, ils répandent fur la couleur une efpèce de pouffière, comme on peut s'en convaincre, en jettant les yeux fur les différentes efpèces de vitriol, & plus encore fur la plupart des tableaux.

52. Mais un vice que le feu, ni l'eau ne peuvent détruire, c'eft la

disposition qu'ont beaucoup de couleurs, fournies par les chaux métalliques, à se revivifier en métal, aux émanations du principe inflammable dont elles sont dépouillées. Elles deviennent alors d'une couleur sombre, elles poussent au noir. De ce nombre sont presque toutes les chaux de plomb, de bismuth, de mercure & d'argent, provenant de la dissolution de ces substances dans les acides. Il faut donc bannir de la Peinture, autant qu'il se peut, toutes ces préparations-là, telles que la ceruse, le blanc de plomb, les massicots, le minium, la litharge, le magistère de bismuth, en un mot toutes celles qui ne résistent pas à la vapeur du foye de soufre en effervescence avec un acide, puisqu'elles ne peuvent fournir que des couleurs infidelles, quelqu'apparence qu'elles aient en leur faveur. Le

foye

foye de soufre en est la pierre de touche. En le mêlant avec du vinaigre, on voit aussitôt si les substances qu'on expose à la vapeur ou fumée qu'il exhale, noirciront avec le tems (1). Nous allons bientôt en proposer d'autres qui ne seront pas sujettes au même reproche, surtout pour la Peinture à l'huile.

53. Il s'agit maintenant de faire l'application du principe ci-dessus

---

(1) Comme on ne trouve pas du foye de soufre partout, on pourroit désirer de savoir comment il se compose. On prend une once de fleur de soufre & deux onces d'alkali fixe. On les met dans un matras avec cinq ou six onces d'eau sur un bain de sable, on fait bouillir le mélange à petit feu pendant trois ou quatre heures, en le remuant de tems en tems. On le laisse refroidir, puis on le renferme dans une bouteille qu'on bouche bien. C'est du foye de soufre en liqueur. On peut le faire sans eau dans une capsule de terre en plus ou moins grande quantité. L'opération va plus vite. Il suffit de bien mêler sur le feu l'alkali fixe & la fleur de soufre.

C

à la préparation des couleurs pour la compofition des paftels.

54. Obfervons d'abord , ceci dût-il paroître une répétition , qu'en général les crayons en paftel doivent tout fimplement fe faire en broyant avec de l'eau fur le por-phire les matières dont on veut les compofer, après les avoir bien pu-rifiées comme on va l'expliquer, & qu'ils doivent être bien friables, c'eft-à-dire laiffer leur empreinte fur le canevas au moindre frottement, fans avoir cependant affez peu de folidité pour fe brifer ou s'écrafer dans les doigts.

55. Et voici le type d'après le-quel on peut d'autant plus aifément fe régler pour juger de la confif-tance qu'ils doivent avoir, qu'on en a par-tout la matière fous la main. Prenez un charbon tout en feu, de quelque bois que ce foit,

Jettez-le tout brûlant dans de l'eau. Quelques momens après, écrasez-le, tel qu'il est, sur un corps dur, & réduisez-le en pâte bien fine, au moyen d'un autre corps dur que vous passerez & repasserez plusieurs fois dessus. Lorsque ce charbon sera bien broyé, ce que vous reconnoîtrez si vous ne sentez pas la pâte graveleuse sous le doigt, ramassez-le, & donnez-lui la forme d'une cheville en le roulant sur du papier. Quand il sera sec, il vous donnera très-certainement une idée juste de la consistance que doit avoir, à-peu-près, tout autre crayon de pastel, de quelque espèce qu'il soit. Il formeroit lui-même un bon crayon noir s'il avoit été parfaitement broyé.

Ce point fixé, nous allons suivre en particulier chaque substance & commencer par les crayons blancs.

## ARTICLE I.

### *Des Crayons blancs.*

56. L A craye ou blanc de Troyes dont les crayons blancs doivent être compofés n'éprouve point d'altération fenfible de l'effet de l'air, à moins qu'elle ne fut expofée aux alternatives de la pluie & du foleil. Cependant pour la purifier il convient de lui donner la prépa-ration fuivante.

57. Réduifez-en poudre une livre ou deux de blanc de Troyes. Jettez-la dans un vafe qui contienne deux ou trois pintes d'eau. Remuez la matière avec une baguette de bois ou de verre, jufqu'à ce qu'elle pa-roiffe toute délayée. Laiffez-la re-pofer deux ou trois minutes pour

donner le tems aux parties groffières de se précipiter. Versez la
liqueur toute trouble dans un autre
vase, & laissez le précipité qui n'est
que du sable. Quand l'eau sera devenue claire, jettez-en la majeure
partie sans agiter le vase, ensuite
versez tout ce qu'il contient dans
plusieurs cornets de parchemin ou
de papier dont vous aurez assujetti
les circonvolutions avec de la cire
à cachèter. Suspendez-les ensuite
quelque part, & repliez un peu le
haut des cornets pour empêcher la
poussière d'y pénétrer. S'il est resté
des parties graveleuses, elles se
déposent au fond par le repos.
Quelques heures après l'eau sera
bien éclaircie, & vous pourrez percer les cornets au-dessus du sédiment pour la faire écouler. Quand
la craye ne sera plus trop liquide,
vous lierez les cornets dans leur
partie inférieure avec un fil pour

féparer les parties groffières qui s'y font précipitées, & vous répandrez le refte fur le porphire, pour l'y faire broyer. Lorfque vous jugerez que la craye eft réduite par la molette en particules très-fines, vous la ferez ramaffer en petits tas, avec le couteau, fur du papier jofeph ou lombard; ( c'eft du papier fabriqué fans colle). Quelques momens après vous pourrez facilement paîtrir dans les doigts chacun des petits tas, & les rouler fur cette efpèce de papier pour les mettre en forme de crayons. D'ordinaire on leur donne à-peu-près la longueur & la groffeur du petit doigt. On peut les faire fécher fur d'autre craye ou fur du papier.

58. Les marchands vendent, fous le nom de blanc d'Efpagne, de la craye de Meudon, qui n'eft pas, à beaucoup près, auffi blanche que

celle de Troyes. On dit même qu'ils
la font calciner comme de la pierre
à plâtre , & l'humectent enfuite
pour la paîtrir en petits pains. On
pourroit auffi l'employer au paftel ,
pourvu qu'un feu trop vif ou trop
long-tems continué ne l'ait pas convertie en chaux vive.

59. La craye eft par elle - même
très-friable. Si l'on défiroit que les
crayons fuffent un peu plus fermes,
ce que leur fragilité rend quelquefois néceffaire pour ceux qui commencent , il faudroit diffoudre un
morceau de gomme arabique bien
blanche , dans quelques goutes
d'eau pure , & la répandre fur la
craye avant de la porphirifer.

60. On pourroit employer , au
lieu du blanc de Troyes, le caolin ,
cette terre blanche qui , réunie
avec le pétunze , compofe la pâte

de la porcelaine. Il y en a de vaftes carrières dans le Limofin, près de Saint-Iriex , & dans le diocèfe d'Uzés, non loin du pont Saint-Efprit en Languedoc. Cette fubf- tance n'éprouve aucune altération dans le feu. Tout me porte à croire qu'elle réuffiroit beaucoup mieux que la poudre de marbre dans la peinture à-frefque.

61. Le gypfe ou pierre à plâtre & les fpaths du même genre pour- roient auffi fournir des crayons blancs, & quelquefois on en a mis dans le commerce à l'ufage du paftel. Pour cet effet il fuffiroit de les calciner un quart-d'heure fous la braife & de les broyer enfuite un peu rapidement fur le porphire avec de l'eau, car ces matières for- meroient un corps auffi dur qu'a- vant d'avoir paffé par le feu, fi l'on négligeoit de les broyer auffitôt.

qu'elles font humectées. Mais le blanc qu'elles donnent eſt ſujet à noircir à cauſe de l'acide vitriolique dont le gypſe eſt compoſé. Le feu n'en enléve qu'une partie. Il faudroit décompoſer entièrement le gypſe & pour lors ce ſeroit de la craye ordinaire.

62. La craye a très-peu de corps & ne peut ſervir dans la Peinture à l'huile; c'eſt ce que cette terre a de commun avec toutes les autres eſ-pèces de terre ou pierre calcàire. Il a donc fallu chercher dans les terres ou chaux fournies par les ſubſtances métalliques un blanc qui fit corps avec l'huile & n'en prit pas la couleur. On l'a trouvé dans la *céruſe* ou *blanc de plomb*, dont on pourroit auſſi compoſer des paſtels en le broyant avec de l'eau.

63. Cette matière eſt une eſpèce

de rouille blanche que donnent des lames de plomb, corrodées par la vapeur du vinaigre, fur lequel on les tient quelques jours fufpendues dans des pots entourés de fumier (1). Beaucoup d'inconvéniens font attachés à ces fortes de préparations de plomb. Prefque toujours elles occafionnent de violentes coliques à ceux qui les travaillent habituellement. Rien, par exemple, de plus dangereux que d'habiter un appartement peint depuis peu de tems avec des couleurs où il en eft entré. Ce blanc a même, comme beaucoup d'autres chaux métalliques, le défaut de noircir dans des lieux expofés à des vapeurs capables de revivifier leur principe de métallifation, quoiqu'il foit dé-

---

(1) La feu'e différence qu'il y ait entre la cérufe & le blanc de plomb, c'eft que la cérufe eft mêlée par les fabricans avec beaucoup de craye.

fendu par l'huile. Dans un clin-d'œil
la vapeur du foye de foufre tourne
au brun le blanc de plomb le plus
pur.

64. Tant d'inconvéniens font défirer depuis long-tems qu'on pût trouver un autre blanc pour la Peinture
à l'huile. On peut s'étonner que
l'ufage du plomb n'ait pas conduit
par analogie à l'épreuve d'une autre
chaux métallique encore plus commune, & qu'on nomme la potée ou
cendre d'étain. Cette chaux eft
grife, mais elle devient, par un
violent coup de feu, de la plus
grande blancheur. Peut-être a-t-
on penfé qu'elle fe vitrifioit en fe
blanchiffant, parce qu'elle fert,
réunie avec celle du plomb, dans
l'émail de la poterie. Mais il eft
évident que, dans ce cas, l'émail
n'auroit aucune blancheur, & feroit tranfparent. Le plomb feul fe

vitrifie, & la chaux d'étain, qui n'eſt qu'interpoſée, ſert de *cou-verte*. Il eſt vrai que cette chaux, déjà très-dure, le deviendroit encore plus après avoir été blanchie par le feu ; mais elle pourroit être broyée d'avance, & n'en auroit pas moins la propriété de former pour la Peinture un blanc à jamais inal-térable.

65. Quoiqu'il en ſoit, il exiſte une autre chaux métallique toute préparée, & qu'on peut employer à l'huile ſans aucun des inconvé-niens attachés aux préparations du plomb. C'eſt la *neige* ou *fleurs argen-tines*, du régule d'antimoine, c'eſt-à-dire la chaux de ce demi - métal ſublimé par le feu. Cette neige, lorſqu'elle eſt recueillie avec ſoin, fournit un blanc ſuperbe. Elle a tout le corps néceſſaire à l'huile, & n'eſt point ſuſceptible d'altéra-

tion, quoique beaucoup d'autres·
chaux produites par ce demi-métal
soient très-sujettes à noircir, telles
que le bésoard minéral, le précipité·
rouge, la matière perlée & plusieurs autres. En général les chaux
métalliques, obtenues par voye de
sublimation, ne dégénèrent point.
L'on en trouve à Paris chez presque tous ceux dont la profession a·
quelque rapport à la Chymie, tels
que les Maîtres en Pharmacie. Mais
il faut choisir : elle n'est pas très-
blanche ou très-pure chez quelques-
uns. Supposé qu'on ne fut pas à
portée de s'en procurer, voici comment cette neige peut se faire.
Mettez du régule d'antimoine, par
exemple une livre, dans un creuset
dont l'ouverture soit un peu large.
Que cette ouverture soit séparée
du foyer par quelque corps intermédiaire, afin que la poussière des
charbons ne puisse pénétrer dans le

creuset. Assujettissez-le pour cet effet avec des tuileaux dans une situation inclinée, enfin couvrez-le d'un autre creuset semblable, & faites rougir à blanc celui qui contient le régule. En très - peu de tems le couvercle se remplira de très - petites paillètes blanches & brillantes qu'on peut ramasser, en mettant un autre couvercle à la place du premier. C'est la neige dont il s'agit. Il faut continuer le feu jusqu'à ce que tout le régule se soit converti de la sorte, en flocons de nége ou de suye blanche. On doit prendre garde qu'il ne s'agit pas d'antimoine crud, mais de régule d'antimoine.

66. Indépendamment de la neige ou fleurs argentines du régule d'antimoine, on peut se servir aussi de ce que les Alchymistes avoient nommé pompholix, *nihil album*,

laine philosophique, en un mot des *fleurs de Zinc*. Les vapeurs les plus méphitiques, le feu même, ni le contact du foye de soufre ne leur causent pas la moindre altération. Je garantis, en un mot, les fleurs de Zinc comme le meilleur blanc qu'on puisse employer à l'huile ; ces fleurs ne font autre chose que la chaux de ce demi-métal qu'on obtient aussi par sublimation de la même manière, à-peu-près, que la neige du régule d'antimoine, & valant encore mieux. Cette suye, du plus beau blanc, se forme quand on enflâme du Zinc, & se rassemble dans le vase & contre les parois du couvercle ; mais il y a souvent des flocons jaunes & gris. Il faut choisir les fleurs les plus blanches, & même les purifier de la même manière que la craye, afin de précipiter au fond de l'eau toutes les parcelles du métal qui, fans fe convertir en chaux, fe feroient élevées avec les fleurs. Au furplus, je dois prévenir qu'il ne faut pas faire ces fortes de fublimations dans un lieu trop fermé. La fumée en eft fuffocante comme la vapeur du charbon. Les fleurs de Zinc ont même paffé pour avoir de l'éméticité. Mais cet effet eft affez douteux. Rien du moins ne prouve qu'elles l'ayent produit, lorfqu'on n'en a pas pris en fubf-tance; & jamais ceux qui les pré-parent ne fe font plaints d'en être incommodés.

67. Un obfervateur très - exact des phénomènes de la Chymie (1), ayant féparé la terre de l'alun de tout l'acide vitriolique avec lequel cette terre eft combinée, propo-foit de l'employer à la place du

______

(1) Chymie expériment. par M. Baumé.

blanc de plomb. Mais elle n'a point de corps à l'huile, en très-peu de tems même elle devient fort brune, ce qui ne doit pas surprendre, vu l'extrême avidité que l'on connoît à la terre de l'alun de s'emparer des principes colorans. Puisque cet écrivain tournoit un instant ses recherches du côté de la Peinture, pour lui procurer ce qui lui manque, un blanc sans reproche, comment ne pensoit-il pas aux fleurs métalliques ? Il les avoit sous les yeux.

68. D'un autre côté, quelques écrits publics ( 1 ) ont annoncé depuis trois ou quatre ans qu'on a trouvé dans le Zinc un autre blanc qui n'a point les mauvaises qualités des chaux de plomb. C'est à M. de Morvau, très-connu par ses talens

---

( 1 ) Encyclopéd. méthod. *verb.* couleurs.

dans plus d'un genre, car le génie embraſſe tout ſans efforts, que les Arts le doivent. On ne peut douter qu'en effet, dès qu'il provient du Zinc, il ne ſoit à l'abri de toute altération, les chaux de cette ſubſtance étant naturellement très-irréductibles ; preſſé par l'intérêt qu'inſpire le progrès de nos connoiſſances, j'en envoyai chercher dans le tems au dépôt indiqué. Je le trouvai très-ſolide. Il y a pluſieurs procédés pour convertir le zinc en chaux blanche ainſi que la plupart des autres demi-métaux, indépendamment de la ſublimation. J'ignore celui qu'employe M. de Morvau. Si ce ne ſont pas des fleurs de Zinc, mêlées avec de la craye, il ſeroit fâcheux que ſon procédé vint à ſe perdre. Le dépôt ayant paſſé depuis dans d'autres mains, je l'ai cherché long-tems, afin de l'indiquer ici, mais inutile-

ment. J'ai pris enfin le parti d'é-
crire au fieur Courtois, au laboratoire de l'Académie, à Dijon, qui
l'y prépare, d'après les procédés
de M. de Morveau. Sa réponfe du
15 mai dernier, m'apprend que ce
dépôt à Paris, eft chez le fieur
Cortey, droguifte, aux armes de
Condé, rue de Grammont, quartier de la Comédie Italienne. Il le
vend en paquets d'une livre, fur le
pied de quatre francs, & quatre
livres dix fols le paquet, tout cacheté.

69. Les Peintres à l'huile peuvent donc employer ce blanc avec
la plus grande confiance, au lieu
de celui que fournit le plomb.
Toutes les autres préparations
qu'on trouve dans le commerce
pour ce genre de Peinture, ne font
que des chaux de ce dernier métal,
fous quelque nom qu'elles foient:

déguisées, blanc superfin, blanc d'Autriche ou de Chreminits, blanc léger, &c. Pour s'en convaincre, on n'a qu'à les mettre sur le feu quelques momens, elles deviendront bientôt d'un jaune safrané. Mais, si le charbon les touche, il ne tardera pas à les noircir en revivifiant la matière métallique, & c'est ce qui n'arrivera pas au blanc de Zinc.

70. On peut en composer aussi des crayons pour le pastel, & l'employer, soit pur, soit en mélange avec d'autres couleurs. Il y réussira très - bien, sur-tout si l'on se propose de fixer le pastel.

71. Au reste, les Peintres à l'huile trouveront peut-être que les différentes espèces de blanc dont je viens de parler, ne sèchent pas assez vite, & voudront les gâter

avec leur huile ſiccative. En ce cas, ce ne ſeroit pas la peine d'employer d'autre blanc que celui dont ils ont coutume de ſe ſervir, puiſque cette huile eſt préparée avec des chaux de plomb; telles que le minium, le ſel ou ſucre de ſaturne, la litharge, ou même avec de la couperoſe blanche ( 1 ), ce qui ne vaut pas mieux, attendu l'extrême diſpoſition de l'acide vitriolique à ſe rembrunir. Ainſi tout cela reviendroit au même.

72. Le moyen d'avoir une huile qui ſèche bien, c'eſt de faire concentrer un peu celle de noix, en la faiſant bouillir une heure au bainmarie. On peut en eſſayer d'autres. Je me contenterai d'indiquer celle de Copahu. Nette, limpide, odo-

_______________

( 1 ) C'eſt du vitriol de Zinc, c'eſt-à-dire du Zinc diſſous par l'acide vitriolique.

riférante, cette huile m'a paru fécher très-vite, même avec les couleurs les moins ficcatives. On pour-
roît y mêler un peu d'huile de noix
ou de lin. Mais après tout, les
blancs que je viens d'indiquer fé-
chent en fort peu de tems, quoique peut-être un peu moins promptement qu'avec le fecours de la litharge & des autres préparations
de Saturne.

73. Dans la claffe des blancs dont
j'ai parlé, je n'ai point fait mention
de celui qu'on peut tirer du bifmuth, diffous par l'acide nitreux,
& précipité de ce diffolvant par
l'eau pure. Ce blanc feroit très-
beau, mais rien n'égale fa fugacité.
Les moindres vapeurs le dégradent
& le ramènent à la couleur métallique; auffi le blanc dont la plupart des femmes fe fervent à la toilette, & qui n'eft que le même

précipité, fous le nom de Magif-
tère de bifmuth, les expofe-t-il à
paroître tout-à-coup, lorfqu'elles
s'approchent des endroits où il y
a des fubftances en fermentation,
beaucoup plus brunes qu'elles ne
l'étoient naturellement.

74. Les Parfumeurs préparent
une autre efpèce de blanc qu'ils
leur vendent fous le nom de lait
virginal. Ce n'eft que du benjoin,
réfine dont l'odeur eft agréable,
qu'ils ont fait diffoudre dans l'efprit de vin. Quelques goutes de
cette diffolution, dans de l'eau
pure, la rendent en effet laiteufe,
réfultat que produiroient la plupart des autres réfines. Ce blanc eft
très-innocent, mais très - inutile.
Répandu fur la peau, l'efprit de vin
fe diffipe, l'eau s'évapore, il ne
refte fur le vifage que la réfine,
qui reprend fa couleur naturelle,

& ne conferve aucune blancheur.

75. Les meilleurs cofmétiques, dont elles puffent faire ufage, font, *en premier lieu*, la magnéfie du fel d'epfon, délayée avec un peu de gomme arabique & d'eau. C'eft une terre très-légère & de la plus grande blancheur, qui n'eft ni argi-leufe ni calcaire, & qui reffemble au caolin? Cette fubftance n'a pas la moindre qualité malfaifante. Elle eft très-utile, au contraire, prife intérieurement, quand il s'a-git d'abforber les aigres de l'efto-mach. La gomme arabique eft éga-lement très-innocente, & n'eft là que pour la faire adhérer à la peau. Ce blanc, étendu fur le vifage, ne paroîtra pas d'abord, mais feu-lement quand il fera fec. Il eft bon d'y joindre une légère pointe de rouge végétal ou de carmin, pour en éteindre la trop grande blancheur,

cheur, & le rapprocher davantage de la couleur de chair. Si peu qu'on s'essuye le visage avec un linge, il n'y restera que ce qu'on n'en voudra pas ôter.

76. *En second lieu*, les fleurs de zinc dont j'ai parlé ci-dessus, n°. 66, on peut les employer au même usage, sans craindre qu'elles altèrent la peau. L'on doit les choisir bien blanches. Mais quand il y auroit quelque mélange de jaune, elles n'en vaudront pas moins, pourvu qu'il ne domine pas. Il faut commencer par étendre sur le visage un peu de pommade ordinaire. Par ce moyen, cette poudre s'attachera fort bien sur la peau. Cette méthode-ci vaut encore mieux que la précédente. Le blanc de zinc dont j'ai parlé, n°. 68, & qui se vend chez le sieur Cortey, droguiste, rue de Grammont, sera

D

le même effet. Mais il faut auparavant le bien écraser. Il convient de mêler également un peu de rouge avec ces fortes de blancs tirés du zinc. La magnéfie ne fauroit s'employer avec de la pommade. Quant à la neige d'antimoine dont j'ai fait mention, n°. 65, il ne faut pas s'en fervir au même ufage.

77. Si je fuis entré dans ce détail, on ne doit pas s'en étonner, puifque je traite de la Peinture. D'ailleurs un grand nombre de jeunes femmes, foit par curiofité, foit par prévoyance, m'ont demandé là-deffus des éclairciffemens. Je ne leur ai pas diffimulé qu'il eft impoffible de préparer un blanc qui n'ait pas fur la peau l'air un peu farineux, & qu'il faut tâcher de fe procurer, pour remplacer un jour la fraîcheur de l'âge, des agrémens dont le tems ne faffe

qu'augmenter l'éclat au lieu de les flétrir. Il n'en a pas moins fallu céder à leurs instances & ce que j'ai fait pour elles, je le fais pour toutes les autres, afin que du moins elles n'employent pas des drogues dangereuses ou contraires à leur but.

78. Il seroit aisé, par exemple, de composer une belle couleur de chair avec du mercure dissous dans l'acide nitreux, en le précipitant par une substance animale, telle que l'urine. Mais un pareil cosmétique seroit très-funeste, & ne seroit pas moins sujet à noircir que celui de bismuth.

Reprenons notre sujet principal, & passons à la composition des crayons jaunes pour la Peinture au pastel.

## ARTICLE II.

*Des Crayons jaunes.*

79. Il y a, sous le nom de couleur jaune, bien des nuances différentes, celle du soufre, du citron, de la jonquille, celle du jaune, proprement dit, ou couleur d'or, l'orangé, l'aurore, enfin le souci, qui fait le paſſage du jaune au rouge.

80. C'eſt par des mêlanges que ſe compoſent dans le paſtel la plûpart de ces nuances. Or nous ne parlons, quant à préſent, que des couleurs principales. Nous allons donc nous borner, dans cet article, aux matières qui les fourniſſent,

& parler, en premier lieu , de l'ochre jaune.

81. Quoique cette ochre, non plus que la craye, n'éprouve aucune altération de l'influence de l'air , il eſt beaucoup plus indiſpenſable de la purifier pour la dépouiller de toutes les particules de fer & de gravier qu'elle contient en plus ou moins grande quantité. Les ochres d'ailleurs ſont toujours mêlées d'un peu d'acide vitriolique , ce qui rend la précaution de les purifier encore plus indiſpenſable. On ne doit jamais laiſſer dans les couleurs aucune eſpèce de ſubſtance ſaline , & ceci regarde indiſtinctement tous les genres de Peinture , auxquels on attache quelqu'importance , mais principalement la Peinture à l'huile.

82. Il faut donc délayer l'ochre

dans un grand vafe de fayance,
avec beaucoup d'eau, verfer enfuite l'eau, toute trouble, dans un
autre vafe, après l'avoir laiffée repofer un inftant, pour laiffer les
parties groffières fe précipiter. On
jettera ce fédiment, qui n'eft que
du fer ou du fable. Une heure après,
l'ochre, fufpendue dans l'eau, fera
dépofée. Jettez l'eau, mettez en
de nouvelle, & délayez, puis verfez
l'eau, toute trouble, dans des cornets de parchemin que vous fufpen-
drez au dos d'une chaife. Lorfque
l'ochre fera raffemblée dans le cor-
net, féparez-la, par une ligature, d'a-
vec le fablon qui s'eft précipité le
premier; & qui n'eft bon que pour
le *peinturage* des boiferies, & faites-
la porphirifer après avoir jetté l'eau.
Vous en formerez des crayons, auffitôt qu'elle fera maniable & pourra
fe paîtrir ou fe rouler fur le papier,
fans s'attacher aux doigts. En un

mot, c'est la même opération que celle dont nous avons parlé sous le no. 57 au sujet de la craye.

83. L'ochre brune ou de rue, & la terre d'Italie, doivent être traitées de la même manière. Il faut les bien purifier avant de les porphiriser & de les mettre en crayons.

84. Les marchands de couleurs vendent ces substances toutes broyées à l'eau. Mais ils se font contentés de les porphiriser toutes brutes, & sans les purifier par le lavage. Il reste par conséquent beaucoup de particules de fer, qui, quoique bien atténuées par la molette, peuvent, outre l'acide vitriolique, altérer les couleurs après l'emploi dans la peinture à l'huile.

85. Parmi les ochres brunes, il y en a une, connue sous le nom de

terre de Venife ou de Sienne. Elle eft très compacte, femblable dans fa caffure, à la terre d'ombre, ou plutôt à la gomme-gutte, c'eft-à-dire luifante. Elle eft de couleur canelle maure-doré. Cette matière a de l'apparence, & l'on en fait beaucoup d'ufage dans la peinture à l'huile; mais elle ne vaut rien, quoique fort chère ( 1 ). C'eft du fer, diffous par les acides minéraux, tel qu'en produifent les fabriques de vitriol. On croiroit, à la voir, qu'elle a beaucoup plus d'intenfité que l'ochre brune. Mais outre qu'elle eft bien moins folide, elle prend le même ton fous la molette, & calcinée, elle y devient beaucoup plus orangée.

86. Il eft aifé d'avoir une ochre

______

( 1 ) Elle fe vend à Paris jufqu'à vingt-quatre francs la livre.

factice plus pure & plus belle. On met sur l'herbe, à la rosée, de la limaille de fer dans une grande assiète. En peu de jours la surface de cette poudre se couvre de rouille. On la broye légèrement sur le porphire avec un peu d'eau. La rouille se détache & l'eau s'en charge. On la coule au travers d'un linge dans un autre vase. Quand l'ochre s'est précipitée par le repos, on jette l'eau. C'est ce qu'on appelle du *safran de mars*.

La limaille d'acier, noyée dans l'eau pendant quelque tems, produit de même une autre espèce d'ochre d'un fauve très-obscur & presque noir. C'est ce qu'on nomme de l'*éthiops martial*. Cet éthiops, calciné sur le feu, devient d'un rouge brun très-beau. L'on trouve du safran de mars & de l'éthiops martial chez les Épiciers - Droguistes.

D v

Venons au ſtil de grain.

87. Nous avons vu que c’eſt une préparation de craye qu’on a colo-rée en jaune avec le ſuc de la graine d’Avignon par le moyen de l’alun. On compoſe, à - peu - près de la même manière, pour l’uſage de la peinture, pluſieurs autres couleurs différentes, & c’eſt dans ce ſens qu’on peut dire, avec un Écrivain d’une très-grande réputation, mais que les ſciences viennent de per-dre, que « la plupart des paſtels » ne ſont que des terres d’alun » teintes de différentes cou-» leurs ». (1).

En effet, ſi l’on met une cer-taine quantité d’alun dans une dé-coction de plantes colorantes, la terre de ce ſel quitte ſon acide &

_________________

(1) Hiſtoire natur. des minér. par M. de Buffon, art. de l’alun.

faifit les principes colorans. Telle
eft la bafe principale des ftils de
grain.

88. Mais, comme il refte prefque toujours dans cette compofition des parties falines de l'alun
dont il faut abfolument la dépouiller, elle exige des foins indifpen-
fables.

Après avoir bien fait laver le
porphire & la molette, précaution
qu'il faut toujours prendre, chaque fois qu'on paffe d'une couleur
à l'autre, faites broyer le ftil de
grain avec un peu d'eau. Jettez-le
après cela dans une très-grande
quantité d'eau chaude bien pure.
Délayez-le quelques inftans avec
une fpatule ou cuiller de bois, &
laiffez-le repofer un jour ou deux.
Alors jettez l'eau fans agiter le vafe,
jufqu'à ce que le fédiment foit
prêt à tomber, & verfez-le, avec

D vj

l'eau qui reste, sur du papier à filtrer que vous aurez étendu sur un linge, par exemple un mouchoir, suspendu par ses quatre angles, ou sur une chaise, afin de soutenir le papier. Quand le sédiment sera sec, il se lévera de lui-même en écailles. Mettez-le sur le porphire avec un peu d'eau, pour lui faire donner quelques tours de molette, & le reste comme pour le blanc de Troyes, n°. 57. On peut même le broyer dès que l'eau sera passée au travers du filtre, & qu'il n'en restera plus que ce qu'il faut pour tenir la pâte un peu liquide.

89. Toutes ces précautions-là sont indispensablement requises pour les stils de grain. Quelquefois même on est obligé de les arroser encore sur le filtre, avant qu'ils soient bien secs. Comme il entre beaucoup de sels dans ces sortes

de compositions, d'un côté, les crayons feroient durs comme un clou, fi l'on négligeoit de les bien laver pour les deffaler complette-ment; de l'autre, la couleur, fur-tout à l'huile, ne manqueroit pas de fe charger tôt ou tard de cette efflorefcence qu'on peut remar-quer fur l'alun & les autres vitriols, ce qui ne peut que dégrader un ta-bleau. C'eft un foin que les fabri-cans eux-mêmes devroient prendre avant de les mettre dans le com-merce, mais ils s'en difpenfent pour gagner davantage : le poids eft plus fort & la peine moindre. De leur côté, les marchands qui vendent les couleurs en détail toutes préparées, foit à l'eau, foit à l'huile, ceux même qui compo-fent les paftels, ne fe doutent pas feulement de la néceffité de pren-dre cette précaution. Ces derniers, pour remédier à la dureté des

crayons de ftil de grain, fe conten-
tent de le broyer avec un peu d'efprit de vin. Je fuis, à-peu-près, sûr
que c'eft là tout leur fecret. L'efprit de vin rend effectivement ces
matières-là très-friables , malgré
l'abondance des fels qui font entrés
dans leur compofition. Mais on
voit que cela ne fuffit pas.

90. Au refte, ces fortes de
crayons doivent plus particulièrement que les autres , fécher à
l'ombre, vû que les ftils de grain
ne donnent pas une couleur indé-
lébile. Je ne propoferai pas d'y
fubftituer l'orpin jaune. Cette dro-
gue eft horriblement dangereufe,
& la couleur n'en vaut rien, de
quelque nuance qu'elle foit & quelque nom qu'elle porte ; car il y en
a de foufre, de jonquille, & d'o-
rangé, qu'on appelle orpin rouge,
orpiment, réalgar.

91. Il y a pareillement dans le commerce des ſtils de grain de différentes nuances, depuis le citron juſqu'à l'orangé. Quelques marchands appellent celui - ci jaune royal. Ce jaune m'a paru tiré de la racine du curcuma, nommé autrement terra mérita; cette couleur eſt peu ſolide. On en trouve ſous le nom de ſtil de grain d'Angleterre. La puérile manie de donner ce nom à toutes les productions de l'induſtrie, s'eſt étendue juſqu'à la Peinture, quoique ce ſoit, dans cette matière ſur-tout, le moins impoſant de tous les titres. On employe de même en Angleterre celui de France comme un paſſeport aux yeux de la multitude, les noms ſont les choſes. Les compoſitions u'on appelle de la ſorte, ſont ordinairement d'une couleur fauve ou maure- doré, & ſe vendent quinze ou vingt ſols l'once. Quelquefois

elles font de couleur de bouë & fe vendent encore plus cher. Il y en a même fous le nom de ftil de grain brun, qui né font très-fouvent qu'un mélange de ftil de grain jaune & de terre d'ombre, ou de biftre. C'eft ce qu'il eft aifé de voir en y regardant de près, ou, fi la fupercherie eft affez bien déguifée, on peut s'en affurer en le faifant rougir fur le feu. Le véritable doit y devenir blancavec quelques nuances de matière charbonneuf : l'autre y prend la couleur de rouille de fer, ou celle du biftre. Quant au ftil de grain jaune ou doré, le feul dont il s'ag.. dans cet article, un moyen de s'affurer s'il eft bon, c'eft d'en écrafer avec du bleu de Pruffe, un peu moins de ce dernier que de ftil de grain. Ce mélange doit donner une poudre d'un beau verd, pur & net.

92. On trouve dans un écrit composé sur le *peinturage*, qu'on a quelquefois apporté de l'Inde une graine appellée d'ahoua, ( ahouaï, sans-doute ; c'est une espèce d'apoçin dont le fruit est dangereux ), & qu'on pouvoit en composer un stil de grain jaune fort solide & fort beau. Nous aurions à désirer bien d'autres végétaux propres à la teinture. Tel est le cariarou, dont les feuilles pourroient fournir une couleur voisine de celle de l'écarlate ; les feuilles de l'alcana, sorte de troëne d'Egypte, qui produisent encore un rouge solide. Les bayes du balisier, plante de la Guiane, qui donnent un pourpre fort riche ; la racine du Mascapenna qui teint en cramoisi ; le tsai de la Cochinchine, plante qui, fermentée comme celle de l'indigo, dit M. Poivre, donne un verd d'éméraude très-solide & très-

le bois du taauba , c'eſt une eſpèce de mûrier qui teint en jaune comme tous les arbres de la meme claſſe. Mais nous n'avons pas beſoin , pour cette dernière couleur, d'aller chercher au bout de la terre ce que nous pouvons trouver dans nos champs. La nature y prodigue une foule de végétaux propres à la compoſition des ſtils de grain. C'eſt aux fabricans à tenter des eſſais dans ce genre. Nous foulons aux pieds beaucoup de ſubſtances dont on peut tirer des jaunes très-brillans. Mais le point capital eſt de leur donner de la ſolidité. L'on n'employe ordinairement dans cette vue que l'alun. Je crois que la préparation ſuivante remplira mieux ce but, ſur-tout pour la Peinture à l'huile, & que les couleurs n'y perdront pas du côté de l'éclat.

93. Verſez dans une caraffe

une once d'acide nitreux, & moitié moins d'acide marin. Ce mélange eſt ce qu'on nomme de l'eau régale; ayez ſoin d'éviter qu'il ne vous en tombe ſur les doigts. Joignez-y, s'ils ſont trèsfumans, un petit verre d'eau de fontaine ou de rivière bien limpide. Faites diſſoudre dans ce mélange de l'étain, ſoit de Malaca, ſoit de Cornouailles, réduit en petits fragmens ( 1 ). Ajoutez de l'étain par intervales, juſqu'à ce que le diſſolvant n'agiſſe plus. Alors mettez la caraffe ſur la cendre chaude, pour que l'eau régale acheve de ſe ſaturer.

94. Les plantes avec leſquelles on a coutume de compoſer des

---

( 1 ) Le moyen le plus court de réduire ce métal en grainailles, c'eſt de le faire fondre ſur le feu dans une cueiller de fer & de le verſer, par goutes, dans un vaſe plein d'eau.

ſtils de grain, donneront un jaune, un peu moins brillant peut-être avec cette diſſolution, mais plus permanent qu'avec l'alun. Faites bouillir, par exemple, à petit feu, pendant une demi-heure, dans deux pintes d'eau de fontaine, une poi-gnée de petites branches de peu-plier d'Italie, coupées en petits morceaux. Ajoutez enſuite à la dé-coction, deux poignées de tiges de gaude fraîche, ou même ſêche, telle que la vendent les Épiciers. Laiſſez la boüillir quelques inſtans, & joignez-y cinq ou ſix gros de ſel de tartre en poudre, avec une pe-tite cueiller de ſel commun; laiſſez un moment la décoction devant le feu, mais ſans bouillir, & coulez-la dans un plat de terre au travers d'un linge. Verſez dedans, goute à goute, & par intervales, cinq ou ſix gros de la diſſolution d'étain dont nous avons parlé n°. 93.

Quand l'effervefcence aura eeffé, faites chauffer le plat, afin qu'une grande partie de l'eau s'évapore. La chaux métallique, verfée dans la décoftion, lâche fon diffolvant, faifit les molécules colorantes, les retient & fe précipite incorporée avec elles, pendant que le diffol-vant, qui s'unit à l'alkali du tartre & du fel marin, nage dans la li-queur. Mais il faut le féparer du précipité. C'eft ce qu'on peut faire par le moyen de la filtration, l'eau paffe au travers des pores du papier gris ou lombard, entraînant avec elle tous les fels qu'elle tient dif-fous, & laiffe le précipité qui forme une laque jaune. Il eft bon de l'arrofer encore fur le filtre & même abondamment, pour ache-ver de le deffaler.

95. Ce feroit un véritable ftil de grain fi l'on mettoit dans la décoc-

tion de gaude un peu de craye bien broyée avant que d'y jetter la dif-folution d'étain. La compofition par ce moyen feroit plus volumineufe, mais c'eft tout ce qu'elle y gagneroit, quoiqu'il foit vrai néanmoins que les fubftances alkalines exaltent prefque tous les jaunes.

96. On peut fubftituer à la gaude une herbe encore plus commune, la fumeterre. On la trouve dans les jardins & chez tous les herboriftes. Verte ou fêche il n'importe. Le jaune eft, à-peu-près, comme celui de la gaude, & non moins durable.

97. Les plantes qui fuivent donneront auffi des jaunes francs, jonquille, fouci, maure-doré, ou verdâtres également folides.

Le bois du fumac de Virginie.

Les petites branches des alaternes.

Celles de l'arbre aux anemones.

Celles du thuya de Canada.

L'écorce du peuplier d'Italie ainsi que ses nouvelles branches.

La tige & les feuilles de la Sarrete.

Les fleurs encore fraîches ou sêchées à l'ombre du jonc marin.

L'œillet d'Inde, tige, feuilles & fleurs.

La graine d'Avignon.

La grande camomille ou œil de bœuf.

Le bois de Fustel.

La racine de curcuma, ou *terra merita*.

98. C'est de la graine d'Avignon bouillie avec l'alun, comme on l'a remarqué plus haut, que se compose ordinairement le stil de grain. Les trois plantes qui la suivent,

dans l'ordre ci-deſſus, donnent un jaune moins ſolide que celles qui l'y précèdent. Celles - ci qui ſe-roient excellentes pour la teinture, ſuivant des épreuves qu'on en a fait avec la diſſolution de biſmuth (1), fourniront de même, traitées avec celle d'étain, de très-bonnes cou-leurs de différens tons de jaune, pour tous les genres de Peinture, excepté la freſque & l'émail. Il n'y faut pas employer pour baſe la chaux de biſmuth, parce qu'elle eſt très-ſujette à ſe dégrader.

99. Quant aux minéraux pro-pres à fournir le jaune, indépen-damment des ochres, il ſe trouve dans le diocèſe d'Uxèz en Langue-doc, tout près d'un endroit appellé

---

( 1 ) Recueil des procédés ſur les teintures de nos végétaux, par M. d'Ambourney, Paris, hez Pierre, 1786.

Cornillon,

Cornillon, une terre très-fine, d'un jaune citron, dont la couleur réfifte au feu (1). Comment n'en a-t-on pas mis dans le commerce? Eft-il fi difficile de s'en procurer? Peut-être n'auroit-elle point de corps à l'huile; mais au moins ce feroit une importante acquifition pour la frefque, le paftel, la dé-trempe & la fayancerie.

100. On fe fert communément dans tous ces genres de Peinture, du jaune de Naples, en Italie *giallo-lino*, petit jaune. Un grand nombre de Phyficiens & de Chymiftes ont tâché de deviner quelle peut être cette préparation, dont on a pré-tendu qu'une feule famille napoli-taine poffède le fecret (2); cepen-

---

(1) Hiftoire natur. du Languedoc, par M. de Genffane, pag. 158, 159.

(2) Mém. de l'Acad. des Sciences, ann. 1766,

E

dant nous avons en France quelques fabriques de fayance & de
porcelaine qui le possèdent également, de sorte qu'on va chercher
à Naples ce qu'on pourroit trouver
ici ; mais chacune d'elles en fait un
grand mystère. On veut pouvoir se
négliger impunément sur la bonté
de la matière & sur le travail, sans
avoir de concurrence à craindre.
Ce secret, le voici. Douze ou
treize onces d'antimoine, huit
onces de minium, quatre onces de
tutie. On pulvérise bien ces drogues. On les passe au tamis pour
les mieux mêler. On les met, de
l'épaisseur de deux doigts, sur des
assiètes non vernissées & couvertes
d'une feuille de papier. Ces assiètes,

___

pag. 303. ═ Dictionnaire d'Hist. Natur. *verb.*
ochre. ═ Voyage d'un François en Italie, par
M. de la Lande, tom. 6, pag. 396. ═ L'Encyclopédie, &c.

on les place dans le four de la fayancerie, au-deſſus de toutes les ca-
ſettes, immédiatement ſous la
voûte. Quand la fayance eſt cuite,
on retire ce mêlange. Il eſt dur,
graveleux, & d'un jaune aſſez vif,
mais qui devient citron, preſque
chamois, lorſqu'il eſt porphiriſé.
Voilà le jaune de Naples. Si l'on
vouloit en compoſer des paſtels, il
ſuffiroit de le broyer à l'eau pure.
Il faut le broyer long - tems. On
peut garantir la ſolidité de cette
couleur, employée en émail; mais
à l'huile, non, les Artiſtes ſe plaignent qu'elle devient verdâtre,
lors ſur-tout qu'on l'amaſſe avec un
couteau de fer ſur le porphire ou
ſur la palette.

101. Le mercure, diſſous à l'aide
du feu par l'acide vitriolique, fournit une préparation d'une couleur
jaune très-riche. C'eſt le turbith

minéral, ou précipité jaune. L'on en trouve dans la plupart des pharmacies. Quelquefois il est d'un jaune pâle, quelquefois même un peu gris. Mais lorsqu'il est bien conditionné, plus on le lave, plus la couleur en est vive. Cependant je ne proposerai pas de l'employer dans la Peinture, car il n'est pas insensible aux vapeurs du foye de soufre. J'en ai d'une très-belle couleur d'or sur lequel cette vapeur ne fait aucune impression, mais qui ne résiste pas au contact même de la liqueur. Si peu qu'elle y touche, le mercure est sur le champ revivifié.....

102. Le hasard, dans le moment même où j'en étois là, m'a fait appercevoir dans un bocal, chez un marchand de couleurs, une poudre jaune qu'il vend depuis deux ou trois ans, m'a-t-il

dit, fous le nom de jaune minéral. J'en ai pris une once qui m'a coûté vingt fols. Quelques heures après, étant rentré chez moi, j'ai confidéré ce jaune & l'ai reconnu pour du turbith mercuriel. Ce qui me l'avoit d'abord fait méconnoître, c'eft qu'il eft d'une couleur un peu pâle. Je l'ai foumis à quelques épreuves pour m'en affurer. La vapeur du foye de foufre l'a, fur le champ, rembruni ; voilà donc le turbith minéral dans le commerce pour l'ufage de la Peinture, fous le nom de jaune minéral ! Il étoit néceffaire qu'on fût à quoi s'en tenir là-deffus, & voilà pourquoi je fuis entré dans cette explication.

103. Le bifmuth, diffous par l'acide nitreux, forme des criftaux, qui, fur le feu, laiffent échapper leur acide & fe changent en une belle chaux de diverfes nuances

de jaune. Il y en a de foufre & d'o-
rangé, fuivant la plus ou moins
grande proximité de la flamme ou
la violence du feu. Je ne doute pas
que cette chaux ne réufsît mieux
dans la poterie, au moyen de la
*couverte* vitrifiée de l'émail, que le
jaune de Naples, comme plus haute
en couleur. Elle eft très fixe, & fe
vitrifie même plutôt que de fe vo-
latilifer. Mais il ne feroit pas poffible de l'employer dans la Peinture à l'huile; aux moindres exhalaifons putrides, elle devient
noire, encore plus vîte que le turbith mercuriel.

104. Il en eft de même de toutes
les chaux du régule d'antimoine, à
l'exception de la neige qu'il donne
par la voye de la fublimation. J'en
ai déjà parlé dans l'article précédent, n°. 65.

105. Mais le zinc peut fournir un très-joli jaune pour lequel le même inconvénient n'est pas à craindre. Il suffit de le faire bouillir long-tems dans du vinaigre un peu fort. Il s'y dissout, forme des cristaux de sel qui n'attirent point l'humidité. Ce sel, mis sur le feu, dans une capsule de fer, détonne un peu, jette une légère flamme & se fond. Si l'on pousse le feu, l'acide s'évapore & la matière se convertit en une chaux de couleur jaune (1), c'est celle que prend aussi le mêlange du cuivre rouge & du zinc, mêlange qui compose le cuivre jaune ou laiton.

Comme les chaux de ce demi-métal sont très-irréductibles, on peut croire que celle-ci fourniroit toujours le jaune le plus solide

______

(1) Traité de la Dissolution des Métaux, par M. Monnet.

qu'on pût désirer. On vient de voir qu'il n'est pas difficile à faire.

106. Il seroit inutile, après cela, de parler de quelques autres préparations de la même couleur, telle que les massicots. Ce font de véritables chaux de plomb qu'on peut obtenir en calcinant sur la braise, dans une pelle de fer, du blanc de plomb réduit en poudre. Il y prend diverses nuances, depuis le soufre jusqu'à l'orangé, suivant les divers coups de feu qu'il reçoit; & c'est ainsi qu'on fait, avec des cail oux pulvérisés & des chaux de plomb, des émaux & des pierres fausses très-semblables à la topase pour la couleur. On calcine les cailloux, on les éteint dans l'eau pour mieux les réduire en poudre, on y joint de la potasse bien purifiée, du borax calciné, de la craye & du blanc de plomb. Ce mélange tenu sur un

feu violent pendant neuf ou dix heures, donne un cristal factice fort dur & fort beau. Ce cristal avec du minium ou mini, fait cette fausse topase dont nous venons de parler. Avec de l'or, dissous par l'eau régale & précipité par une dissolution d'étain, il fait des rubis faux, & des saphirs de la même espèce, avec du safre. Le safre est une chaux du régule de cobalt. Un peu de safre & de précipité d'or font avec ce cristal la fausse améthiste. Il joue l'émeraude avec du cuivre, dissous par l'acide nitreux & précipité par l'alkali fixe, & l'hyacinthe avec une dissolution de fer par le même acide, &c. Pour revenir au massicot, il faut éviter sur-tout, lorsqu'on tient, pour le faire, le blanc de plomb sur le feu, que les charbons le touchent. Ils l'auroient bientôt revivifié. Mais on doit éviter encore plus d'en respirer la

E v

vapeur. Elle est funeste. En un mot,
ce qu'il y a de mieux à faire,
c'est d'abandonner aux émailleurs
& fabricans de poterie, ces préparations de plomb; puisqu'on peut
s'en passer dans la peinture au
moyen des indications que je viens
de fournir, qu'on juge de leur effet
par l'épreuve que voici. J'avois mis
à l'entrée de l'hiver, sur une carte,
au bord d'une fenêtre qui donnoit
sur la rue, de la céruse que j'avois
fait passer à la couleur jaune un
peu safranée par le moyen du feu.
Quinze jours après, je trouvai ce
massicot à l'extérieur totalement
couleur de plomb.

C'est ainsi que si l'on écrit avec
une dissolution de bismuth, faite
par l'acide nitreux, cette écriture
d'abord invisible, devient noire dès
qu'on l'expose à la vapeur d'un
peu de foie de soufre sur lequel
on a versé quelques goutes de

vinaigre. C'est ce qu'on appelle de l'encre de simpathie. Ces sortes d'encres peuvent avoir leur utilité. Mais quoique plus secrètes en apparences que l'écriture en chiffres, elles le sont encore moins. Un particulier ( 1 ) vient de composer une espèce d'alphabet au moyen duquel on écriroit avec la plus grande rapidité. Sa méthode peut trouver son application dans certaines circonstances. Personne , sans la clef, ne parviendroit jamais à déchiffrer cette écriture ( 2 ).

Revenons au pastel, & passons à la composition des crayons rouges.

_____________

( 1 ) M. Coulon de Thévenot.

(2) Voyez le peu de confiance qu'il faut donner à l'écriture en chiffres, dans les Mémoires du Cardin. De Retz , tom. 3.

# ARTICLE III.

## *Des Crayons rouges.*

107. Il y a, sous le nom de couleur rouge, comme sous celui de jaune, des tons divers. L'incarnat, l'écarlate, le rose, le cramoisi, le pourpre (1), &c. La cou-

______

(1) Un Auteur Anglois prétend que la couleur pourpre est ce qu'on nomme le cramoisi. Mais on voit que Perse & Juvenal, en parlant de la robe pourpre, la désignent presque toujour par le mot d'hyacinthe. Or la couleur d'hyacinthe n'est pas la couleur cramoisie. Elle est la même que celle du vin rouge. On peut voir encore Ovide, Métamorph., liv. 10, fab. 6, Dioscoride, &c. Ce qu'il y a de singulier, c'est que les lapidaires appellent du nom d'hyacinthe ou jacinthe, une pierre de couleur orangée. C'est ainsi que tout s'embrouille faute de définitions nettes & précises. Il est d'autant plus indispensable d'être fixé sur cette couleur, qu'il y a des Artistes qui l'ont supposée rose, comme on le voit dans *l'Ecce Homo* de Charles Coypel, à l'institution de l'Oratoire, rue d'Enfer. D'autres ont employé du bleu pour du pourpre.

leur rouge proprement dite est la couleur du sang, elle est également éloignée du jaune & du violet. Nous ne parlons, en ce moment-ci, que des substances qui seules & sans mélange donnent le rouge.

108. Mettez dans le feu sur une pelle de fer, ou dans un creuset, une partie de cette ochre jaune dont nous avons parlé plus haut, n°. 81 & 82, après l'avoir laissée bien sécher. Il faut couvrir la pelle ou placer le creuset de manière que les cendres ne puissent tomber dedans. Lorsque l'ochre sera calcinée, & c'est une opération de cinq ou six minutes, elle sera d'un rouge briqueté. Nous la nommerons, en cet état, ochre rouge. Cette couleur, mêlée avec d'autres, peut servir dans certaines carnations, & ne changera pas. Si

l'on veut compofer des crayons
d'ochre rouge, il fuffit de la broyer
fur le porphire, avec de l'eau,
comme l'ochre jaune.

109. L'ochre brune ou de rue,
calcinée de la même manière, eft
d'un rouge plus obfcur & plus profond. Nous lui donnerons, dans cet
état, le nom de brun-rouge, dénomination que cette ochre porte
en effet dans le commerce, lorfqu'on l'a calcinée dans les travaux
en grand. Mais ce brun - rouge eft
plus ou moins beau, fuivant l'efpèce de l'ochre brune. Il eft d'autant moins orangé, d'autant plus
profond, que l'ochre eft plus pure.
Tels font l'éthiops martial & le
fafran de mars. Cette couleur,
comme la précédente, peut fervir
dans les carnations. Nous en parlerons plus bas. Il faut compofer des
crayons de ce brun-rouge pur, en

le broyant avec de l'eau comme l'ochre jaune. Il donnera d'excellens paſtels. La ſolidité des ochres de fer eſt à toute épreuve, dans quelque genre de peinture qu'on les employe.

110. Je connois un habile Peintre de Rome qui tire celle dont il ſe ſert du vitriol de mars ou couperoſe verte; il fait calciner ce vitriol une ou deux heures dans un feu de verrerie. C'eſt ce qu'on nomme du colchotar; ou, lorſqu'il a été bien lavé, terre douce de vitriol. On en trouve chez tous les maîtres en Pharmacie. Mais il n'eſt jamais ſans mêlange, ni bien lavé, parce qu'alors il perdroit toute l'aſtriction qu'ils ont beſoin de lui conſerver. Au ſurplus, je doute qu'il ſoit poſſible de le dépouiller entièrement de l'acide vitriolique, ni par le feu, ni par le lavage, à moins qu'on ne

mit du fel de tartre dans l'eau, précaution dont cet artifte ne foup-
çonne sûrement pas la néceffité.
D'ailleurs, peu de vitriols de fer
font exempts de cuivre.

111. Le moyen le plus fimple
d'avoir une ochre femblable, ce
feroit de diffoudre du fer, des
cloux, par exemple, dans l'acide
nitreux. Il faut que le vafe foit
grand, parce que la diffolution
fe fait avec beaucoup de violence,
& qu'elle pafferoit par-deffus les
bords. Elle devient d'une couleur
de brun-rouge, lorfqu'elle eft bien
chargée de fer. On la met fur le
feu, dans un creufet découvert,
pour faire évaporer l'acide. On
peut l'enlever auffi par le moyen
de la diftillation dans une cornuë.
Pour lors on aura l'acide fumant,
quoiqu'on l'eût employé foible. Il
faudra de même laver l'ochre fur

le filtre, pour achever d'emporter l'acide qu'elle pourroit avoir retenu. Mais l'éthiops martial & le safran de mars, valent encore mieux que tout cela.

112. Je ne parle point de la *sanguine*. C'est une autre espèce d'ochre de fer très-argileuse. Elle est en masses, dure, compacte, grasse au toucher, comme les stéatites. On s'en sert communément pour dessiner; mais on n'en fait point usage dans la Peinture. La sanguine, bien broyée à l'eau, compose des crayons infiniment meilleurs pour le dessin qu'ils ne le font quand on se contente de la scier. Quelques gens se font un petit revenu de cette préparation, dont ils font un grand mystère à ceux qui ne veulent pas se donner la peine de la deviner. On peut, lorsqu'on broye la sanguine, varier le

ton de ces sortes de crayons, destinés au dessin, par quelque légère
addition, tantôt de cinabre , tantôt
de terre d'ombre calcinée ; ainsi du
reste.

113. A l'égard du minium, chaux
de plomb torréfiée sur un grand
feu , tout ce que nous en dirons,
quoiqu'il soit d'un rouge très-vif ,
c'est qu'il faut le laisser aux *Peintureurs* pour les roues de ces voitures
utiles à certains égards , mais où
bien des gens emprisonnent, *per
la dignita*, les vapeurs & l'ennui
qui les consument, & ne s'éveillent
qu'au plaisir d'écraser les gens qui
les nourrissent ( 1 ). Les Peintres
Anglois font pourtant beaucoup

---

(1) Voici la réponse qu'un Ouvrier fit, il y
a deux jours, à l'un de ces Messieurs qui se cour-
rouçoit. » Volez, Monsieur, volez , mais laissez
» passer les gens qui font plus pressés que vous,
» puisqu'ils ont leur vie à gagner ».

d'usage du minium, quoiqu'ils n'en voyent sûrement pas dans les tableaux de Vandyck ni de beaucoup d'autres dont ils connoissent bien le prix depuis la fin du siècle dernier.

114. Le cinabre est d'un rouge, à-peu-près écarlate, quand il est broyé. N'en prenez jamais qu'en pierre, comme je l'ai déjà dit. Pour en composer des crayons il suffit de le porphiriser avec de l'eau dans laquelle on aura fait dissoudre un morceau de gomme arabique. Ces crayons-là sont très-pesants. On ne doit pas craindre que le cinabre change, même à l'huile, à moins qu'il ne soit mêlé de minium. Il est constaté que le mercure, dans l'état de cinabre, ne se prête à l'action d'aucun dissolvant, parce qu'il est défendu par le soufre, & ne conserve aucun caractère salin.

Qu'on l'expofe à la vapeur du foye de foufre, ou qu'on en verfe deffus, il n'en reçoit pas la plus légère impreffion. Quelle vapeur affez putride pourroit donc l'altérer, s'il réfifte à cette épreuve? Prefque tous les Peintres à l'huile, ceux de Londres, fur-tout, prétendent qu'il noircit: je le crois bien. C'eft, pour l'ordinaire, du vermillon qu'ils employent, c'eft-à-dire un mélange de cinabre & de minium, qu'on a lavé peut-être avec de l'urine, comme le prefcrit un petit livre compofé fur la migniature, ce qui ne peut que difpofer encore plus ce mélange à s'altérer. Or comment ne noirciroit-il pas dans des villes chargées d'autant d'exhalaifons fétides que le font Londres & Paris? ( 1 ).

________________________

( 1 ) Si Paris n'étoit fitué dans le plus heureux climat, & baigné par les eaux les plus fa-

115. Quelques personnes ont imaginé de rembrunir le cinabre dans la Peinture à l'huile, en y mêlant de la résine connue sous le nom de *sang-dragon*. Si ce mêlange est de peu de ressource, au moins n'a-t-il pas de grands inconvéniens, les substances résineuses n'étant elles-mêmes que des huiles concrétes. En ce cas il faudroit choisir du sang-dragon des Canaries en

---

lubres de l'univers, ce seroit un séjour éternel de peste , vu le peu de soin qu'on a pris dans tous les tems d'y donner de l'air aux habitations. Il semble même que, dans les endroits où les débouchés devroient avoir le plus de largeur, pour la facilité des communications avec la rivière, on ait affecté d'en faire autant de coupe gorges, & l'on ne peut concevoir à quel excès les gens préposés pour surveiller les travaux à cet égard , ont porté l'impéritie ou la négligence. L'administration vient enfin de s'en occuper elle-même. Les rues s'élargissent, elles commencent à s'aligner, on ouvre des débouchés. Qui croiroit que, dans le long intervale du pont-neuf à la grève, il n'y a qu'une seule rue : encore n'a-t-elle que dix huit pieds de largeur.

larmes. Ces larmes font dures,
friables, rougeâtres, enveloppées
dans des feuilles & groffes comme
des noifettes. L'addition du carmin
rend le cinabre plus fanguinolent.


116. Le carmin, dans le paftel,
doit fe traiter comme le ftil de
grain. Sur-tout il ne faut pas épargner l'eau pour le laver & le purifier, fans quoi les crayons feroient
auffi durs que du corail. Si l'on vouloit abréger, on pourroit, après
l'avoir broyé fimplement avec un
peu d'eau, lui laiffer le tems de fécher à demi, puis le détremper ou
délayer avec de l'efprit de vin bien
rectifié ; par cette méthode, les
crayons feroient auffi friables qu'il
eft néceffaire ; mais elle ne vaut
rien, du moins pour les Artiftes.
C'eft qu'alors on ne peut le faire
entrer dans d'autres crayons, pour
différentes couleurs, telles que le

violet, par exemple, à moins qu'on ne les composât de même avec l'esprit de vin, ou qu'il n'y entrât en fort petite quantité, parce qu'il les durciroit trop; & d'un autre côté, c'est qu'il ne faut employer dans une composition de quelque mérite, sur-tout à l'huile, aucune couleur qui ne soit bien dépouillée de toutes les matières salines qui sont entrées dans sa préparation. Que faire d'un tableau farineux, sans fraîcheur, sans vie, dont le coloris louche, terne, insignifiant, ne présente aucun relief? Il faut en convenir : aucun Peintre d'Italie n'a porté l'art du coloris plus loin que quelques-uns des Peintres François. Mais la plupart négligent trop cette partie. Comment ne voyent-ils pas que le coloris fait le plus doux charme de la Peinture ? Un poëme, quelque bien conçu qu'en soit le plan, n'a point de lecteurs fi le ftile en eft foible ; ainfi dans la peinture, la meilleure compofition, fans coloris, ne peut jamais être regardée que comme une efquiffe. Peu de gens font en état de juger fi tel mufcle produit, dans telle circonf-tance, tel ou tel effet ; mais le coloris appelle tous les yeux, &, comme il ne faut aucune étude pour en juger, il réunit d'abord tous les fufrages. Voyez le prix extravagant qu'on met aux bambochades anciennes & modernes. Quoi de plus mauffade pourtant du côté du deffin comme du côté des grâces ? Mais il y a de la vérité dans le coloris, il eft net, ce qui, joint avec le clair-obfcur & le fini, fait le feul mérite de ces fortes de tableaux.

117. On concevra, fans-doute, par la manière dont je viens de m'exprimer,

m'exprimer, qu'il ne faut pas négliger le deffin, mais qu'il eft, à-
peu-près, dans la Peinture ce que
la charpente eft à la conftruction
du navire, que l'art n'eft que l'i-
mitation de la nature, imitation
qui ne peut être complette qu'autant que l'on produit, à l'aide de la
couleur, ainfi que de l'expreffion,
les mêmes effets qu'elle.

118. Revenons au carmin. Cette
fubftance eft d'un grand ufage dans
le paftel, fur-tout pour les carnations, la couleur en eft vive, &,
de tous les cramoifis brillans, c'eft
le moins fugitif.

119. Les Peintres à l'huile en
font peu d'ufage. La couleur naturelle de la cochenille eft pourpre.
Les fabricans y mêlent une décoction d'autour & de chouan. Ces
ingrédiens n'ont point de confif-

F

tance, & ne donnent pas affez de corps au carmin, non plus que l'a-lun qu'on y employe, & dont la terre eft d'ailleurs fufceptible d'al-tération.

120. Voici de quelle manière il feroit bon de s'y prendre pour com-pofer une efpèce de carmin qui réuffit à l'huile.

Faites bouillir à petit feu près d'une heure, une poignée d'écorce de bouleau ; paffez la liqueur au travers d'un linge, & remettez-la fur le feu ; pulvérifez un gros de cochenille & mettez-la dans le même vafe. Après trois ou quatre bouillons, retirez-la, & verfez la décoction dans un plat de fayance, pour la féparer de la lie, à moins que vous ne préfériez de la paffer au travers d'un tamis de crin. Pour-lors verfez dans le plat goute à goute une certaine quantité de difsolution d'étain femblable à celle dont nous avons parlé n°. 93. La cochenille fe raffemblera bientôt en petits flocons d'un rouge de fang. Laiffez la repofer quelques heures, elle fe précipitera d'elle-même. L'eau reftera jaune. On peut la jetter par inclinaifon, & verfer le précipité fur le papier lombard. Quelques momens après il faut répandre à plufieurs reprifes fur le papier, mais à côté du précipité, beaucoup d'eau chaude, pour le bien laver & le deffaler entièrement.

121. On donneroit à la fois au carmin, plus de corps & plus de folidité par cette manière de le préparer. Il réfulte de quelques épreuves qu'on a faites (1), que le

_______________

( 1 ) Recueil de procédés fur les teintures de nos végétaux, par M. d'Ambourney, pag, 134 & 171.

F ij

fuc de l'écorce du bouleau, verte ou fèche, fixe la couleur des bois de teinture, tels que le Campêche & le Fernambouc, toute fugitive qu'elle eſt : à plus forte raiſon peut-on compter que celle de la cochenille, beaucoup plus permanente, auroit toute la conſiſtance néceſ-faire,

122. En effet, quelques goutes de décoction de cochenille pure, ſur du papier, deviennent, en ſèchant, d'un violet terne & ſombre. Elles reſtent, ſur le même papier, d'un violet rougeâtre & net, avec l'eau de bouleau.

123. Quant à la chaux de l'é-tain, diſſous par les acides, on ſait qu'elle n'éprouve point de changement. C'eſt pour cela que je la ſubſtitue à la terre de l'alun, beaucoup plus ſuſceptible d'alté-

ration. S'il falloit d'ailleurs des autorités pour juſtifier cette préférence, je pourrois citer MM. Hel-
lot, Scheffer, Macquer, Berg-
man, qui, depuis long-tems, ont
indiqué l'étain pour les opérations
de la teinture, au lieu de l'alun,
principalement dans la teinture de
cochenille.

124. Je dois prévenir au ſurplus que, quelquefois, on ne réuſſit point, & qu'il ne ſe fait pas de
précipité. De ſorte que l'eau ne
paſſe pas au travers du filtre, &,
qu'au lieu d'être jaunâtre, elle
reſte couleur de ſang. Il faut alors
y joindre d'autre eau chargée d'alkali fixe pour opérer la ſéparation,
ce qui même ne réuſſit pas toujours, lors, par exemple, que la
diſſolution d'étain qu'on employe
ne devient pas laiteuſe par l'addition de l'eau pure. Dans la tein-

ture, c'est tout le contraire. Le teinturier manquera son opération si sa dissolution d'étain devient laiteuse avec de l'eau, parce que la chaux métallique ne pénétrera pas alors dans les pores de la substance dont le tissu, qui doit recevoir la teinture, est composé. C'est une raison pour n'employer à cet usage qu'une dissolution d'étain faite par l'acide marin seul. Cet acide, avec le secours d'un feu très-léger, dissout fort bien l'étain. Je n'ai pas cru devoir omettre cette observation, quoi qu'étrangère ici, vû son importance. La plûpart des Ouvriers ne tirent que des teintures médiocres des bois de Fernambouc, de Brésil & de Campêche, faute de connoître ce mordant qui leur donneroit des couleurs solides, en y joignant la décoction de l'écorce de bouleau.

125. Dans la Peinture en émail on se sert du *pourpre de Cassius*, qu'on incorpore, ou qu'on attache à l'émail avec de la poudre de verre tendre. Le feu qui fond le verre, fixe le pourpre sur l'émail, mais sans vitrifier le pourpre, comme on pourroit se l'imaginer. Il en tempère seulement la couleur, en proportion de la quantité d'émail qu'on y joint, & lui fait prendre un ton plus ou moins rose, plus ou moins cramoisi, mais le pourpre en lui-même reste inaltérable. Ce pourpre n'est que de l'or dissous par l'eau régale & précipité par une dissolution d'étain. Comme un grand nombre d'Artistes ignore le moyen de le composer, j'ai cru leur rendre service de leur indiquer celui qui leur réussira le mieux. Le voici.

126. Dans une once d'acide ni-

treux, mettez une demi-once d'acide marin. Voilà, comme je l'ai déjà dit, de l'eau régale. Composez - la toujours vous - même, & n'employez jamais de sel ammoniac, au lieu d'acide marin, quoiqu'on la prépare de la sorte affez communément. Vous coureriez le rifque de faire de l'or fulminant par des mêlanges ultérieurs qu'il n'eft pas befoin d'expliquer; cela n'arrivera pas si vous la compofez vous même, comme je viens de le dire. Chargez par degrés cette eau régale d'autant de feuilles d'or qu'elle en pourra diffoudre. Je parle des feuilles d'or en livret, qui fe vendent à Paris environ quatre francs chaque livret de vingt - quatre feuilles d'or & de fix pouces en quarré.

127. D'un autre côté, faites dans une caraffe une autre eau

régale semblable à la précédente.
Joignez à ce dissolvant près d'une
once d'eau bien pure, afin de l'affoiblir. Il faut un peu plus d'eau,
si les acides sont très-concentrés &
fumans. Jettez-y quelques fragmens d'étain de Malaca. Celui de
Cornouailles produit le même
effet s'il est pur. Mais n'y projettez
l'étain que successivement par très-
petites portions, la dissolution doit
s'en faire très-lentement pour éviter qu'elle devienne laiteuse. On
peut, dans cette vue, placer la caraffe sur une assiète pleine d'eau
fraîche. Au reste, il faut toujours
la composer soi - même, comme
celle de l'or. Cette dissolution
faite, répandez-en cinq ou six goutes seulement dans un grand verre
plein d'eau. Joignez-y dix ou douze
goutes de dissolution d'or. Sur le
champ l'or deviendra pourpre plus
ou moins violet, car, sur vingt

E v

effais, les nuances ne font prefque jamais femblables. Il y a même du hafard dans cette combinaifon. Si le pourpre ne fe montre pas tout de fuite au fond du verre, ce qui peut arriver lorfqu'on n'a pas employé de l'eau bien pure, il faut plonger dans le verre, au bout d'une plume neuve, un morceau d'étain & l'y promener quelques inftans. L'or fe raffemblera tout au tour en nuages vineux. Mais ce moyen même eft inefficace, lorf-que la diffolution d'étain devient blanche ou laiteufe dans l'eau. Ce qui le prouve, c'eft que dans ce dernier cas, n'ayant point obtenu de pourpre, je l'ai fait paroître fur le champ par l'addition de celle qui reftoit limpide, quoique mê-lée avec de l'eau commune de ri-vière. Il faut donc réferver pour d'autres ufages la diffolution d'é-tain qui ne fe trouveroit pas pro-pre à celui-ci.

Quelques momens après que le pourpre s'est formé, versez dans un autre grand vase tout ce qu'il y a dans le verre, & continuez de la sorte jusqu'à ce que toute la dissolution d'or & celle d'étain soient épuisées. Le pourpre se précipitera de lui-même insensiblement dans ce vase, & pour lors il faudra verser par inclinaison le plus d'eau qu'il sera possible du vase qui contient le précipité, mais éviter qu'il ne s'échappe, & la remplacer par d'autre, afin d'emporter les acides nitreux & marin par un lavage abondant. L'eau qu'on n'auroit pas pu jetter sans qu'elle entraînât une partie du précipité, pourra s'évaporer au soleil, & le pourpre, en se desséchant, se levera de lui-même en écailles.

128. La manganèse fournit également, dans la Peinture en émail

& dans la poterie, une couleur pourpre, mais inférieure à la précédente. On peut croire cependant que nos Pères connoiſſoient des moyens faciles de ſe procurer pour cet uſage des cramoiſis d'une grande beauté, comme on le voit dans les vitraux de pluſieurs anciennes égliſes. Au reſte, on prétend (1) qu'une diſſolution d'or peu chargée, donne, avec l'alkali fixe, un précipité d'un cramoiſi beaucoup plus pur que celui de Caſſius, & qu'il ſuffit, pour empêcher l'or de ſe revivifier dans le feu, d'y joindre une très - légère partie de diſſolution d'étain par l'eau régale, avant de le précipiter par l'alkali fixe. On ſuppoſe encore que l'or, précipité de ſon

----

(1) Chymie expérim. & raiſonnée, par M. Baumé, tom. 3, article de l'or. Voyez auſſi le Dictionn. de l'Induſtrie.

diſſolvant par le mercure diſſous dans l'eau régale, donne dans l'émail une couleur écarlate ( 1 ). Je trouve enfin dans les Mémoires de l'Académie des Sciences ( 2 ) que l'argent diſſous par l'acide nitreux & précipité par le ſel neutre arſenical, devient pourpre, mais la couleur diſparoît dans le feu. Quoiqu'il en ſoit, ne pourroît-on pas faire paſſer le précipité pourpre de Caſſius, dans la Peinture à l'huile, au ton qu'il prend ſur la porcelaine ? c'eſt un problême dont la ſolidité de cette couleur vaut bien la peine que s'occupent ceux à qui le tems & l'occaſion ne manqueront pas, ou dont les vues ſont tournées vers les ſpéculations mercantiles.

---

( 1 ) L'art de la Peinture ſur verre, pag. 162.

( 2 ) Année 1746, pag. 232.

129. On me dira que je propose une préparation bien embarraſſante & qui deviendroit couteuſe. Mais ſeroit-elle jamais embarraſſante ni couteuſe autant que l'outremer, qu'on employe pourtant dans des parties bien moins capitales que les carnations? La valeur de l'ouvrage, dans un excellent tableau, dédommage aſſez l'Artiſte du prix de la matière.

130. Revenons au paſtel. L'ordre des choſes nous conduit à parler des laques. Il faut les réſerver pour les draperies. Il s'en trouve d'aſſez bonne ſous le nom de laque carminée. On pourroit l'employer faute de carmin dans les carnations, mais non celle qu'on nomme laque colombine, & qu'on appelleroit encore mieux purpurine : elle ſeroit trop violette. Ces laques ſont d'ordinaire en grains ou trochiſ-

ques. Il faut en écraser un morceau pour les éprouver, & répandre desfus un peu d'alkali fixe en liqueur ou du vinaigre. Si la couleur ne devient pas violette au premier cas, & jaunâtre au second ; c'est une preuve qu'elles ne sont pas mauvaises. Les laques doivent être traitées de la même manière que le carmin ; c'est-à-dire qu'il faut les délayer dans une grande quantité d'eau tiéde après les avoir porphirisées, & le reste comme on l'a vu ci-dessus, n°. 88.

131. On trouve dans beaucoup de livres (1) une foule de recettes pour faire de la laque. Je ne les copierai point ici. L'on peut y avoir recours. Ce sont toujours des terres

---

(1) Encyclopéd. *verbo* laque. Dictionn. de l'Industrie *verbo* laqué ; Biblioth. économ. ; Dictionn. de Peinture ; Traité de la Mignature, &c.

d'alun, colorées en rouge par des bois de teinture, tels que celui de Fernambouc, ou celui de Bréſil, variété du précédent ; le bois de Santal rouge, le Rocou, la racine d'Orcanette, la fleur de Carthame ou ſafran bâtard, la graine de Kermès donnent pareillement des couleurs rouges, ainſi que les bois de Sainte-Marthe & de Campêche avivés par un acide. On peut mettre dans la même claſſe pluſieurs eſpèces de Lichen, ſorte de champignon très-ſec qui croît ſur les rochers, patticulièrement l'eſpèce qui donne l'orſeille. Toutes ces couleurs-la tiennent fort peu. Les Murex & les Buccins fourniroient des pourpres beaucoup plus conſtans, ſi la difficulté d'en réunir une certaine quantité permettoit de s'en occuper. On ne peut compter que ſur la racine de Garance.

132. Mais fi les fabricans, au lieu de l'alun qu'ils employent communément pour compofer la la laque, fe fervoient de la diffolution d'étain que nous avons indiqué, n°. 93, ils l'obtiendroient beaucoup plus belle & plus folide.

133. Voici, par exemple, une compofition très - facile dans ce genre. Mettez dans deux pintes d'eau trois ou quatre petites branches de peuplier d'Italie ou de bouleau coupées en très - petits fragmens. Tous les bois, dont on veut extraire la couleur, doivent toujours être effilés ou hachés. Que ces branches foient vertes ou fèches, il n'importe. Faites les bouillir à petit feu près d'une heure. Décantez la décoction. Joignez-y de la racine de Garance pulverifée, à-peu-près une poignée. Faites la bouillir deux ou trois minutes.

Verſez la liqueur au travers d'un linge, dans un autre vaſe, & jettez-y de l'alkali, du tartre gros comme un œuf. Remuez le mélange avec quelques tuyaux de plume. Verſez deſſus, goute à goute, aſſez de diſſolution d'étain (n°. 93), pour que l'eau commence à jaunir. Quelques momens après filtrez ſur le papier lombard. Quand l'eau ſera paſſée par le filtre, arroſez la fécule ou précipité qui ſera reſté deſſus, avec beaucoup d'eau tiède que vous laiſſerez paſſer de même au travers du filtre, afin de diſſoudre & d'enlever tous les ſels.

134. La Garance eſt, de toutes les plantes connues dans nos climats, celle qui donne le rouge le plus durable, & le ſuc du peuplier ne peut que l'aſſurer davantage. Celui de l'écorce du bouleau vaut encore mieux pour les couleurs

roſacées, & l'un & l'autre le rembruniront moins que la noix de galle qu'on employe communément dans la teinture pour fixer le rouge de la Garance.

135. On a remarqué que l'or & l'étain, mêlés enſemble, après avoir été diſſous, chacun ſéparément, par l'eau régale (n$^{os}$. 126 & 127), ſe précipitoient dans la décoction de Garance en une belle & ſolide couleur rouge. Ce procédé, qui ne ſeroit pas praticable dans la teinture; à cauſe du prix d'un pareil mordant, pourroit ſervir à compoſer une laque bien ſupérieure au carmin pour la Peinture à l'huile.

136. Au reſte, s'il s'agiſſoit d'en compoſer une d'un ton brillant pour des ouvrages de peu de durée, il ne ſeroit pas difficile de l'obtenir en verſant de la diſſolution d'étain

faite par l'eau régale ( n°. 93 ), sur
une simple décoction de bois de
Fernambouc ou de Brésil. Cette
laque-ci, par exemple, feroit un
beau rouge pour la toilette. Il suf-
firoit d'en délayer avec un peu
d'eau pure & d'en étendre sur la
pomme des joues. Mais, avant de
l'employer à cet usage, il faudroit
l'avoir bien lavé sur le filtre pour
emporter tout l'acide. Ce rouge à
l'eau feroit plus naturel que celui
dont on se sert avec du talc en
poudre, & ne sauroit être malfai-
sant, pourvu qu'on l'ait bien lavé
sur le filtre. En Angleterre les
femmes se servent du carmin de la
même manière. Au reste, il feroit
inutile d'essayer de mêler ni l'un ni
l'autre avec du talc, parce qu'il les
tourne au violet.

137. La fleur de Carthame ou
safran bâtard, donne aussi pour le

même usage un très-beau rouge. Mais il se compose d'une autre manière. On lave cette fleur dans plusieurs eaux; on l'y presse même entre les doigts pour en ôter la couleur jaune. Quand elle est bien lavée, on la fait tremper dans de l'eau fraîche où l'on a mis du sel de tartre. On la pêtrit dans cette liqueur alkaline pour en extraire toutes les molécules rosacées qu'elle peut fournir. On passe ensuite la liqueur avec expression au travers d'un linge; on en étend une partie sur une soucoupe de porcelaine; on verse dans la soucoupe quelques goutes de jus de citron; le rouge se précipite & s'attache aux parois du vase. On continue de la même manière avec d'autres soucoupes, après quoi l'on jette l'eau qui surnage dans les soucoupes. Il faut passer de nouvelle eau dessus, pour enlever tout ce qui peut être reſté de jaune. On ramaſſe le rouge, on le broye avec du talc pour le faire ſervir en poudre, ou bien on laiſſe le rouge ſur la porcelaine pour l'employer avec un pinceau mouillé. C'eſt ce qu'on nomme rouge végétal ou rouge en taſſe. Il reſte ordinairement beaucoup de ſel de tartre dans cette compoſi-tion, comme on peut s'en aſſurer, ſi l'on en met ſur la langue. Mais, pour en juger, il ne faut pas avoir le ſentiment du goût blaſé par l'uſage immodéré du ſel de cuiſine. C'eſt bien pis, ſi l'on mêle du ci-nabre ou du vermillon dans ces ſortes de rouge, comme on l'a fait quelquefois ; les dents ſont bientôt perdues.

138. Des vinaigriers compoſent auſſi du rouge pour la toilette avec la décoction du bois de Bréſil, ou même avec le ſuc des bayes de cer-

taines plantes, comme celles de fu-
reau, de ronce & plufieurs autres.
Ils les écrafent, les font bouillir
avec de l'eau, paffent la liqueur au
travers d'nn linge, y mêlent du vinaigre pour exalter la couleur, &
l'enferment dans des bouteilles. Ce
rouge imite mieux les couleurs naturelles que le rouge en poudre. Il
s'incorpore en quelque forte avec
le tiffu de la peau comme celui
dont nous avons parlé fous le
n°. 136. Mais ce rouge de vinaigre,
ainfi que tous ceux dont on n'a pas
extrait, par beaucoup de lavage,
les parties falines, eft pernicieux.
L'acide qui l'avive, & dont on ne
peut le dépouiller, deffèche la
peau, la flétrit. C'eft même un
répercuffif dangereux.

139. Ces petites reffources ima-
ginées pour perpétuer l'aurore de
l'âge, ne font qu'éphéméres. Mais

leur fugacité même, & la néceffité de les renouveller fans ceffe, avertiffent chaque fois les femmes que la beauté paffe bien vîte, & qu'elles doivent de bonne heure acquérir d'autres reffources moins périffables.

140. Au refte, fi le rouge eft un artifice, du moins cet artifice n'eft pas contre nature autant que la poudre avec laquelle on fe blanchit les cheveux. Les femmes à la Chine, moins inconféquentes à leur toilette, laiffent les cheveux blancs à la vieilleffe, & teignent les leurs en noir. Au furplus tous, les peuples de l'Univers policés ou non, fe peignent la peau de coulëurs artificielles, quelques-uns même jufqu'à fe rendre difformes, & c'eft une chofe curieufe que la bifarrerie & la diverfité de leurs goûts fur cette matière. A Gênes les femmes fe

couvrent

couvrent de blanc tandis qu'elles auroient honte de mettre du rouge. Celles de la péninfule de l'Inde fe peignent en bleu tout le tour des yeux pour les faire paroître plus grands. Quelques peuples fauvages fe font de profondes bleffures fur les joues pour fe donner l'air guerrier ; ce font leurs titres de nobleffe, comme ailleurs on les fonde fur des lauriers flétris & qu'on n'a pas cueillis ( 1 ). Les bords du Nil offrent des hommes qui, dans les mêmes vues, s'impriment avec un fer rouge des marques bleues fur l'eftomach & les lèvres. A Taïti ce n'eft pas fur le vifage, mais fur le dos qu'on s'applique ces fortes de trophées. Les

______________

(1) ..... *Miferum eft aliorum incumbere famæ,*
*Stratus humi palmes viduas defiderat ulmos.*

JUVEN.

G

Patagons se font des cercles sur le
visage avec des couleurs jaunes,
rouges & bleues, comme s'ils vou-
loient disputer aux perroquets la
diversité de leur parure. Les Antro-
pophages de la nouvelle Zélande
trouvent qu'il y a plus d'agrément
de se peindre le visage en compartimens comme un taffetas rayé. Les
Caraïbes ne croyent pas qu'il suffise
de se peindre les joues en rouge,
ils se peignent tout le corps. Il est
vrai qu'ils se préservent, par ce
moyen de la piqueure des insectes,
comme les habitans de la nouvelle
Hollande s'en garantissent avec une
couche de terre grasse. Mais ceux-
ci, pour s'embellir, se passent une
cheville au travers de la cloison du
nez. Dans l'hémisphère opposé,
l'on se perce la lèvre inférieure
pour y suspendre en signe de triomphe, les dents des monstres marins
qu'on a tués, usage qui n'est pas

plus ridicule que celui de fe percer les oreilles pour y fufpendre des morceaux de métal, puérile étalage de richeffe. Enfin les femmes, trop avilies dans le Groënland, cher-chent à reffembler aux hommes, & fe peignent le menton avec un fil enfumé qu'elles paffent au bout d'une aiguille fous la peau, tandis qu'ailleurs les hommes cherchent à reffembler aux femmes, en fe ra-fant totalement la barbe, comme fi la nature n'avoit fû ce qu'elle fai-foit ( 1 ).

----

( 1 ) Je paffois aujourd'hui, 5 mai, dans les Tuilleries, tout près de deux Arabes. Ils étoient affis avec un Écléfiaftique. L'un d'eux avoit de longues mouftaches. L'autre, Prêtre du rit grec, & d'environ trente ans, étoit d'une très - belle figure, & portoit une barbe fuperbe. Une femme, affife à quatre pas, n'a pu tenir contre l'envie de le plaifanter fur fa barbe. Je me fuis arrêté. « Vous penfez donc, Madame, a-t-il dit, en » affez bon françois, qu'il vaut mieux qu'un » homme ait l'air efféminé? Comment ne fe coupe- » t- on pas auffi les cils des paupières & les four-

# ARTICLE IV.

## *Des Crayons bleus.*

141. IL y a, fous ce nom, beaucoup de nuances différentes, celle
du bleu naiffant, du bleu célefte,
du bleu turc ou de Perfe, du bleu
de roi, du bleu de fer, le plus obfcur de tous. Il eft inutile de parler
des nuances intermédiaires.

---

» cils ? Je fors du garde-meuble où j'ai vu l'effigie
» d'un de vos Rois. Il avoit une grande barbe.
» Croyez-vous que les jolies femmes de fon tems,
» fans parler de celles de mon pays, fuffent moins
» cruelles & moins délicates que celles d'aujour-
» d'hui ? Ce Roi-là pourtant, ni fes contempo-
» rains, ne leur déplaifoient pas ». A ces mots la
belle dame eft convenue, en l'envifageant de tous
fes yeux, qu'il avoit raifon, que la barbe enno-
bliffoit la figure d'un homme, & fe tournant vers
fa compagnie ; en vérité, Madame, cet Arabe eft
charmant !

142. Pour tirer du bleu de Pruſſe des crayons dont on puiſſe faire uſage, il faut le traiter comme le ſtil de grain, le broyer avec aſſez d'eau pour le rendre un peu liquide, enſuite le délayer dans une très-grande quantité d'eau chaude, ainſi du reſte, afin de le deſſaler, car il entre beaucoup de ſels dans cette compoſition, l'alun, le vitriol de mars, l'acide marin, dont les fabricans n'ont pas le ſoin de le dépouiller.

143. On pourroit auſſi traiter le bleu de Pruſſe de la même manière que nous l'avons expliqué du carmin, c'eſt-à-dire que, ſi l'on vouloit s'épargner l'embarras du lavage néceſſaire pour le rendre friable, en emportant les ſels qui le durciſſent, & l'expoſent d'ailleurs à ſe fleurir, il ne s'agiroit que de le porphiriſer à l'eau pure, le

laisser un peu sêcher, puis le délayer avec de l'esprit de vin bien déflegmé pour le rouler en crayons avant que l'esprit de vin ne soit entièrement dissipé. Mais, par cette méthode, le bleu de Prusse ne peut s'allier & se mêler avec d'autres pastels, parce qu'il les durciroit, à moins qu'on ne traitât aussi le mélange avec l'esprit de vin, ce qui laisseroit toujours subsister le danger de l'efflorescence & peut-être de la moisissure.

144. Cette couleur bien épurée fournit des crayons d'un bleu turc ou de roi, qu'on peut amener à des nuances plus claires par des mélanges de blanc, comme on le verra plus bas. Les Peintres à l'huile se plaignent qu'elle devient un peu verdâtre avec le tems. Cela n'arriveroit pas si l'on prenoit, avant d'en faire usage, la précaution de des-

faler complettement le bleu de
Pruffe, comme nous venons de le
dire. On ne doit pas ignorer que
les acides verdiffent infenfible-
ment toutes les chaux de fer.
Voyez le vitriol de Mars. D'ailleurs, comme les alkalis décolo-
rent entièrement le bleu de Pruffe,
il eft aifé de comprendre que c'eft
une couleur anéantie, s'il en refte
dans celles qu'on aura combinées
ou mêlangées avec celle-ci. Les
ftils de grain, par exemple, font
chargés de l'alkali tiré des cendres
gravelées ou de la potaffe. Or, qu'on
les mêle, fans les avoir bien deffa-
lés, avec du bleu de Pruffe, pour
compofer un vert, la couleur ne
tardera pas à devenir louche, & le
vert ne fera dans quelque tems
qu'un jaune fale.

145. On pourroit joindre au bleu
de Pruffe, quand on le broye pour

le paftel, un peu d'azur en poudre.
Il le rendroit encore plus friable.
L'azur ne gâte point la couleur. Seulement il en diminue un peu l'intenfité quand il n'eft pas lui-même
bien haut en couleur. Mais il eft
très-inutile avec le bleu de Pruffe
bien deffalé.

146. Si l'on veut faire ufage *d'indigo*, voici le moyen qu'on peut
employer pour en compofer des
crayons. C'eft une fubftance extrè-
mement rebelle, mais qui donne
un bleu fuyant très-bon.

147. Il faut d'abord faire pulvé-
rifer l'indigo, dans un mortier, chez
le droguifte. On le fera broyer enfuite fur le porphire avec de l'eau
chaude. On le jettera dans un pot
de terre verniffée plein d'eau bouillante. On y joindra, par intervales,
gros comme deux noix, par exem-

ple, d'alun de Rome en poudre, fi l'on employe gros comme une noix d'indigo. Telles font à-peu-près les proportions. On mettra le pot fur le feu. La matière gonflera bien vite, il faut prendre garde qu'elle ne s'élève hors du vafe, on la remue pour cet effet avec une cuiller de bois, en l'éloignant de tems en tems du feu. Quand elle aura pris fix ou fept bouillons on la laiffera refroidir & repofer quelques heures, on jettera la majeure partie de l'eau comme inutile, on verfera le dépôt fur un filtre de papier foutenu par un linge, on l'arrofera d'eau chaude pour enlever tout l'acide vitriolique de l'alun. Quand l'eau fera paffée au travers du filtre, on ramaffera la fécule qui fera reftée deffus, pour la faire broyer fur le porphire. S'il y a tout l'alun néceffaire, & que le lavage en ait bien emporté l'acide, & n'en ait

G v

laissé que la terre qui s'est incorporée avec l'indigo, les crayons
seront aussi friables que du blanc
de Troyes.

148. L'indigo n'est point d'u-
sage dans la Peinture au pastel, parce qu'apparamment les fabricans
n'ont pas imaginé de moyen pour
le réduire & vaincre sa ténacité;
car l'esprit-de-vin n'y peut rien.
C'est la couleur la plus solide que
les végétaux ayent jamais fourni.
Mais elle noircit avec le tems, employée à l'huile. Au reste, la Peinture à fresque & l'émail font les
seules où cette substance ne puisse
être employée. On y fait usage
de l'azur.

149. L'azur est du verre en poudre que fournit le régule de cobalt. Les fabriques de Saxe d'où
l'azur se tire, ne le mettent dans

le commerce qu'avec beaucoup d'autre verre en poudre ou du fable fin. Quand on fond la chaux du cobalt fans aucun mêlange, ( il faut alors un coup de feu de la plus grande violence ), elle produit un verre d'un bleu fi profond, qu'il en paroît noir. On peut auffi tirer ce verre du fafre. C'eft la mine du cobalt calcinée. Mais le fafre eft mêlé pareillement de beaucoup de fable ou de verre. On peut l'en féparer en mettant, par exemple, une once de fafre fur une foucoupe. On enfonce la foucoupe dans l'eau d'un baquet. On l'y balance. Le fable s'échappe dans ce mouvement d'ondulation, & laiffe le fafre. Il peut fournir du régule de cobalt au moyen d'un flux réductif.

150. On trouve auffi de ce régule dans quelques boutiques de Pharmacie. Il eft fort cher. On fait

que ce demi-métal, diffous dans l'a-
cide nitreux avec un peu de fel de
cuifine fur la cendre chaude, forme
une encre de fimpathie fingulière.
Il fuffit d'étendre cette diffolution
dans de l'eau pure. Si l'on écrit avec
cette eau, l'écriture, d'abord in-
vifible, fe montre d'une couleur
verte quand on l'approche du feu,
difparoît quand on l'en éloigne, &
reparoît de nouveau dès qu'on l'en
rapproche. La chaux, précipitée
de cette diffolution par les alkalis
fixe ou volatil, eft rofe pâle, quelquefois cramoifie, quelquefois couleur de rouille. Mais quoique très-
fixe & très - réfractaire, elle fe
change toujours, avec des fels vi-
trifians, en un verre d'un très-beau
bleu, plus ou moins profond, fuivant la quantité des autres fubftances vitrefcibles qu'on y joint.
C'eft de ce verre qu'eft compofé le
bleu qu'on voit fur la fayance, la

porcelaine & les émaux. Le régule
de cobalt contient presque toujours beaucoup de bismuth & d'arsenic. Mais, en versant dans la dissolution dont nous venons de parler, beaucoup d'eau, l'on en sépare
le bismuth. L'eau le précipite en
poudre blanche. On précipite ensuite le cobalt en jettant de l'alkali dans le vase. Quant à l'arsenic,
il s'évapore au feu.

151. Le verre de cobalt pourroit entrer aussi dans la Peinture à
l'huile. Mais il faudroit qu'il eût
été mêlé de très-peu d'autres matières vitrifiées, & qu'on le jettât
brûlant dans l'eau froide, pour pouvoir mieux l'atténuer; broyé long-
tems sur un plateau de verre ou de
cristal, avec du blanc, il auroit assez d'intensité pour fournir un beau
bleu clair qui ne changeroit jamais,
& qui produiroit le même effet que

de l'outremer. Il n'y auroit pas la moindre différence. On peut trouver dans les fayanceries du verre bleu de cobalt. Il réulſiroit auſſi très-bien dans la freſque, où l'on auroit grand beſoin d'un bleu ſolide.

152. L'outremer eſt une couleur azurée qu'on extrait d'une pierre orientale nommée *apis lazuli*. Cette pierre, très-peu commune, eſt ſemblable à du quartz qui ſeroit coloré par une chaux naturelle de cobalt. On peut en voir des vaſes au garde-meuble de la Couronne & dans d'autres cabinets. Le prix de cette couleur aſſez riche, mais encore plus avare, eſt effrayant, puiſqu'elle va juſqu'à cent francs & même cinquante écus l'once. Il faut s'en paſſer & la traiter comme un objet de pure curioſité. L'on doit même convenir,

quelque prévenu qu'on soit en sa faveur, qu'elle tire un peu sur le violâtre aussi bien que celle du bleu de Prusse. De plus, le ton de l'outremer est toujours un peu crud. C'est ce qu'on peut remarquer entr'autres dans les tableaux de Mignard qui l'a prodigué dans tous ses ouvrages. Or, si l'on veut le rompre, ce n'est pas la peine d'employer une couleur aussi chère.

153. A l'égard de la cendre bleue, c'est une terre chargée d'une certaine quantité de chaux naturelle de cuivre. Le ton de cette couleur est d'un bleu naissant très-agréable. Mais on ne peut l'employer qu'en détrempe & dans des ouvrages de peu de conséquence. Les chaux de cuivre & les terres cuivreuses peuvent bien servir pour le *peinturage* ; mais jamais dans la Peinture, même à fresque,

elles font la pefte des tableaux.

154. On peut leur fubftituer une préparation toute récente & qui fe rapproche beaucoup du ton de la cendre bleue. Il y a deux ou trois ans qu'un amateur qui peint en migniature, m'en fit paffer un petit fragment qu'il tenoit d'un Peintre du Stadhouder à la Haye. La couleur en étoit bleu-célefte & très-amie de l'œil. Enfin le hafard m'en fit découvrir, il y a quelques jours, chez un marchand de couleurs. Il me le préfenta fous le nom de *bleu-minéral*, & me dit qu'il le tiroit de Hollande, & que les Peintres en faifoient peu d'ufage, parce qu'ils ne favoient pas ce que c'eft. Ils avoient raifon. Que l'imbécilité s'engouë pour des nouveautés que le charlatanifme lui vante, à la bonne heure; peut-être eft-il bon que la pauvreté mette l'opulence à

contribution : ce n'eſt que récipro-
cité. Mais, dans tout ce qui ne
tient pas à la fantaiſie, on doit
être circonſpect juſqu'à ce qu'on
ſache à quoi s'en tenir. La préparation dont il s'agit, eſt une eſpèce
de bleu de Pruſſe, mais dans lequel on a fait entrer avec très - peu
de vitriol de mars, quelqu'autre
chaux métallique & beaucoup d'a-
lun. Peut-être même n'y met-on
pas de vitriol de mars, l'acide
marin du commerce contenant
aſſez de fer. J'ai ſoumis cette couleur aux plus fortes vapeurs du
foye de ſoufre, en efferveſcence
avec les acides minéraux, elle n'en
a pas reçu la moindre altération ;
d'où l'on peut conclure qu'elle tiendra fort bien dans la détrempe, au
paſtel, dans la Peinture à l'huile.
On la trouve à Paris chez le ſieur
Belot, marchand de couleurs, rue
de l'Arbre-ſec, près le Quai de

l'École. Il la vend quarante fols l'once.

155. On pourroit défirer de trouver ici la manière de préparer la leffive pruffienne, afin de chercher le même bleu, je vais la rapporter.

On fait deffécher fur le feu du fang de bœuf, ou tout autre. On le réduit en poudre. On en mêle cinq ou fix onces dans un creufet avec autant de fel de tartre ou même de potaffe. On couvre le creufet feulement pour qu'il ne fe rempliffe pas de cendre. On fait rougir fur le feu par degrés la matière qu'il contient. Lorfqu'elle ceffe de fumer on la verfe toute brûlante dans deux ou trois pintes d'eau chaude. On fait bouillir le tout à-peu-près jufqu'à diminution de moitié. L'on filtre l'eau dans un autre vafe, au travers d'un linge. On fait bouillir

le marc resté sur le filtre dans de
nouvelle eau qu'on réunit ensuite
à la première. Cette liqueur est la
lessive prussienne. Elle ne contient
que de l'alkali chargé de la matière
colorante. Pour en composer le
bleu de Prusse ordinaire, on fait
dissoudre dans de l'eau bouillante
deux onces de vitriol vert & trois
ou quatre onces d'alun. Cette dissolution, versée par intervales sur
la lessive encore chaude, produit
de l'effervescence. On agite le mêlange & l'on y verse le reste de la
dissolution. Le fer contenu dans le
vitriol & la terre de l'alun quittent
leur acide, saisissent la matière colorante & se précipitent avec elle
en fécule verdâtre. On verse toute
la composition sur un linge. Les
sels dissous dans la liqueur passent
avec elle au travers de ce filtre, on
recueille dans un vase la fécule restée sur le linge, on la délaye avec

deux ou trois onces d'acide marin.
Ce précipité devient fur le champ
d'un bleu plus ou moins profond
fuivant la quantité d'alun. Quelques heures après il faut l'arrofer
de beaucoup d'eau tiède pour le
bien deffaler. Mais en employant
de la diffolution de régule d'antimoine faite par l'eau régale fur la
cendre chaude, au lieu du vitriol
vert, on aura le bleu célefte ou
minéral dont nous venons de parler. Il fera du moins, à très-peu-
près, femblable, & parfaitement
folide, après avoir été bien lavé.
Ce n'eft pas de la chaux d'antimoine qui par elle-même eft très-
blanche, que proviendra la couleur
bleue. C'eft le fer contenu dans
l'acide marin qui la fournira. Seulement la chaux d'antimoine adou-
cit, tempére la couleur trop in-
tenfe du fer. Elle ne donne point
de bleu, quoique précipitée par la

leſſive pruſſienne, ſi l'on employe l'acide marin de Glauber ; c'eſt qu'il ne contient point de fer comme l'acide marin du commerce ; au lieu que celui-ci, mêlé ſeul avec la leſſive pruſſienne, devient d'un bleu profond. J'ai de même eſſayé la diſſolution d'étain, celle de biſmuth, celle de zinc. Toutes, avec le même acide, ont produit un bleu naiſſant. Mais celle du régule d'antimoine m'a paru réuſſir le mieux. Je n'ai point eſſayé celle du régule de cobalt.

156. Au reſte, j'ai vu des bleus de Pruſſe d'une couleur très-pâle, mais ils étoient loin de reſſembler au bleu céleſte que je viens d'indiquer. Ils avoient le ton ſombre & violâtre qu'auroit le bleu de Pruſſe ordinaire mêlé de beaucoup de craye ou de céruſe.

157. Je ne parle point de quelques végétaux qui produifent auffi du bleu. Telles font les bayes de l'Hyéble. Telle eft la maurelle, qui fert à compofer le tournefol. Tout cela n'eft rien. Mais on tire un bleu du paftel ou guêde, autrement vouede. ( *Ifatis fativa* ). Lorfqu'on l'a laiffé fermenter. Cette couleur eft prefqu'auffi bonne que celle de l'Indigo. J'ai fait mention de celui-ci plus haut, n°. 146, ces deux dernières fubftances peuvent fuffire.

Je paffe aux paftels de couleur verte.

---

# ARTICLE V.

*Des Crayons verts.*

158. QUOIQU'IL ne foit queftion dans le préfent Chapitre que

des couleurs simples, & que les
pastels verts soient un mêlange de
deux autres, néanmoins comme
c'est une couleur principale, c'est
ici le lieu d'en parler.

159. Avant de connoître les
moyens de rendre le bleu de Prusse
& les stils de grain traitables, on
chercheroit, avec bien de la peine,
des substances dont on pût composer de beaux verts. Mais ces deux
ingrédiens bien dessalés, comme
nous l'avons expliqué sous les
n^os. 88 & 142, en donnent de très-
bons, mêlés en diverses proportions & bien broyés ensemble. Par
exemple, on prend partie à-peu-
près égale de bleu de Prusse & de
stil de grain jaune qu'on a bien lavés, on les fait porphiriser avec un
peu d'eau. Quand on juge qu'ils
sont réduits en parties très-fines &
bien combinées, on les ramasse

avec le couteau d'ivoire, on les met sur le papier lombard, & lorsque la pâte est devenue maniable, on en compose des crayons en la roulant sur cette espèce de papier.

160. Nous avons dit plus haut, n°. 91, qu'il y a des stils de grain de différens tons. Ceux dont le jaune a le plus d'intensité, qui tirent un peu sur la couleur de canelle, donnent, mêlés avec le bleu de Prusse, un beau verd très-profond. Le bleu céleste ou minéral, (n°. 154) donne, avec le stil de grain jonquille, une espèce de vert de Saxe. Le jaune de Naples ne vaut rien pour le vert. L'ochre jaune & la terre d'Italie font un verd sombre & terreux qui peut servir pour des parties obscures ou des draperies de peu d'éclat.

161. On pourroit, avec des cristaux

taux de venus ou verd de gris dif-
tilé, (c'est une chaux de cuivre),
compofer des crayons d'un vert
très-brillant, mais d'ailleurs déteftables. Il faudroit porphirifer ce
verdet avec de l'eau, puis le mettre
dans un vafe, & jetter deffus, goute
à goute, un peu d'alkali fixe en liqueur, le laver enfuite fur un linge
avec beaucoup d'eau, pour le deffaler & le mettre en crayons.

162. Si l'on employoit de l'alkali volatil, au lieu de l'alkali
fixe, le verdet ou verd de gris prendroit la plus fuperbe couleur bleue
qu'on puiffe voir ; mais elle n'auroit point de durée. Le verdet reviendroit fous très peu de jours à
fa premiere couleur. Au furplus, il
faut répéter ici que les chaux de
cuivre, telles que les cendres bleue
& verte, la terre de Véronne, le
bleu de montagne, ne doivent

H

servir que pour les roues de voitures & les treillages des jardins, ou tout au plus pour des détrempes de peu de conséquence.

163. On trouve dans plus d'un livre sur l'article des couleurs ( 1 ), qu'il faut calciner le verdet. Mais ce n'est plus alors, pour l'ordinaire, qu'une poudre d'un fauve très-obscur, à moins qu'on ne le vitrifiat. Il peut, en effet, servir dans la Peinture en émail & sur la poterie. Il y produit la couleur d'émeraude. Il y peut aussi donner un verre brun rougeâtre. La cendre verte & la cendre bleue, de même que le vert ou bleu de montagne & la terre de Vérone, qui ne sont toutes que des combinaisons de

_______________

( 1 ) L'art du Peintre-doreur, &c. par le Sieur Watin, nouv. Encyclop. par ordre de matières, &c.

rouille de cuivre, deviennent également brunes au feu.

164. Quelques autres livres contiennent des recettes pour composer une couleur verte. J'en vais rapporter une on abrégé. Dissolvez du zinc dans de l'esprit de nitre , & du sofru bien calciné, dans de l'eau régale. Mêlez ensuite une partie de la dissolution de zinc avec deux parties de celle de safre. Dissolvez d'un autre côté, de la potasse dans de l'eau chaude, & versez trois parties de cette dernière dissolution dans le mêlange du zinc & du safre. Rassemblez le précipité sur un filtre avec de l'eau. Quand l'eau sera passée au travers du filtre, mettez-le dans un creuset, & poussez-le au feu jusqu'à ce qu'il soit devenu vert. Il faut ensuite le laver à plusieurs reprises.

165. On trouve une autre recette dans la nouvelle Encyclopédie ( 1 ); mais ce feroit du tems perdu que de la rapporter. On y fait entrer un mêlange de chaux de cuivre & d'arfenic. Rien de plus abfurde, puifque tout le monde fait que l'arfenic blanchit le cuivre & toutes les chaux qu'il peut fournir. Qu'on juge du vert qui peut réfulter d'une pareille combinaifon !

166. Du refte, quoique le vert, dans la Peinture, ne fe compofe que par le mêlange du jaune & du bleu, comme dans la teinture, on peut compofer une laque verte de la même manière que l'on compofe les autres, mais en employant les bayes mûres du noirprun. Elles

_______________

( 1 ) Encyclop. méthod. *verb.* couleurs.

font en maturité vers le mois d'octobre. Il fuffit de les écrafer, de les
faire bouillir, de paffer la décoction fur un linge, ou mieux encore
au travers d'un tamis de crin, d'y
jetter une diffolution d'alun de
Rome, enfuite un peu de craye
ou dos de fêche, la liqueur, rouge
d'abord, devient, fur le champ,
d'un beau verd. On peut la faire
évaporer fur un feu très-doux, pour
la réduire en forme d'extrait.

167. Ces fortes de compofitions, tirées des bayes des plantes,
font bonnes fur-tout pour le lavis,
à caufe de leur tranfparence. L'extrait dont nous venons de parler
eft ce qu'on nomme le *vert de veffie*.
La plupart des fabricans qui le compofent y joignent un peu de chaux
vive ; cette méthode ne vaut rien,
la chaux le jaunit & l'altère. Elle
eft abfolument inutile. On peut

garder la même décoction en liqueur. Elle donne un beau vert
pour le lavis, & se conserve très-
bien dans des bouteilles bouchées.

168. On tire aussi des pétales
bleues de l'Iris, une fécule verte;
mais elle est bien inférieure à la
précédente. Les bayes de l'Hyéble,
traitées comme celles du noirprun,
donnent de même une liqueur violette, mais que l'addition de l'alun
rend bleue. Celles de ronce ou
mûres de haye, bouillies avec de
l'alun, donnent une belle couleur purpurine. Beaucoup d'autres
bayes de plantes, au moyen de la
décoction avec l'alun, peuvent
fournir de même pour le lavis des
sucs colorés. Telles sont les gro-
seilles, les framboises, les cerises
noires, les pellicules des bayes de
cassis, mûres en juin; les graines de
garence, mûres en novembre, les

fruits du mûrier noir, mûres en
août, les bayes de phitolaca, sorte
de morelle de Virginie, mûres en
octobre; celles de sureau, mûres
dans le même tems; sans compter
les décoctions de bois de Bréfil ou
de Fernambouc & de celui de Campêche. La gomme-gutte seule avec
un peu d'eau, fournit le jaune ainsi
que la pierre de fiel, on peut le
tirer aussi de la plûpart des plantes
que nous avons indiquées sous le
n°. 97. Le carmin donne le cramoisi, mais il faut le broyer avec
une légère dissolution de gomme
arabique. Le bleu de Prusse ou la
désoction d'un peu d'indigo, réduit en poudre avec de l'alun,
donne du bleu; le verdet, la couleur d'eau; la décoction des racines
de tormentille, une couleur fauve,
& du noir, si l'on y joint du vitriol
de mars; le bistre bien broyé donne

H iv

le brun; l'encre de la Chine, le noir.

169. Si l'on veut avoir, pour le lavis, une teinture d'or, il fuffit d'en froiffer dans un verre deux ou trois feuilles, avec un peu de diffolution de gomme arabique & de l'y réduire en poudre impalpable. C'eft ce qu'on nomme de l'or en coquille.

170. On peut mettre tous les fucs colorans dont nous venons de parler en tablettes, en y joignant, lorfqu'on les fait bouillir, un peu de colle de poiffon. La colle, en féchant dans des moules de carte, qu'il faut oindre auparavant de beurre ou de graiffe, leur donnera la confiftance de l'encre de la Chine, qui fe fait de la même manière avec de l'extrait de régliffe &

du noir de charbon, réduits en bouillie par la molette.

171. Quant à l'encre ordinaire, elle est d'un si grand usage, qu'on en trouve partout. Mais elle est presque toujours médiocre, & beaucoup de gens m'ont paru désirer d'en connoîrre la composition. Voici le moyen d'en avoir de très-bonne. Faites bouillir une heure dans deux pintes d'eau, vingt-quatre noix de galle concassées. Ensuite faites calciner en blancheur sur une pelle de fer, deux onces de couperose verte. Ajoutez-y, gros comme une cerise, de gomme arabique ; & laissez la liqueur au grand air cinq ou six jours, pendant lesquels vous la remuerez quelquefois avec un bâton. L'air embellit tous les noirs. Il est inutile d'y mettre du bois de Brésil ou de Campêche. Vous pourrez la

tranfvafer enfuite. Ce procédé fort fimple réuffit très-bien.

Nous allons maintenant parler des paftels violets.

---

# ARTICLE VI.

*Des Crayons violets.*

172.  Le violet, dans la Peinture n'eft point, non plus que le vert, une couleur fimple quoique principale. On le compofe d'un mélange de laque & de bleu de Pruffe bien lavés qu'on fait broyer enfemble avec un peu d'eau. Les proportions font arbitraires. Le carmin donne un violet plus profond que la laque. Mais on ne l'employe que dans des ouvrages importans.

173. Voici la compofition d'une

laque violette fort belle, & qui se
soutient assez bien.

Mettez sur le feu deux pintes
d'eau filtrée. Il faut que le pot soit
assez grand pour n'être plein qu'aux
trois quarts. Jettez dedans une petite poignée de bois de Fernambouc en poudre avec moitié moins
d'écorce tirée de jeunes branches
de bouleau. Faites bouillir une de-
mi-lieure, & passez au travers d'un
linge. Remettez la décoction devant le feu. Joignez-y gros comme
une noix d'alun de Rome, avec le
double de couperose blanche, l'un
& l'autre en petits morceaux. Après
quelques instans, ôtez le pot du
feu. Jettez-y du sel de tartre rouge
ou blanc, mais en poudre & d'une
mesure à-peu-près égale à celle
de la couperose & de l'alun. Filtrez
de la même manière qu'on filtre
le petit lait. Couvrez le filtre pour
le garantir de la poussière. Quand

H vj

l'eau fera paffée au travers du filtre, verfez deffus, à côté de la fécule, de l'eau chaude pour diffoudre les fels. On ne doit pas craindre d'employer trop de lavage. Le peu de matière colorante qu'il emporte & qui n'étoit pas fixée, n'auroit fervi qu'à rendre cette laque moins folide. Elle fera plus violette, approchant de la couleur de la penfée, en la compofant de la même manière avec partie à - peu - près égale de bois de Campêche & de Fernambouc, l'un & l'autre en poudre. Elle fera plus cramoifie au contraire, & tirant fur la couleur du rubis ou de l'amaranthe, fi l'on fupprime le campêche & qu'on fubftitue à la couperofe blanche, l'équivalent d'une diffolution d'étain dans l'eau régale, (n°. 93).

174. On conçoit fans doute, que les dofes que nous avons indiquées

dans cet article & les précédens,
font relatives à des opérations en
petit. On doit fe régler fur les
mêmes proportions pour des quan-
tités plus confidérables.

175. Ces laques violettes peuvent fervir à l'huile comme les
autres & fur-tout pour glacer les
violets qu'on auroit compofés de
rouge & de bleu. Mais, en ce cas,
il faut tenir ceux-ci plus clairs quon
n'auroit fait.

Nous avons parlé ci - deffus,
n°. 125, du pourpre de Caffius.

Paffons aux paftels de couleur
brune.

## ARTICLE VII.

### *Des Crayons bruns.*

176. **L**ES pastels composés avec la terre d'ombre, sont de couleur brune. Mais ils ne sont point friables, si l'on n'a eu la précaution de la calciner. Il suffit pour cela de la mettre un quart - d'heure sous la braise quand elle est en masse, & sur une pelle de fer quand elle est en poudre. Il vaut mieux la prendre en masse, autant qu'il est possible, parce qu'elle est moins mêlée de matières étrangères. Sa couleur de tabac ou de feuille sêche devient un peu plus rougeâtre au feu. Dès qu'elle est calcinée, on peut la mettre, avec un peu d'eau, sur le porphire. Après avoir été suffisam-ment broyée, elle fournira de bons

crayons d'un fauve ou brun rougeâtre obscur, un peu compactes
& gras. Mais il vaut encore mieux
plonger dans un vase, plein d'eau
froide, la terre d'ombre encore
toute brûlante. Il est vrai qu'elle
en deviendra plus dure & plus difficile à broyer. Mais une fois bien
porphirisée, les crayons seront encore plus friables qu'ils ne l'auroient été. C'est le seul moyen que
j'aie trouvé de réduire cette substance extrêmement rebelle au
pastel, sans le secours de l'esptit
de vin.

177. La terre de Cologne qui
donne également des pastels bruns
est encore plus intraitable. Il faut
la calciner long-tems sur la braise
dans une cuiller de fer ou dans un
creuset. Quand on l'aura tirée du
feu toute rouge, on la portera
dans un lieu bien aéré, pour l'y

laisser brûler, jusqu'à ce qu'elle s'éteigne d'elle-même. Alors on la fera porphiriser long-tems avec de l'eau claire. On la jettera sur le filtre pour l'arroser abondamment. Par ce moyen la terre de Cologne donnera des crayons d'un brun noir olivâtre. Il seroit impossible d'en rien faire sans l'avoir bien torréfiée.

178. Dans la Peinture à l'huile on s'est toujours plaint de la terre d'ombre, elle s'écaille, elle change, elle attire même les teintes voisines. On se plaint également que la terre de Cologne s'affoiblit. Mais au pastel rien de tout cela ne peut arriver, parce que ces matières ont passé par le feu. Quel changement peuvent éprouver des substances échappées à la voracité de cet élément, si l'on excepte quelques chaux métal-

liques promptes à fe revivifier aux émanations du principe inflammable ? C'eft même ici le lieu de répéter, puifque l'occafion s'en préfente, ( car je fuis obligé d'infifter là-deffus), que, quand on aura foin dans la Peinture à l'huile de bien purifier les couleurs, foit par l'eau, foir par le feu, fuivant la nature des différentes fubftances, comme nous venons de l'expliquer, on n'éprouvera pas ces fortes d'inconvéniens.

179. On aura pareillement des couleurs fauves ou brunes, bien intenfes, avec l'éthiops martial & le fafran de mars. Il faut les bien dépouiller de toute la limaille de fer qui ne fe feroit pas convertie en chaux, & les traiter, en un mot, comme l'ochre jaune, ( n°. 82.) On a vu ci-deffus, (n°. 109.) qu'on les rend, par la calcination, d'un

rouge sanguinolant. Ces deux substances, à l'huile, quand elles ne
sont pas calcinées, sont presque
noires, sur-tout la première.

180. Il y a depuis quelques années, dans le commerce, des préparations connues sous le nom de
stil de grain brun. Nous en avons
déjà dit quelque chose, ( n°. 91 ).
Ce sont, la plûpart, des décoctions
de graine d'Avignon réduites en
consistance d'extrait avec beaucoup de sel de tartre & d'alun.
Quelquefois on employe le suc
d'autres plantes avec les mêmes
sels & de la craye. Les fabricans
ont là-dessus chacun leur petit
secret, puisque chez les marchands
de couleurs, toutes ces préparations-là différent les unes des autres. Elles sont, chez ceux-ci, couleur de noisette, chez ceux-là,
couleur de canelle, & chez d'autres

enfin couleur de carmélite, ou même d'un fauve plus obscur & plus brun. Souvent, ce n'est que du bistre, comme nous l'avons dit, (n°. 91); ou même un simple mélange de terre d'ombre & de stil de grain jaune. Il semble que les professions dont le mobile unique est l'intérêt, & qui n'ont pas d'autre aliment, soient toujours prêtes à s'avilir par le mensonge & la fraude.

181. Voici quelques-unes des plantes les plus communes avec lesquelles on peut, à-coup-sûr, composer des stils de grain bruns. Les fabricans se fixeront à celles dont les décoctions, réduites en forme d'extrait, auront le mieux rempli leurs vues.

L'écorce des branches du noyer commun & de celles du noyer noir de Virginie.

Le brou de noix, frais.

Le bois de tous les pommiers sauvages ou francs.

Celui du mûrier noir. Celui du merisier.

L'écorce du bois de Néflier; celles du Cornouiller & du Cormier.

Les branches & l'écorce du marronier d'Inde. Celles de l'aune noir; celles du hêtre.

Celles de l'arbre aux Anemones, & celles de l'alisier des bois.

Celles du lilas; du jasmin commun.

Les tiges & feuilles de la reine des prés, & celles de la grande ortie.

La paille du blé sarrasin.

Le mélampire ou blé de vache, toute la plante, ainsi que l'argentine.

Le son du millet noir, ou sorgho.

Les racines de Bistorte; celles de la Tormentille, &c.

La tige & feuilles de la ſalicaire,
& celles de la lavande.

182. Le ſuc de toutes ces plantes,
à laquelle que ce ſoit qu'on donne
la préférence, réduit en extrait
avec de l'alun, ou mieux encore
de l'étain diſſous par l'eſprit de
nitre, ( n°. 93 ), donnera de très-
bon ſtil de grain brun. Mais il convient , quelques momens après
avoir mis ces ſels dans la décoction,
d'y joindre, par intervales, de la
craye ou toute autre ſubſtance calcaire réduite en poudre, afin de
neutraliſer l'acide ; on doit bien
écumer en même tems, pour l'enlever autant qu'il eſt poſſible. Il
faut ceſſer de mettre de la craye
auſſitôt qu'elle ne produit plus
d'écume.

183. Ces ſortes d'extraits ne gâ-
teront point les autres couleurs

dans la Peinture à l'huile. On ne
doit néanmoins en faire usage qu'a-
vec réserve & jamais dans les carnations. Les sucs colorans de toutes
les plantes, quelques moyens qu'on
prenne pour les assurer, perdent
plus ou moins avec le tems. A plus
forte raison doit-on proscrire toute
couleur dont on ne connoît, ni la
nature, ni la composition. Qui peut
s'assurer, à moins de se jetter dans
l'embarras d'en faire l'analyse,
qu'elle n'ont pas pour base, comme
dans la teinture, du vitriol de
cuivre, ou quelqu'autre base encore plus détestable & qui dévore
le colorant? Du moins est-on bien
assuré que ces compositions retien-
nent opiniâtrement beaucoup de
sels & qu'il ne seroit pas aisé de les
en dépouiller. Qu'elles restent donc
ensevelies chez les fabricans avec
leur secret. La durée d'une étoffe
a des bornes, & pourvu que la

leur se soutienne aussi long-tems que le tissu même, on n'en demande pas davantage. Mais la Peinture, c'est autre chose.

184. Après tout, quel est l'artiste qui n'a pas des intervales de loisir pendant lesquels il peut, sans embarras, & par amusement, composer lui-même un stil de grain brun ? Chacun, par exemple, a sous la main quelques-uns de ces gros balais, composés de branches de bouleau dont on se sert pour nettoyer les basse-cours. Il suffit d'en ratisser l'écorce, de la faire bouillir avec de l'alun, ou plutôt avec la dissolution d'étain, (n°. 93), comme nous venons de l'expliquer, & de réduire ensuite la décoction sur la cendre chaude en forme d'extrait. Cette espèce de laque mauredoré sera très-bonne &

même très - solide, pourvu qu'on en ôte les sels.

185. Je dois observer, en terminant cet article, que l'on trouve aussi, pour le pastel, des crayons très - bruns d'une espèce particulière, & qui se vendent quatre francs la pièce. Qnelques Peintres en font usage pour jetter des tons vigoureux dans leurs tableaux. En touchant ces sortes de crayons, je crus m'appercevoir que c'étoit, en grande partie, du noir de fumée, & le fabricant m'avoua qu'en effet c'étoit un mélange de noir de fumée, préparé d'une façon particulière, & de carmin. C'en est assez pour qu'on doive juger qu'il faut absolument s'en abstenir. Il y a tout lieu de croire que les Peintres qui les employent ne s'en doutent pas; car il n'en est sûrement pas un seul

qui

qui ne fâche que la fuye, le noir de fumée, & toutes les préparations qu'on peut en faire, telles que le biftre, doivent être laiffées aux *Peintureurs* & ne font bonnes que pour enfumer un tableau.

186. Les ochres de fer naturelles ou calcinées peuvent fuppléer à de pareilles compofitions, lorfqu'on les broye avec du noir, pour en compofer des couleurs brunes, & ceci peut s'appliquer à tous les genres de peinture.

Cette obfervation nous avertit que nous avons à parler des crayons noirs, après quoi nous dirons un mot de ces fortes de mêlanges.

## ARTICLE VIII.

*Des Crayons noirs.*

187. ON peut les composer de noir d'ivoire, ou de charbon de bois, ou de l'un & de l'autre mêlés ensemble.

188. Le noir d'ivoire a beaucoup d'intensité. La couleur en est veloutée. Mais il est presque toujours dur, pierreux, si l'on n'a la précaution de le traiter comme le bleu de Prusse. Il faut donc commencer par le bien porphiriser & le laver ensuite dans une très-grande quantité d'eau bouillante. Le lendemain, lorsque l'eau se sera bien éclaircie, on la versera, comme inutile, sans agiter le vase,

on fera de nouveau porphirifer le
fédiment qu'on laiffera fécher fur
un filtre de toile ou de papier, jufqu'à ce qu'il ait affez de confif-
tance pour pouvoir être roulé fur
du papier lombard & mis en
crayons.

189. Rien de tout cela n'eft néceffaire pour le noir de charbon,
pourvû que le bois n'ait pas été
brûlé dans un creufet couvert, mais
à feu nud. C'eft dans l'eau qu'il
faut l'éteindre quand il eft bien
embrâfé. Ce noir a moins de pro-
fondeur & moins d'intenfité que
l'autre : mais, comme il eft extrêmement friable, après avoir été
bien porphirifé, ce qui d'abord eft
un peu difficile, on peut le mêler
avec le noir d'ivoire ou même l'employer feul. Les charbons de bois
de chêne éteints dans l'eau, donnent d'excellens crayons, ainfi

que ceux des ceps de vigne, de charme & d'ormeau. Ceux des bois , ols, comme le peuplier, le faule, font trop, tendres employés feuls , mais ils font très-bien , mêlés avec le brun-rouge, le carmin, le cinabre, la terre d'ombre ou le bleu , pour faire des bruns de différentes nuances.

190. Les noirs dont nous venons de parler paroiſſent, aux yeux de ceux qui ne favent pas en tirer parti, moins veloutés que le noir de fumée. Les élèves du Cortone accuſoient les matières de ce qu'elles ne faiſoient pas, fous leurs pinceaux, le même effet que fous celui de leur maître.

Ne vous fervez jamais dans la Peinture à l'huile de noir d'Allemagne ou de Cologne, ni de celui d'Imprimeur. C'eſt avec ce dernier que Raphaël a gâté ses couleurs (1).

191. Au reste, il se trouve des crayons noirs qu'il ne faut pas confondre avec ceux qui servent dans la Peinture au pastel. Les uns sont des espèces de pierres, connues sous le nom d'ampélite , sorte de schiste produit par une argile , mêlée de beaucoup de limon. Les dessinateurs s'en servent assez communément de la même manière que de la sanguine. Les autres sont de la molybdène , sorte de talc noirâtre & luisant qu'on appelle improprement mine de plomb. Ces crayons-ci tracent des traits fins & déliés, & quelquefois tiennent lieu, pour le moment, d'encre & de plume. Quelques graveurs s'en servent aussi pour dessiner.

_______________

(1) Richardson tom. 2.

# ARTICLE IX.

*Résumé du Chapitre III.*

192. TELLES font les manipulations au moyen desquelles on peut tirer des crayons en pastel des différentes substances colorées en état d'en fournir. Je n'ai point trouvé de moyens plus sûrs & moins embarrassants que l'eau, pour celles que l'art a préparées, & que le feu pour celles que la nature a produites. C'est, en dernière analyse, le résultat des articles qui précèdent. Il revient à-peu-près, mais avec moins de déchet, au procédé qu'employent les Peintres Flamans. Ils ne prennent que la crême des couleurs après les avoir délayées & noyées dans une grande

quantité d'eau. Les autres obſer-
vations roulent ſur des recherches
analogues aux beſoins de la Peinture, & principalement de la Peinture à l'huile. On ſait qu'il lui
manque des couleurs capitales. Je
ne m'étois point engagé de traiter
cette matière dans toute ſon étendue. Mais j'ai tâché d'aller au-delà
du plan que j'avois embraſſé. Je
crois même en avoir dit aſſez pour
que le talent n'ait plus à ſe plaindre
de l'infidélité des couleurs. Il ne
lui reſtera qu'à ſe développer dans
des ſujets dont le choix puiſſe faire
rechercher ſes ouvrages. Il ne ſuffit
pas pour cela, de ſe traîner ſur les
pas de ceux qui nous ont précédés.
Comme en littérature les productions originales font éclore beaucoup de copies, on voit de même
en peinture d'inſipides imitateurs.
Il faut être ſoi ; laiſſer aller ſon
génie vers ſa pente naturelle. En

I. iv.

quittant l'école il feroit bon d'en laiffer les opinions à la porte. La Peinture eft encore ce qu'étoit la littérature au tems des favans en *us* ( 1 ). On ne connoît que les Grecs & les Romains, on diroit qu'ils font tout l'Univers; que l'hé-roïfme & les grâces abhorrent tout autre cofthume que le leur. Je ne faurois trop le répéter, étudions les Anciens pour nous tenir tou-jours près de la nature, mais ne craignons pas d'étendre la carrière, & de mettre fous les yeux des na-tions, un fpectacle qui foit à leur portée & les rappelle à elles-même ( 2 ). Les grands Écrivains font les légiflateurs des Empires

---

( 1 ) *Hodie que manent veftigia ruris.*

( 2 ) *Nec minimum meruere decus ; veftigia graca,*

*Aufi deferere, & celebrare domeftica facta.*

H O R.

par les grandes vérités qu'ils répandent. Ainſi les Peintres feront à
leur tour les bienfaiteurs de leur
patrie, s'ils ſavent l'intéreſſer à
leurs compoſitions, & lui montrer le chemin de l'honneur dans
l'exemple de ſes propres vertus (1).
De tout tems, & chez toutes les
nations, l'amour des richeſſes eſt le
mobile univerſel. Mais cette paſ-
ſion retrécit l'ame, l'avilit (2);
ſon aſcendant ne peut être ba-
lancé que par l'amour de la gloire.
Or, quel moyen plus puiſſant pour
faire naître l'amour de la gloire,
que l'attrait des monumens érigés
à la vertu. La poſtérité ne recher-
che point les images des hommes
corrompus & flétris.

---

(1) *Quid virtus, quid ſapientia poſcit utile
propoſuit nobis exemplar.* HOR.

(2) *Turpi fregerunt ſæcula luxu, divitiæ
molles.* JUVEN.

I v.

Ce sujet est vaste & nous méne-
roit loin. Revenons.

193. Les mêmes recherches sont
communes à la Peinture au pastel,
quoiqu'elle ait moins de besoins,
& peuvent augmenter ses richesses.
Il ne seroit pas impossible qu'il y
eût d'autres expédiens que ceux
que j'indique pour composer des
crayons & rendre les substances
traitables, indépendamment de
celui de l'esprit de vin. Mais, à
coup-sûr, il n'en est pas de plus simple à cet égard, ni même de plus
certain pour assurer les couleurs,
que ceux que j'ai proposés, & je
crois n'avoir omis rien d'essentiel,
quoique je n'aie pas eu le moindre
secours & n'aie trouvé dans les
Auteurs aucune espèce de no-
tion ( 1 ). Peut-être suis-je entré

----

( 1 ) M. de Piles, dans ses élémens de Pein-

dans des détails minutieux. Mais ils étoient nécessaires pour applanir les difficultés à ceux qui veulent essayer leurs forces, difficultés qui souvent découragent des talens heureux. Si les Auteurs de l'Encyclopédie, si les Académies des Sciences ne dédaignent pas de s'occuper de la pratique des Arts & Métiers, je ne dis pas les plus vils, car il n'y a de vil que l'intrigue ou l'inutilité, je n'ai pas dû rougir de considérer le plus aimable de tous les arts, la Peinture, dans ses rapports avec la physique, afin que le talent ne soit pas dégradé par la matière.

194. Au reste, il y a des amateurs à qui les soins & les préparations dont je viens de parler, pour-

---

ture, dit bien quelque chose du pastel, mais ce qu'il en dit n'apprend rien.

roient ne plaire pas, quoiqu'on pût les regarder comme un amusement semblable à ceux que procurent les exercices du corps. Ils pourroient aujourd'hui réparer une subftance, demain l'autre, & faire enfuite porphirifer toutes leurs préparations. En tout cas, ils trouveront à Paris, chez les marchands de couleurs, & dans les Provinces, chez les marchands d'eftampes, des crayons tout préparés. On en apporte de Francfort, d'Ausbourg, de Nuremberg, qui font très-durs. Quelques perfonnes vantent ceux qui fe fabriquent à Laufaune fuivant les procédés d'un nommé Stoupan, qui n'eft plus. Ils font d'une forme très-régulière, & d'un coup-d'œil fort net. Mais un Artifte, jaloux d'obtenir, avec le fuffrage de fes contemporains, ceux de la poftérité, peut-il fe repofer fur autrui du choix des matières, lorsque les mêlanges qui les déguisent ne permettent pas de les reconnoître, qu'il ignore si l'on s'est donné la peine de les amener au degré de pureté convenable, & même si ceux qui les préparent se font jamais doutés de la nécessité de le faire? Tous ceux qui peuvent en faire une certaine consommation, doivent d'ailleurs désirer de s'épargner cette dépense.

195. Quant aux personnes qui s'essayent & dont les ouvrages ne font pas destinés à jouir d'une éternelle durée, il est très-indifférent que les substances ayent été préparées avec un soin particulier. Pourvû que les crayons soient friables, cela doit leur suffire, quand même il y auroit peu de choix dans les matières. Qu'importe pour elles, par exemple, que les teintes laqueuses soient composées de laque

ou de carmin , puifqu'elles font
affez long-tems le même effet?
Elles peuvent, en un mot, employer fans inconvénient les fubftances les moins précieufes ; & , s'il
faut les traiter par le lavage, afin
d'éviter la dépenfe de l'efprit de
vin, c'eft moins pour les purifier
que pour les rendre traitables.

Après avoir expofé la manière
de compofer les crayons des couleurs capitales , ce qui fait l'objet
principal, quant au matériel de ce
genre de Peinture , nous allons expliquer, en très-peu de mots, celle
de former les diverfes nuanees
qu'il faut y joindre.

# CHAPITRE. IV.

## *Des Crayons de diverses teintes.*

196. C'EST avec les couleurs principales dont nous venons de parler, que se composent toutes les nuances & teintes particulières; c'est-à-dire que celles-là sont des couleurs simples, & celles-ci des couleurs composées. Par conséquent nous présupposons qu'on a lavé suffisamment ou purifié les couleurs principales avant d'en composer les diverses nuances dont nous allons faire mention. Nous nous bornerons à quelques exemples, pour abréger, en commençant par les résultats du blanc avec les autres couleurs prises dans l'ordre où nous les avons déjà suivies.

## ARTICLE I.

*Réfultat du mêlange du blanc avec les autres couleurs fimples.*

197. L A craye ou blanc de Troyes, mêlée avec le ftil de grain jaune, donne des crayons de couleur foufre. Pour cet effet, on met avec un peu d'eau fur le porphire, partie à-peu-près égale de l'un & de l'autre, on les broye jufqu'à ce que la combinaifon foit complette, & le refte, comme on l'a dit ci-deffus, des couleurs principales.

198. Mêlée de même avec l'ochre jaune, la craye donne la couleur de chamois, & la couleur de chair avec l'ochre rouge.

199. En la broyant de la même

manière avec le cinabre, on aura des crayons de couleur de feu. La craye avec la laque produira la couleur de rose.

200. Mêlée avec du bleu de Pruſſe elle donne le bleu de Ciel. Mais avec le bleu céleſte, (n°. 154), le bleu ſera plus doux.

201. En employant le vert, au lieu de bleu, la craye donnera le vert de pomme.

202. Avec le violet elle fera le gris de lin.

203. Mais avec la terre d'ombre elle produira des crayons d'une couleur fauve plus ou moins obſcure, ſuivant les proportions de l'une ou de l'autre.

204. La couleur de cendre ſera

le réfultat de la craye avec la terre de Cologne, bien calcinée.

205. En la mêlant avec du noir, on aura le gris. Tous les autres blancs qu'on employeroit au lieu de craye produiront les mêmes effets.

---

## A R T I C L E  I I.

*Réfultats du mêlange du jaune avec les autres couleurs fimples.*

206. O n met fur le porphire avec un peu d'eau, parties à-peu-près égales de jaune & de rouge. Avec ce mêlange on compofe des crayons de couleur orangée.

207. Nous avons dit, n°. 159, que le jaune avec le bleu donne le vert.

208. Mêlé de même avec la terre d'ombre, il produit la couleur de bois, & celle de l'olive plus ou moins obscure, lorsqu'on le mêle avec la terre de Cologne ou le noir.

---

## ARTICLE III.

*Du mélange du rouge avec les autres couleurs simples.*

209. ON vient de voir, en grande partie, quels sont les résultats de ce mêlange. Il suffira d'ajouter ici que le rouge avec les couleurs obscures, telles que la terre d'ombre ou le noir, donne des couleurs fauves ou brunes, plus ou moins approchantes du marron, suivant que la dose de l'un ou de l'autre domine. Par exemple, si

l'on mêle du cinabre avec du noir,
on aura des crayons d'un brun
rouge très-obscur.

---

# ARTICLE IV.

*Du mélange de plusieurs couleurs
principales.*

210. INDÉPENDAMMENT des
teintes que produisent deux différentes couleurs principales réunies, il se forme encore des couleurs particulières du mélange de
plusieurs couleurs principales, combinées ensemble suivant différentes proportions.

211. Ainsi l'on obtient la couleur d'ardoise par le mélange du
blanc avec du noir & du bleu.

212. Les mêmes ingrédiens

avec très-peu de laque, donnent la couleur d'acier.

213. Le gris de perle se compose avec du blanc, de l'ochre, un peu de noir & de bleu.

214. L'écarlate est plus simple, on l'obtient de deux parties de cinabre avec une partie de laque ordinaire.

215. Le cramoisi se compose, au contraire, de deux parties de laque sur une de cinabre. Le carmin donne seul le cramoisi. Mais on ne le prodigue pas.

216. Pour le pourpre, il faut une partie de bleu de Prusse & deux parties de laque. Nous avons déjà parlé du violet & du vert.

217. Au reste, on conçoit que

pour former des tons plus ou moins clairs des divers composés dont il s'agit, on n'a besoin que d'y mêler plus ou moins de blanc; &, pour en donner un dernier exemple, on fait du lilas en ajoutant au mélange qui compose le violet, un peu de blanc. Et ce lilas sert pour les parties peintes en couleur violette qui doivent être plus éclairées, comme du noir & du bleu servent pour rembrunir la même couleur dans les parties ombrées.

218. Remarquez au surplus que toutes les couleurs s'éclaircissent à mesure que les crayons sêchent en sortant de dessus le porphire.

C'en est assez, & trop peut-être, sur cet objet. L'usage apprend ces choses-là. Quelques éclaircissemens même qu'on pût donner là-dessus, jamais on ne feroit un Artiste. Mais les personnes qui s'es-

fayent ont besoin de secours. C'est
pour elles seules que nous sommes
entrés dans ce détail, & par la
même raison, nous dirons un mot
des carnations à cause de leur importance.

---

## ARTICLE V.

### *Des Carnations.*

219. LES pastels pour les carnations doivent être traités avec
soin.

220. Mettez sur le porphire une
certaine quantité de craye avec
un peu d'ochre jaune & de cinabre,
ou de carmin. Broyez bien le tout
ensemble avec de l'eau claire, &
formez-en des crayons que vous
laisserez sécher à l'ombre, sur de la
craye pure ou du papier.

221. Les mêmes matières vous donneront une seconde teinte plus vive ou plus haute en couleur, en augmentant un peu les doses de l'ochre jaune & du cinabre, ou du carmin.

122. Composez la troisième sans ochre avec du blanc, du cinabre & du carmin pour les parties sanguines, les lèvres, la pomme des joues.

223. Moins de blanc fera la quatrième avec du brun-rouge & du carmin.

224. L'on peut avoir besoin d'une teinte plus rembrunie que cette dernière. Les mêmes ingrédiens avec une pointe de bleu de Prusse & d'ochre jaune la fourniront.

Voilà

Voilà pour les tons clairs.

225. Comme il faut des ombres dans un tableau, les tons clairs doivent être accompagnés de tons bruns. On composera donc ceux-ci d'un peu de blanc & d'ochre de rue avec du cinabre, du brun-rouge, du bleu de Prusse & quelquefois du noir, de manière que cette teinte soit un peu plus obscure que la précédente. Il faut faire diverses nuances de tointes brunes comme de teintes claires, en augmentant ou diminuant la dose de quelques-unes des couleurs principales qui les produisent, telles que le brun rouge, le carmin, le bleu, le noir, & même en supprimant le blanc, qu'on remplace par l'ochre jaune. L'usage en apprendra là-dessus plus qu'on n'en pourroit dire dans un long Chapitre. Il suffit de ces notions générales.

K

226. Il y a dans les tableaux de chaque Artiste, une touche & des tons dominans qui font affez vîte reconnoître fa manière. La teinte générale des ombres y contribue beaucoup. Chez les uns elle eft bleuâtre, chez les autres elle eft jaune, dans d'autres, rouge ou noire; chez ceux-là grife ou violette, &c.

227. La chair dans l'ombre, paroît toujours un peu mêlée de toutes ces teintes-là. Par conféquent le ton dominant des ombres doit participer de toutes ces nuances. En général les ombres doivent être d'un brun léger, mêlé de diverfes teintes rompues de brun-rouge, de carmin, de jaune & de bleu. Gardez-vous de voir la nature verte ou violette comme l'ont fait quelques Artiftes. Il faut, à cet égard, fe défier de fes yeux, écouter

la critique, ou plutôt consulter
avec la plus grande attention les tableaux du Guide, de l'Espagnolet,
de Rubens, de la Hire, de Largil-
lière, &c. (1) Comparer sa touche
avec la leur, & juger à quelle distance on est encore de ce pinceau

---

(1) Il y a, sans doute, beaucoup de différence
dans la manière de tous ces Peintres. Par exemple, l'Espagnolet employe des ombres très-fortes,
mais nettes. Le Guide, au contraire, des ombres
presque toujours tendres, ainsi que Vandyck. La
Hire a pris le milieu. C'est un très-bon coloriste.
Aucun Peintre, à cet égard, ne seroit au-dessus
de Rhimbrandt, s'il n'eût pas affecté de chercher
des effets singuliers. Rien de plus pur que ses car-
nitions dans le clair, lorsqu'elles ne sont pas exa-
gérées, mais tout le reste est ridicule Or, quoique leur manière soit très-différente, cela n'empêche pas qu'on ne puisse juger par comparaison
des effets qu'on aura produit, sans même les avoir
copiés, ou plutôt c'est par un heureux mélange
de leur manière autant qu'elles peuvent simpa-
thiser, qu'on peut, à l'exemple de Raoux, se
faire un coloris d'une certaine magie, si l'on n'a
pas le bonheur, comme le Corrége & Largilliere,
de l'avoir reçu du Ciel.

K ij

pur & net, ferme & sûr qui les diftingue. Voir ensuite combien le
ſtile de tant d'autres eſt indécis,
noyé, ſans éclat, ſans énergie.
ainſi, pour que les figures ſe détachent de la toile, on aura ſoin
de jetter dans les ombres même,
à côté des parties ſaillantes, un
coup de crayon vigoureux & fier,
mais ſans dureté. Ce crayon peut
ſe compoſer d'une partie de brun-
rouge, de bleu, de noir & de
carmin.

La manière obſcure & noire,
dure & touchante, eſt celle que la
plupart des Italiens eſtiment le
plus. Elle ſera la meilleure en effet,
ſi vous en ôtez l'excès du noir & la
dureté, c'eſt-à-dire s'il règne dans
les touches même les plus ſom-
bres, une certaine tranſparence
qu'on leur procure par des demi-
teintes, ſans quoi les ombres ſont
toujours peſantes.

228. Sur-tout on évitera de salir par des couleurs obscures, les touches qui doivent rester dans le clair. Elles ne doivent se mêler que par leurs extrémités, lorsqu'on les fond ensemble; & le meilleur moyen, c'est de les unir par des demi-teintes, sur-tout si l'on se propose de fixer le pastel.

229. On se gardera, par conséquent, de suivre la manière de ces Peintres qui composent leurs tons sur la toile même, en y brouillant leurs couleurs. Elles sont toujours un peu tourmentées & souvent ce ne sont que des barbouillages.

230. Ces demi - teintes participent donc des couleurs voisines, & se composent avec des couleurs de chair, ( n°. 220 & suivans ), où l'on fait entrer un peu plus de jaune, de bleu, de violet, suivant les

parties dont il s'agit ou fuivant la nature des reflets qu'elles reçoivent. Ainſi, pour compofer une demi-teinte, on conçoit qu'en mettant, avec un peu d'eau ſur le porphire du blanc, ou quelquefois feulement de l'ochre jaune, & du brun-rouge, du carmin, du bleu de Pruſſe ou du noir en plus ou moins grande quantité de chacun, l'on aura diverſes touches analogues aux touches voiſines. Encore un coup, c'eſt en étudiant les tableaux des grands maîtres, & ſur-tout la nature, qu'on peut acquérir là-deſſus des notions préciſes, & ſe perfectionner dans l'art de peindre, qu'il n'appartiendroit de traiter qu'au petit nombre d'Artiſtes qui ſe rapprochent des anciens, encore ne pourroient - ils enſeigner ces choſes-là que par l'exemple. Vainement répéteroient-ils ce qu'on trouve dans tant de livres; » qu'il

» faut graduer avec intelligence
» les clairs & les ombres, & don-
» ner à toutes les parties une belle
» harmonie ». On entendra fort
bien tout cela. Mais on n'en saura
pas mieux comment on doit s'y
prendre. C'est par l'usage, par le
goût, par les comparaisons qu'on
peut y parvenir.

Il y a pourtant sur cette matière
quelques principes généraux dont
on peut donner l'apperçu. Nous
allons les parcourir dans le Chapitre qui suit, afin d'aider les jeunes
talens éloignés des guides.

# CHAPITRE V.

## De la pratique de l'Art.

231. Nous supposons qu'on veut entreprendre une tête, & qu'on a la connoissance du dessin; l'on prend un crayon quelconque d'une teinte légère; on esquisse avec, sur le canevas, le plus juste qu'il est possible, tous les traits du visage, en établissant par un trait de séparation, les masses d'ombre & de lumière. Ensuite on ébauche le blanc de l'œil droit de la figure avec un crayon d'un bleu verdâtre un peu sombre; puis celui du côté gauche : on ébauche de même l'iris avec un crayon plus brun. L'on appuye même un peu le petit doigt sur l'ouvrage, après avoir appliqué

le paſtel ſur le canevas pour l'y faire mieux adhérer. On s'eſſuie les doigts, on prend un autre crayon, couleur de chair, pour ébaucher les paupières ſupérieures qu'on ſépare du blanc des yeux par un coup de crayon brun; l'on trace les ſourcils, & le pli qui eſt au-deſ-ſous, on y paſſe légèrement le doigt pour attendrir les touches; on ébauche de même le nez de la couleur de chair la plus analogue à celle de l'original : on met des teintes plus obſcures dans la maſſe des ombres qu'il produit; on par-court de la ſorte chaque partie de la figure, effaçant avec un linge ce qu'on s'apperçoit qu'on a mal rendu, puis on revient à chacune en particulier, de manière que l'ou-vrage, terminé par degrés, ſe ſinit, pour ainſi dire, à la fois. En un mot, on commence par deſſiner la figure avec du paſtel, comme on a coutume de le faire avec la fanguine ou la pierre noire, enfuite on met des couleurs de chair, d'après le modèle, & fuivant que les parties font plus ou moins éclairées, obfervant que, dans l'ombre, les tons doivent participer du ton des mêmes parties qui font dans le clair. Il faut même rompre & dégrader les teintes à mefure qu'on approche de celles qui doivent fuir, fans cependant les noyer au point que les contours ne paroiffent pas terminés. L'œil du fpectateur doit faire le tour de la figure ( 1 ), & l'on y réuffira, fi les contours font coulans, s'ils ne font ni durs ou trop prononcés, ni noyés ou trop indécis.

---

( 1 ) *Caput, crus & pedes eminent, & extra tabulam videntur*, difoit Pline, en parlant d'un ancien tableau qui faifoit illufion.

232. Dans le portrait il faut s'attacher fur-tout à bien rendre le nez : on peut être sûr que le portrait reffemblera toujours dès que cette partie du vifage fera parfaitement faifie. Ce n'eft peut-être pas l'opinion générale ; mais il eft certain qu'on a quelquefois changé tous les traits d'un portrait bien reffemblant, fans toucher au nez, & que ceux qui connoiffoient l'original le nommoient fur le champ, malgré la différence qu'il y avoit dans les autres parties (1). La raifon de cela fe préfente d'elle-même. C'eft au centre du vifage que fe porte habituellement l'œil du fpectateur. C'eft donc cette partie dont l'image le ramène au

______________

(1) Il y a long-tems que j'avois fait cette obfervation. Mais je viens de m'appercevoir que d'autres l'ont faite avant moi, comme on peut le remarquer dans le *Cours de Peinture*, par M. de Piles, pag. 266.

K vj

souvenir de l'original. Je ne prétends pas pour cela qu'on doive négliger les autres parties : je dis qu'il n'en faut négliger aucune, & moins encore celle-là.

233. Mais avant tout, il faut placer la tête dans une attitude aisée. Quoi de plus absurde qu'une figure dont le corps & les yeux sont tournés vers la droite, pendant que la tête est tournée à gauche ! C'est une contorsion. Rien pourtant de plus ordinaire dans les portraits, comme si la tête n'alloit pas naturellement du côté vers lequel les yeux se portent. En prenant le parti de la dessiner un peu panchée en arrière & le corps en avant, mais d'une manière à peine sensible (1), on sera sûr de lui

_______________

(1) *Ars illa summa est, ne ars esse videatur.* Quintil.

donner de la grâce (1), & dès qu'elle aura de la grâce, quelque peu touchante que soit d'ailleurs la physionomie, elle plaira par l'effet du charme qui naît de l'imitation.

...... Point de monstre odieux,
Qui, par l'art imité, ne puisse plaire aux yeux.

234. Ce que je dis là regarde les portraits de femme. Il ne seroit guères moins ridiculé de peindre un homme dans cette apparence de mollesse ou de négligence, que

---

(1) Cette attitude peut suppléer au sourire. Au reste, les Artistes Anglois se récrient sur ce que nos portraits de femme ont le sourire sur les lèvres. Il n'y a qu'à leur donner l'air triste & lugubre de l'ennui : comme si la gaieté n'étoit pas l'appanage de la nation Françoise. Elle est d'ailleurs celui de l'innocence. Les Anglois sont les détracteurs de tout ce qui n'est pas eux. *Oderunt hilarem tristes.* Hor. Qu'ils suivent leur régime, & quoiqu'ils en disent, que *l'eau, la diète, l'exercice & la gaieté* soient toujours le nôtre.

de repréſenter un Roi, la tête roide & le poing ſur la hanche, comme une habitante de la halle, gourmandant ſa voiſine. Cette noble idée s'eſt pourtant répétée cent fois. Il n'y manque plus que de l'entourer d'eſclaves gémiſſans. Qui reconnoîtra jamais deux Rois magnanimes dans les ſtatues du Pont-Neuf & de la Place des Victoires, en voyant à leurs pieds des malheureux chargés de chaînes, & dont la douleur nous perce l'ame ( 1 )? Le véritable attribut des Rois eſt le bonheur de tout ce qui tombe ſous leur empire, & quiconque voit autre choſe qu'un père dans ſon Roi, n'eſt qu'un vil

---

(1) L'antiquité ne nous offre rien qu'on puiſſe mettre au-deſſus des deux vieillards enchaînés à la Place des Victoires. Mais ces eſclaves ſe concilient mal avec le ſuperbe titre, *viro immortali.* Ce n'eſt pas en faiſant des eſclaves que les Rois vont à l'*immortalité.*

corrupteur fait pour être enchaîné
lui-même à la place de ces vains
fimulachres.

235. Ce n'eſt pas que ces ſortes
de tableaux ne ſoient ſuſceptibles
d'ornements allégoriques. Mais il
ne faut pas que l'acceſſoire domine
ſur le principal, comme on le voit
dans certaines compoſitions. Encore eſt-ce dans la région de l'air
ſeulement que les figures allégoriques doivent paroître. Auſſi faut-il
les toucher ſi légèrement, qu'elles
ſoient, pour ainſi dire, aériennes
& tranſparentes.

236. Quant aux ſujets pure-
ment allégoriques, ils doivent être
ſimples comme les Fables d'Eſope
& leur ſens également facile à ſaiſir.
Toute compoſition qu'il n'eſt pas
aiſé de deviner, ne mérite pas
même d'être étudiée. Il faut la

reléguer dans la claffe des logo-
gryphes & des énigmes. Veut-on
montrer, par exemple, qu'on ne
peut trop veiller fur foi - même
contre les furprifes de l'amour ?
On verra la vertu languiffamment
couchée fur un tapis de verdure,
au bord d'un ruiffeau qui vient fe
précipiter & fe perdre fur le devant, dans des gouffres & des rochers. L'amour, un mafque à la
main, voltige au-deffus de fa tête
parmi les feuillages, & répand des
pavots affoupiffants. La vigilance &
les fymboles ( 1 ) qui la caractéri-
fent, dorment auprès d'elle. A fes
pieds un fatyre détache à la dérobée une lionne enchaînée à la
pierre quarrée ( 2 ), pendant qu'un
autre fatyre foulève adroitement

---

( 1 ) Un coq, un chien.

( 2 ) On fait qu'il y a toujours une pareille
pierre aux pieds de la vertu perfonnifiée.

les voiles légers qui couvrent ses
charmes, & qu'un vautour saisit
une colombe dans ses mains. Le
ciel se couvre & devient orageux.
Sur le côté, la statue de Minerve
est mutilée, & les amours brisent
son égide & son casque. On voit
dans l'éloignement les ruines d'un
temple consumé par les flammes, &c. ( 1 ).

Ce genre, trop peu connu, tient
beaucoup à celui de la Fable & des
Métamorphoses. Il n'obtiendroit
sûrement pas moins de suffrages.

237. On ne doit pareillement
choisir dans celui de la Fable que
des sujets d'une moralité frap-
pante. Que fait au genre humain

_______________________________

(1) Un de nos Artistes les plus estimés,
( M Greuze ) travaille en ce moment-même un
sujet semblable, nous ne nous sommes point rencontrés dans la composition.

l'image cent fois répétée de Gani mède, ravi par l'aigle de Jupiter; d'Orithye, enlevée par Borée; de la marche triomphante de Bacchus? Mais la perfidie de Laomédon, la ftupide avarice de Mydas, la vanité puérile de Narcifle, l'orgueil & l'ambition du fils de Clymène . l'avilifiement d'Hercule, qui prend une quenouille par foiblefle pour Omphale , offriront, fous les pinceaux d'un Artifte intelligent , d'utiles leçons. Que feroient les jeux du théâtre, que feroit l'hiftoire elle-même, s'il n'en réfultoit quelque moralité ? Le plus fuperbe ouvrage de Peinture ne fera jamais, fans cela, qu'un parterre où les fleurs ne fervent qu'au plaifir des yeux, & ce qui ne plaît qu'aux yeux n'intérefle pas long-tems. En un mot, fi l'on éprouve une fenfation douce à la vue d'une compofition recomman-

dable par la correction du deſſin,
par la grâce des airs de tête, par la
vérité de l'expreſſion, par la fraîcheur du coloris, d'un autre côté
la découverte du ſens moral qu'elle
renferme, donne encore plus de
plaiſir à l'eſprit que toutes ces qua-
lités-là n'en donnent aux yeux.
*Utile dulci.*

238. Le genre de l'hiſtoire n'exige
pas une imagination ſi poétique.
Mais c'eſt-là que peut ſe déployer
toute l'énergie d'un grand caractère, que la compoſition moins
pleine de feu que de ſageſſe, prend
un ſtyle mâle; c'eſt là que les draperies doivent être riches, les fabriques nobles. Il faut ſur-tout,
que le ſujet ſoit intéreſſant, tel
qu'en fourniſſent les époques du
règne de Louis IX, de Charles V,
de Charles VII, de Louis XII, &c.
Quoi? parmi tant de traits dignes

d'être conservés , parmi ceux même qui se passent sous nos yeux, aucun ne peut enflammer le génie d'un Artiste! C'est en vain que les feuilles publiques les célèbrent , que les sociétés patriotiques leur décernent des prix honorables! Les Peintres sont de glace; le siége de Troye est à leurs yeux plus mémorable que le fiége d'Orléans, & jamais l'affemblée des François, dans la ville de Tours, pour pefer les intérêts de l'État, ne fera comparable à celle où les Capitaines Grecs vont difpofer des armes d'Achille ( 1 ) ? Hé! comment ne voyent-ils pas qu'ils pourroient compter autant de fuffrages qu'ils auroient de fpectateurs, s'ils entroient dans le génie de leur fiècle & devenoient Peintres-Ci-

---

( 1.) *Non hoc ifta fibi tempus fpectacula pofcit.*

toyens. La gloire nationale, ainfi que le bonheur public, font un patrimoine commun pour lequel chacun doit travailler puifqu'il le partage.

Codrus & Curtius fe font immolés pour le bien public. La France a fes Codrus & fes Curtius, & du moins l'hiftoire ne laiffe pas de doute fur la réalité du facrifice d'un Carcado, d'un Devins, d'un d'Affas & de tant d'autres.

Le fameux combat de ce Renaud de Bréham fous Louis IX (1), la courageufe fermeté de ce Charles VII, qui, deshérité par un père en démence & par une mère dénaturée, en appelle au Ciel & à fon épée ; la juftice de ce Philippe de

------

(1) Il fut attaqué dans fon jardin par cinq Anglois. Un Prêtre & fon domeftique vinrent à fon fecours. Ils tuèrent trois des affaillans, & forcèrent les deux autres à prendre la fuite.

Bourgogne, qui force un Miniſtre prévaricateur à réparer l'outrage qu'il a fait à l'innocence ( 1 ), les tranſports de la nation décernant à Louis XII, avec des larmes de joye, le beau titre de *Père du Peuple*, au milieu de l'aſſemblée des Etats, la tendre humanité de ce Henri qui, pendant qu'il aſſiége Paris, en nourrit les habitans que la famine dévore, & tant d'autres traits ſublimes ne ſont-ils pas auſſi propres à développer les talens de l'Artiſte que tout ce que l'antiquité nous offre de plus remarquable chez les Grecs & les Romains.

---

( 1 ). Ce Miniſtre, appellé Rhinſaad, pour s'aſſurer la conquête de Saphira, s'étoit défait de ſon mari. Le Duc de Bourgogne, après l'avoir obligé de lui faire une donation de ſes biens, la lui fit épouſer, &, la cérémonie achevée, la délivra du monſtre.

239. Le genre des batailles
rentre dans celui de l'histoire. Mais
il exige plus de fougue, plus de
fracas. Un peu de confusion n'est
pas même un défaut, pourvu que
l'œil puisse distinguer un groupe
principal. C'est-là que le désordre
est un effet de l'art, il ne faut pas
que les figures grimacent, ni que
leurs mouvements soient contre
nature ; mais, à cela près, l'expression ne peut être rendue avec
trop de force. Que les combattans
s'élancent furieux les uns sur les
autres. Que les images les plus
terribles, semées de toutes parts,
le feu, le sang, la mort ne laissent
à l'ame aucune retraite pour se reposer. Ne craignez pas de rendre
la scène trop déchirante. Je veux
entendre les cris des mourans, &,
lors même que j'épouse la querelle
du vainqueur, il faut que ses lauriers m'arrachent des larmes.

240. Le payfage peut entrer dans toutes ces fortes de fujets. C'eft le genre le plus facile, & dans lequel on a le plus approché de la perfection. Mais le payfage fans acceffoires eft peu de chofe. Deftiné par lui-même à nous retracer les doux fouvenirs de la vie champêtre, il peut offrir les détails les plus riants, des bergeries, des vendangeurs, des parties de pêche, des danfes de moiffonneufes, des voyageurs, des citadins fur le gazon, tous les amufements de la campagne, des moralités même parées des attributs de l'Eglogue ou de l'Idille. J'apperçois à l'ombre d'un ficomore, une jeune bergère qui rougit, interdite, confufe, & dont les bras inanimés laiffent tomber fur fes genoux une houlette qu'elle ornoit de fleurs. Sa quenouille & fon fufeau font à fes pieds. Ses moutons, encore éloi-

gnés

gnés de la prairie, languissent dans l'attente. Sa mère, car à l'air de famille on ne peut s'y tromper, vient de la surprendre, & lui témoigne de la colère à la vue de cette houlette qu'elle indique d'une main, tandis qu'elle montre la quenouille de l'autre, & qu'un gros dogue gronde deux tourterelles perchées sur un arbre. Je vois ce que signifie ce tableau; mais un jeune berger qui s'est refugié derrière le sicomore, avec l'air de la plus vive inquiétude, acheve de m'en expliquer le sujet. Ainsi l'Idylle vient se placer d'elle-même dans le paysage. C'est à la Peinture à l'animer, à lui donner un peu plus d'action que ne l'a fait la poésie. Elle pourroit devenir, dans ses mains, une jolie scène dramatique. Mais n'allez pas me renfermer dans l'enceinte qui borne votre vue au milieu d'un bosquet. Mes yeux

L

veulent parcourir un plus vaste ho-
rifon. Que les jeux & les charmes
de la campagne viennent s'y raf-
fembler pour m'apprendre à regretter le féjour de la paix, de
l'innocence & du bonheur. Que
me diroient des arbres, des ruif-
feaux, des rochers folitaires ? Vous
n'arrêterez mes regards fur le fite le
plus délicieux, qu'en amufant mon
cœur par d'agréables illufions. Cependant fi vous m'offrez des bof-
quets bien fymmétrifés, des châ-
teaux, & le luxe des villes tranf-
porté dans les campagnes, qu'elles
foient défertes & frappées de fté-
rilité; que les chaumières tombées
en ruine me peignent la mifère
toujours voifine des grandes pof-
feffions ( 1 ).

_______________________________

( 1 ) On défire que les campagnes fe repeu-
plent de gens riches. Mais l'exemple de la cor-
ruption, mais le poids du crédit ? Il faut honorer les Agriculteurs comme la portion la plus

241. On jette auſſi quelquefois des chaſſes dans le payſage. Elles peuvent faire les délices des gens livrés à cet exercice, qui tient aux mœurs des peuples encore ſauvages.

242. Les marines ſont plus généralement goûtées. Au moins donnent-elles l'idée d'un grand ſpectacle, & elles peuvent inviter à réfléchir ſur l'importante queſtion de ſavoir ſi le commerce maritime eſt réellement, comme on le dit ſans ceſſe, le nerf d'un État, ou ſi, pour employer une comparaiſon, il n'eſt pas utile à ſa proſpérité de la même manière qu'une table ſomptueuſe eſt utile à la ſanté.

---

importante de la ſociété ; c'eſt alors qu'ils ſentiront combien le bonheur d'une vie réglée ſimple & paiſible, eſt préférable aux vaines eſpérances qu'ils viennent pourſuivre dans les villes.

243. La Peinture est sœur de l'Éloquence & de la Poësie. Elles s'élèvent toutes les trois, d'un même vol aux objets les plus sublimes & peuvent enseigner à l'envi de grandes vérités. Veulent-elles montrer, par exemple, sur quelles bases portent les gouvernements bien constitués. Elles ouvrent le Ciel ; en font descendre la Religion que le Génie de l'Empire accueille. A son aspect les vices prennent la fuite. Elle console d'une main la vertu par l'espoir de la couronne immortelle qu'elle lui montre, secourt de l'autre, à la dérobée, l'humanité souffrante. A l'entrée d'un temple formé de quatre colonnes, dont les chapitaux ont pour décoration les simboles de l'Empire (1) & qui soutien-

_______________

(1) Voyez le nouvel ordre d'Architecture qui se trouve chez Guiot, graveur, à Paris, rue Saint-Jacques, no. 9.

nent une couronne qui leur sert de coupole, on voit la souveraineté sous la figure d'une femme dont les yeux respirent la tendresse ; elle rassemble en cercle toutes les classes de la société, car tout se tient dans l'ordre social, & le dernier chaînon touche au premier. Sous ses yeux, la Justice, met au devant de l'innocence, le livre de la loi pour la garantir des attentats de l'envie & de la perversité, pendant que la force, les yeux tournés sur la justice, terrasse la perversité, chasse la discorde, & contient le démon de la guerre. De l'autre côté l'industrie sillonne tranquillement la terre avec le soc de la charrue, & sème, entourée des arts, les trésors de l'abondance. Voilà comment les Empires reposent sur quatre colonnes, la Religion, la Justice, les Armes & l'Agriculture. Ainsi la Justice est soutenue par la force, mais si la force est la compagne de la justice, elle ne la dirige ni ne la maîtrise pas. Toutes les deux font également les bras du Souverain. Quel seroit en effet le renversement de l'ordre, si la partie armée des citoyens uniquement établie, & c'est ce qu'il faut que l'on sache, pour défendre celle qui ne l'est pas, devenoit oppressive & s'arrogeoit le droit de la fouler aux pieds ?

244. Le Peintre & l'Écrivain, lors même qu'ils ne paroissent prendre que des formes riantes, savent cacher l'instruction sous cette écorce légère. Ils ne perdent pas de vue qu'ils sont en présence des siècles à venir encore plus que du leur (1), & c'est par ce moyen que

_______________

(1) On dit qu'un de nos Artistes les plus en

les tableaux de Protogène ont
sauvé Rhodes de la fureur de Dé-
métrius, comme les poësies d'Eu-
rypide ont sauvé les Athéniens de
la vengeance de Syracuse.

Ajoutons ici quelques développements à ces observations générales, sans prétendre nous appe-
santir sur la théorie de la Peinture. Ce seroit une entreprise un
peu vaste que d'en traiter à fond
toutes les parties.

245. Le premier des principes
roule sur le choix ou l'invention du
sujet. Nous avons déjà dit qu'il
doit être intéressant, ( n°. 192 &
238. ) Du moins faut-il tâcher de
le rendre tel.

---

vogue, se reprochoit amèrement, vers les dernières années de sa vie, d'avoir trop souvent négligé de pareilles réflexions. Ses premiers succès
l'avoient gâté.

246. Le second porte sur l'ordonnance ou distribution des objets qui doivent le composer. Elle doit être facile, simple & naturelle.

247. Le troisième principe est relatif au dessin. Le dessin doit être pur, correct & précis.

248. Le quatrième embrasse le stile. C'est principalement l'expression, la grâce, & le coloris qui constituent ce qu'on nomme le stile. Mais le dessin lui-même entre pour beaucoup dans cette partie. Le stile doit être coulant, noble, énergique.

249. L'art des groupes, celui des contrastes, des draperies, de la perspective & du clair-obscur sont autant de branches de ces principes généraux.

Supposons maintenant, pour en rendre l'application plus sensible, qu'on a fait choix d'un sujet & qu'on s'est déterminé pour celui qui suit.

250. Dans la dernière révolution de Gênes, un Officier François, il se nommoit Roquefeuille, étoit chargé de défendre le poste important de la *Madona Della Croce*; mais il n'avoit que très-peu de monde & ne pouvoit compter sur aucun secours de la part des Génois. Instruit qu'il doit être attaqué par des forces supérieures, il court vers la Place, monte sur une estrade qu'alloit quitter un Religieux qui prêchoit le peuple. Il annonce qu'il vient d'avoir une apparition de la Madone. Elle m'a déclaré, poursuit-il, qu'elle alloit être attaquée par les Autrichiens, mais qu'elle ne vouloit point que

L v

les François euffent la gloire de les
chaffer, parce qu'ils n'ont pas affez
de dévotion, qu'il falloit que les
Génois vinffent la défendre , &
qu'elle leur promettoit la victoire.
Il n'a pas fini que les Génois s'ar-
ment, le fuivent, & le fuccès cou-
ronnant fon audace, juftifie l'apparition.

Je prends ce trait parmi cent
autres, parce qu'il eft moderne &
qu'il eft peu connu parmi nous,
quoiqu'il foit dans la bouche de
tous les Génois.

251. On conçoit qu'il ne s'agit
pas de repréfenter l'orateur en cui-
raffe, ni dans la pofture d'un faint
Paul , annonçant l'Évangile aux
Nations. Mais il doit être prefque
en défordre, comme un homme
qui vient de fe dérober au fommeil;
Sa phyfionomie n'eft pas non plus
celle de Turenne ou de Condé ,

mais celle d'Annibal, l'air rufé, mêlé d'audace & de fineffe. Le Religieux defcend de l'eftrade les yeux tournés fut ce nouveau Prédicateur. Celui - ci préfente une épée à la multitude & montre la Madone fur un nuage. On doit moins la voir que la deviner. Mais elle fait defcendre un bouclier fur lequel font repréfentées les armes de Gênes. Quelques bras font tendus pour le recevoir. Les femmes elles-mêmes excitent le peuple & lui donnent des armes. Le foleil fe lève, on l'entrevoit derrière le tronc d'un arbre. Les ombres par conféquent doivent être horifontales. Dans un coin paroît une petite forterefse avec un drapeau femé de fleurs de lis, & dans l'éloignement les troupes Autrichiennes fe gliffent vers ce pofte pour le furprendre. On les reconnoît à l'aigle de leurs enfeignes. Dans l'autre

L vj

coin paroît un Sénateur qui semble applaudir à la dérobée ; & qui se couvre de son manteau du côté des Autrichiens, de peur d'en être apperçu.

252. Comme un tableau ne doit représenter qu'un seul instant, qu'une seule action, qu'un lieu principal & ses dépendances.

» Qu'en un lieu, qu'en un jour, un seul fait accompli,
» Tienne jusqu'à la fin le théâtre rempli.

L'Artiste doit choisir la circonstance la plus favorable & qui fournit les situations les plus heureuses. Ainsi le Brun, dans sa famille de Darius, a représenté la mère de ce Prince avec ses enfans, aux pieds d'Alexandre. Le tableau seroit beaucoup plus vague & moins touchant s'il avoit choisi l'instant qui suivit celui-là. Je pourrois citer encore un heureux choix dans l'exemple du Saint-André, sur le point d'être martyrisé. L'Artiste, laissant à l'écart l'idée triviale, de l'étendre sur la croix, a tiré de l'instant qui précède un mouvement sublime. L'Apôtre se jette à genoux devant cette croix pour honorer cet instrument de sa mort ou plutôt du bonheur immortel dont il va jouir. Mais cette idée vraiement grande & belle a souvent été répétée ( 1 ). Ainsi quand ou aura, par exemple, à représenter la guérison du possédé, l'on n'ira pas se déterminer pour l'instant qui précéde le prodige comme

_______________

( 1 ) On la voit exécutée à Notre-Dame dans la croisée à droite. Ce tableau n'est pas l'ouvrage de Jacques Blanchard, le Coloriste, puisqu'il est de 1670, & que cet Artiste mourut en 1638. On la trouve encore dans un tableau du Guide, à Saint-André du Mont Célius, à Rome. L'Albane a aussi traité ce sujet de la même manière, dans un grand tableau de l'Église de Servitecz, à Bologne, &c.

l'ont fait la plûpart des Artiftes (1). C'eft un mauvais choix. On n'y voit, au lieu des belles expreffions de la reconnoiffance & de l'admiration la plus éclatante, que les contorfions d'un furieux qui fe débat dans fes chaînes. Il en réfulte une équivoque déteftable. D'ailleurs c'eft le prodige qu'on cherche, & l'on n'en voit pas.

253. Quant à l'unité d'action, rien de plus abfurde qu'un tableau qui repréfenteroit deux actions fimultanées indépendantes l'une de l'autre. L'attention ne peut fe partager entre deux objets à la fois, ni l'intérêt fe divifer. On ne voit aujourd'hui que bien rarement de pareilles bévues , quoique de grands Artiftes y foient tombés autrefois.

_______________

(1) On en voit deux tableaux à Notre-Dame.

254. Cette unité d'action renferme néceſſairement celle de
tems & de lieu. Je n'ai donc pas
beſoin d'inſiſter ſur ces deux articles.

255. Ce n'eſt pas que ſi le trait
hiſtorique eſt peu riche par lui-
même, on ne puiſſe y joindre, lorſqu'on a beaucoup d'eſpace, des
acceſſoires analogues. S'ils le dé-
veloppent ils l'embelliſſent. On a
vu que l'éloquence, la poëſie & la
peinture ſont ſœurs. Mais c'eſt trop
peu dire. Eſt-on Orateur, eſt-on
Poëte, ſi l'on n'eſt Peintre? Non;
de même le Peintre eſt tout à la
fois Orateur & Poëte. On peut
même ajouter qu'en général celui
qui n'exécutera ſon ſujet que
comme un Hiſtorien l'auroit dé-
crit, n'ira pas loin. Que diroit-on
de la Luſiade ou de la Jéruſalem,
ſi le Camoëns & le Taſſe avoient

sèchement raconté les voyages de leur Héros dans l'Inde & la Syrie? Une très-légère circonstance, le moindre épisode, une saillie puisée dans la morale ou dans le sentiment, liée toutefois avec le sujet, suffit pour l'élever au ton de la poësie, pendant que l'expression l'élève à celui de l'éloquence. Qu'un Artiste, par exemple, veuille représenter une petite fille dont sa mère ajuste la coëffure. Cette idée est fort simple & n'offre rien de fort piquant. Mais n'en demandez pas davantage à tous ces tableaux qu'on nous apporte.... On m'a déjà deviné. C'est assez. Que fait l'imagination pour embellir cette froide & stérile image? Elle prend le pinceau de Chardin : pendant que la mère assujettit la tête de la petite-fille & range sa coëffe, celle-ci tourne les yeux sur le miroir pour se regarder, & nous fait sentir que les mères font trop valoir aux enfans le prix de la parure. *Inde mali labes.* Aussi fit-on sur ce joli tableau ( 1 ) ces quatre vers :

      ,, Avant que la raison l'éclaire ,
  ,, Elle prend du miroir les avis féduifans,
      ,, Dans le défir & l'art de plaire ,
  ,, Les Belles, je le vois, ne font jamais enfans ,,.

C'eft ainfi que pour exprimer une circonftance critique dans la vie d'un Héros, l'hiftoire qui l'écrit, laiffe une lacune. Elle déchire le feuillet ( 2 ). Ainfi le Pouffin dans un de fes payfages où l'on voit une danfe de jeunes bergères ( 3 ), place, tout auprès, un tombeau qui femble avertir le

---

( 1 ) Je ne l'ai point vu : j'en parle feulement d'après la gravure qu'en a fait le Bas & que tout le monde connoit.

( 2 ) C'eft à Chantilly qu'eft ce tableau , par Corneille.

( 3 ) Dans le cabinet du Roi.

fpeƈtateur du néant des plaifirs &
lui dire combien l'intervale eft
court de la vie à la mort, ( 1 ),
ainfi Jouvenet, dans fon tableau
du Lazare reffufcité (2), repréfente un malade qui, plein d'admiration, lève les bras à la vue de ce
prodige, & témoigne l'efpérance
qu'il a d'être guéri, tandis que les
ouvriers font frappés d'étonnement, que les femmes & les dif-
ciples font remplis de confiance,
& que deux enfans, faifis de peur,
fe jettent dans les bras de leur

--------

( 1 ) Des critiques ( Richardfon ) ont cenfuré
cette idée que d'autres ont propofé comme un
modèle, (M. l'Abbé de Lille dans fon Poëme des
Jardins ). Au refte, fi l'on oppofoit que cet
exemple ne répond pas à ce que je viens de dire,
que l'acceffoire doit être relatif au fujet, il fuffit
de répondre que celui-ci fait partie du payfage,
& dès - lors il rentre dans le plan général de la
compofition. C'eft un contrafte que le goût le
plus févère ne peut condamner.

( 2 ) Dans l'Églife du Prieuré de Saint-Martin
des Champs, à gauche.

mère, & cependant regardent avec intérêt. Rien de plus simple & voilà le sublime.

Ce que je dis là de cette compofition de Jouvenet, on peut le dire d'un tableau de Boullogne, d'une date antérieure, & qui répréfente le même fujet (1). Il y a de grands rapports dans la manière dont ils l'ont conçu l'un & l'autre.

256. On voit, par cet exemple, que les incidents doivent être analogues au fujet principal. Dès qu'ils aident à le faire comprendre ils en deviennent l'ornement. Je ne mets pas dans cette claffe l'intervention des Dieux & des Déeffes, même comme agents allégoriques, à moins que le fujet ne foit tiré de la fable, ou que cette

---

(1) Aux Chartreux, près de l'autel à droite

intervention n'ait fon fondement dans le récit même de l'hiſtoire. Au moins faut-il être extrême- ment réſervé ſur cet article. Un verſificateur a beau nous mener *ſur les traces de Vénus & des Grâces*, il a beau parler *de Permeſſe & d'Hipo- crène*, ce n'eſt pas là ce qui fait le Poëte. Les idées heureuſes, éle- vées ou fines, mais inattendues, les élans d'une imagination vive, riche & féconde, voilà le Parnaſſe. Écartez enfin d'une compoſition tout épiſode inutile. Dès qu'il ne l'orne pas, il la gâte. » J'inter- » roge envain ces figures-là, diſoit » l'Albani, je leur demande ce » qu'elles font dans ce tableau, » toutes me répondent qu'elles » n'en ſavent rien ». Mais dès que chaque figure acceſſoire fait penſer le ſpectateur & lui développe le ſujet, il aime à s'entretenir avec elle, & le réſultat de cet entretien, c'eſt un ſentiment d'eſtime pour l'ouvrage & pour l'auteur.

257. Rendons tout cela plus ſenſible par un exemple, & prenons celui du Pigmalion de Raoux ( 1 ). Vénus entend ſes vœux. Elle deſcend du ciel & touche la ſtatue pendant que l'Amour la prend par la main. La ſtatue s'anime. De petits amours s'empreſſent autour d'elle. Un d'eux prépare un collier de perles, un autre apporte une couronne de fleurs. Pigmalion, les bras étendus, eſt dans le raviſſement. Plus loin paroiſſent de jeunes élèves du ſculpteur. Ainſi, nulle circonſtance qui ne ſoit analogue au ſujet. Mais le trait heureux & poëtique, l'idée inattendue, c'eſt

______________

( 1 ) Au Louvre, dans la ſalle d'aſſemblée de l'Académie de Peinture , en face de la croiſée.

qu'on voit circuler le sang & la vie dans les parties supérieures de la statue, pendant que les autres sont encore du marbre. Cette jolie pensée achève d'expliquer le sujet & de prouver, suivant l'intention de l'auteur, que l'amour peut donner une ame à qui n'en eût jamais.

258. Souvent même une bagatelle, un geste, suffisent pour faire d'un sujet ordinaire une Ode charmante. Annibal, avec un bon mot, fait marcher son armée à la conquête de l'Italie. De même une idée fine, spirituelle, subjugue, entraîne le spectateur. Qui peut disconvenir que ce fut une idée heureuse de représenter Diogêne qui cherchoit un homme avec sa lanterne, & qui l'a trouvé dans le Cardinal de Fleuri ? C'est sous le même rapport qu'on vante à Bologne ce mouvement de la Tur-

bantine (1) qui vient offrir des œufs à l'Hermite Benoît. Elle met la main deffus de peur qu'ils ne tombent du panier. Ce mouvement, fans-doute, eft naturel & fin, mais on permettra que je cite à cet égard une idée d'autant plus intéreffante qu'elle eft, tout à la fois, fpirituelle & dictée par le fentiment. Une jeune bergère, dans une nativité de la Foffe, apporte un œuf à l'Enfant-Jéfus, elle le tient d'une main, & mettant l'autre main fur la poitrine, c'eft tout ce que j'ai, dit-elle à la Vierge, mais je vous l'offre de bon cœur (2). La Vierge, en portant les yeux fur cet œuf, & non fur la bergère, té-

---

(1) C'eft le nom que porte un tableau du Guide qu'on voit à Bologne au Couvent de Saint-Michel du Bois. Il eft prefque perdu.

(1) Elle parle en effet, mais tout bas, ne manqueroit pas de dire un Italien; c'eft qu'elle a peur d'éveiller l'enfant.

moigne par ce mouvement le même intérêt que si c'étoit un tréfor. Mais perdra-t-elle fon enfant de vue ? Non ; pendant qu'elle fe tourne pour regarder l'œuf, fes deux bras qu'elle étend veillent autour du précieux nourriffon. Jofeph feul, avance la main pour recevoir cet hommage du fentiment. Ces idées-là fimples & délicieufes comme celles d'Anacréon, pénêtrent jufqu'aux larmes, & l'auteur n'a pu les puifer que dans fon cœur. Dira-t-on que ce font des obfervations de commentateur qui prête à fon Héros des idées qu'il n'a jamais eu. Mais on peut voir & juger ( 1 ). Il eft impoffible , en

_______________________________

( 1 ) Ce tableau de la Foffe eft dans l'Églife de Saint-Sulpice , à l'autel de la première Chapelle à droite , au-deffus de la facriftie. Le coloris en eft beau. L'on y voit une fort belle tête de vieillard & deux ou trois Anges très-jolis. Un

confidérant

considérant cette compofition, de n'y pas voir tout ce qu'on vient d'obferver.

259. Comme il faut éviter de furcharger le fujet d'acceffoires inutiles ; on doit fe garder encore plus de répandre dans un tableau d'hiftoire des détails puériles & minutieux. Ils décèlent une imagination ftérile qui fe jette fur tout ce qu'elle rencontre, & fe couvre de haillons pour cacher fa mifère. On ne s'amufera donc pas dans la repréfentation d'une fcène intéreffante à mettre des bambins à cheval fur un chien ou des marmoufets qui fe prennent aux cheveux. On doit laiffer les penfées ignobles, grotefques ou bouffones

---

des Anges, fi ma mémoire ne me trompe , avance le bras pour faire figne que l'Enfant - Jéfus dort , &c.

M

à Scarron, travestissant l'Énéide.

260. A ces remarques sur l'ordonnance, ajoutons que le personnage principal de la scène doit toujours, sans être isolé, paroître un peu séparé des autres, afin qu'on puisse aisément le distinguer. Cela prévient les *quiproquo*. Voyez dans le *magnificat* de Jouvenet, combien la Vierge, par la manière dont elle est placée, & par son attitude, s'empare d'abord de toute l'attention (1). Mais il faut ménager entre ce personnage & ceux qui sont les plus proches, une sorte de gradation ou de liaison. Cette sé-

______

(1.) On voit ce tableau dans le chœur de Notre-Dame. On pourroit lui reprocher une figure inutile, précisément celle qui représente Jouvenet lui-même. La critique tombe dès que l'on considère que les gens de la maison se sont tous empressés de venir au devant de Marie. Il est alors du nombre des spectateurs qu'il a très-bien pu représenter sous la figure qu'il a voulu,

paration n'eſt pourtant pas néceſ-
faire quand la nature du ſujet ne
comporte aucune équivoque. On
en voit un exemple dans le ſuperbe
tableau de l'adoration des Mages,
par la Foſſe. Toutes les figures n'y
forment qu'un ſeul groupe, & rien
cependant n'y paroît confus, tant
elles ſont bien diſtribuées ( 1 ).

261. La liaiſon même, ou gradation d'une figure à l'autre n'eſt
pas ſi capitale qu'on ne puiſſe quelquefois s'en écarter lorſque les
circonſtances l'exigent. Le Saint
Laurent de le Sueur, eſt dans ce
cas, & cette compoſition ne brille
pas moins pas la beauté de l'ordonnance que par la correction du
deſſin.

---

( 1 ) Il eſt dans le même endroit que le précédent.

262. Le deffin dans l'ordre de l'exécution, marche après l'ordonnance. Il eft fans-doute la bafe & le principe des études. On l'a défini l'imitation de la forme des corps. C'eft donc par là que tout éleve a dû commencer pour faifir au jufte cette forme & fe rendre l'art de l'imiter plus facile. Mais on ne s'occupe du deffin, quand il s'agit d'exécuter un tableau, que lorfqu'on s'eft fait une idée nette du fujet, & qu'enfuite on en a jetté le plan.

263. Le deffin doit être regardé comme la partie capitale d'une compofition. C'eft par lui que les figures feront en équilibre. C'eft par lui qu'elles fe mettront en perfpective, & feront, même dans les racourcis, l'effet qu'elles doivent produire ; enfin c'eft par lui qu'un tableau peut acquérir une certaine

magie & montrer fur une furface plane des enfoncemens capables de faire illufion. Rien de plus beau dans ce genre que celui dans lequel Henri IV reçoit un Chevalier du Saint-Efprit, par de Troi ( 1 ). Le charme de la perfpective eft au comble. Voyez comme les objets s'éloignent. On ne trouvera rien nulle part qu'on puiffe mettre au-deffus de cette compofition. Le tableau de Henri III qu'on voit à côté, fe diftingue moins dans cette partie, quoiqu'il foit d'ailleurs très-recommandable par le coloris le plus fuave, & par toutes les grâces d'un pinceau facile.

264. On ne doit donc jamais né-gliger de deffiner toutes les figures d'une manière aifée, noble & cor-

---

( 1 ) Dans le chœur de l'Églife des grands Auguftins.

recte. Le deſſin, dans les femmes, doit être léger, pur & moëlleux. Dans les hommes, il doit être vigoureux, ferme & hardi. Mais fuyez la ſêchereſſe & la dureté. L'une & l'autre ne font pas moins diſparoître le relief que les contours noyés. Évitez pareillement l'exagération lorſque vous n'avez pas à peindre Hercule aux priſes avec un taureau. Vous n'offrirez point un berger qui ſe repoſe, les muſcles tendus & tous les membres en contraction, comme un athlète. C'eſt encore un contreſens de repréſenter un perſonnage avec une tête de ruſtre, & des mains ou des pieds délicats.

265. L'école françoiſe, en général, a porté cette partie de la Peinture auſſi loin qu'elle peut aller. Il ne faut pas en être ſurpris; elle a tant de moyens, tant de

reſſources de tous les genres ( 1 ), qu'il ſeroit au contraire étonnant que cela ne fut pas. Mais peut-être quelques maîtres ſe ſont - ils trop piqués d'exceller dans cette partie. Voyez le tombeau du Comte d'Harcourt ( 2 ). On ſent que l'Artiſte s'eſt occupé de lui-même. Il a fait comme ces Orateurs qui ſurchargent la défenſe de leurs cliens de détails qui leur ſont

--------

( 1 ) Indépendamment des écoles publiques & de celle des Éleves françois à Rome, on voit à Paris une grande partie des meilleurs tableaux de l'Italie dans le cabinet du Roi. La collection du Palais-Royal réunit auſſi plus de Corréges & de Paul Veroneſes, que Parme & Veniſe. Au moins ſont-ils beaucoup mieux conſervés. Il y a dans les ſalles de l'Académie, d'excellens morceaux. On en trouve enfin dans les cabinets des Amateurs, une foule, des diverſes écoles, que tout le monde a la liberté de voir, la courtoiſie françoiſe ne jouit véritablement qu'autant qu'elle communique ſes richeſſes. *Quo mihi fortunas , ſi non conceditur uti.* HOR.

( 2 ) Dans une chapelle à Notre-Dame , ſur la droite, derrière le chœur.

personnels : du moins le fculpteur femble avoir voulu, dans cet ouvrage, faire un tour de force. Il rappelle ces Muficiens qui cherchent à briller par des coups d'archet extraordinaires. Peut-être le commun des apprentifs admire-t-il ces fortes de luttes contre la difficulté, mais le goût rejette leurs prodiges dans la claffe des bonnes études & les laiffe-là. Ce n'eft point par la méchanique feule que le public juge les productions des Beaux - Arts ; ils n'auroient même jamais obtenu l'épithète qui les diftingue des métiers s'ils n'avoient que ce mérite.

Il faut pourtant convenir que dans le cas dont nous venons de parler, on peut juftifier à cet égard les vues de l'Artifte. Il s'agit d'un maufolée. Ce n'eft pas là qu'on doit répandre des images agréables. Ce feroit une faute énorme.

Il a sans-doute voulu nous faire voir dans ce corps défiguré le spectacle..... Vous frémissez? Quoi, cette tombe?.... Approchons : notre vaine délicatesse a beau reculer, elle-même nous y précipite.

266. En général, on doit éloigner des yeux les objets révoltans, les images atroces. J'ai vu des gens détourner la tête à l'aspect du tableau de Pirame & Thisbé, par la Hire. Ce groupe de cadavres, le sang de Thisbé ruisselant sur le corps de Pirame, leur blessoit la vue. Rien, par exemple, de plus propre à faire des sensations pénibles, qu'une scène de pestiférés. Elle semble amener des détails propres à repousser la nature, à lui faire appréhender sa propre destruction. Voyez avec quelle sagesse, avec quels ménagemens Carle Vanloo, dans le

M v

Saint Charles Borromée, a traité
ce sujet ( 1 ). Rien de hideux, rien
qui vous faſſe reculer ; mais des
images touchantes, & qui, sans
faire le tourment d'une ame sen-
ſible, ſollicitent la pitié, le plus
tendre intérêt. Vous voyez une
mourante, jeune encore, reçe-
vant les derniers ſecours de la religion. La vie ſemble s'échapper
& l'abandonner par degrés. Ses
mains ſont déjà froides. On diroit
que la foi retient encore ſon dernier ſoupir. Vous êtes attendri de
ſa langueur, mais vous l'oubliez
pour partager ſon zèle. On voit tout
près quelques autres malades. Peut-
être même ne ſont-ils déjà plus. On
l'ignore. L'artiſte a voulu nous dérober tout ce que ce tableau pouvoit avoir de trop déchirant. D'ail-

---

( 1 ) Dans une chapelle, à Notre-Dame, de
rière le chœur, ſur la gauche.

leurs le même intérêt partagé se
feroit affoibli. Borromée de fon
côté n'a rien qui ramène à l'idée
de cette fcène d'horreur, la plus
tendre charité brille fur fon vifage. Il n'eft occupé que des au-
guftes fonctions de fon miniftère.
Il apporte le Dieu des confola-
tions. Il y met cette candeur,
cette aménité qui formoient fon
caractère. C'eft véritablement une
figure angélique. Il femble qu'il a
communiqué fon zèle à fes affif-
tans. Ils ne fongent feulement pas
qu'ils font avec des peftiférés,
qu'ils font eux-même mortels. Je
n'ai pas été dans la confidence de
l'auteur, mais il ne peut avoir eu
d'autres vues, & l'on fent un fecret
plaifir à trouver au fond de fon
cœur l'éloge de ce tableau, qui
d'ailleurs, & fous tous les autres
rapports, eft un modèle exquis. Il
a le coloris qu'il doit avoir. Ce ne

font pas des couleurs, ce font des étoffes, c'est du linge, c'est de la chair. En un mot c'est vraiement un des plus remarquables des neuf ou dix chef-d'œuvres que possède Notre-Dame, fans parler d'un grand nombre d'autres bons tableaux répandus dans cette église.

267. Une observation qui découle naturellement de ce que nous venons de dire, c'est qu'il ne faut jamais négliger les têtes, parce que c'est le premier objet fur lequel on porte les yeux, & celui que tout le monde est le plus en état d'apprécier. J'ai vu des gens qui parcouroient tout assez rapidement, s'arrêter devant la résurrection du Lazare, par Champagne (1). C'est qu'il y a tout près du Lazare,

_______________

(1) Aux Carmélites de la rue Saint-Jacques, à droite.

trois ou quatre superbes têtes qui
ne le cèdent point au fameux
François de Paule de Vouet (1).
La figure entre autres la plus pro-
che des pieds du Lazare, est du plus
grand effet. Elle sort du tableau.
Suivez l'exemple de ces Artistes-là.
Ces sortes de beautés peuvent ra-
cheter des négligences. Il faut,
pour cet effet, consulter la nature,
la belle nature, l'interroger avec le
plus grand soin. D'ailleurs, si c'est
le moyen d'être vrai, c'est aussi le
moyen d'être varié comme elle.
Est-il rien de plus froid qu'un tableau dont tous les visages semblent sortir du même moule,
comme on peut le remarquer entre
autres dans la plûpart des tableaux, chez certaines nations;
voyez une de leurs figures, vous

---

(1) Aux Minimes de la Place Royale, dans
la dernière chapelle à gauche.

les voyez toutes. Que les têtes de femme fur-tout, brillent de cette fraîcheur, de cette fleur de beauté, *quefta bella vita*, qui ravit au premier coup-d'œil. Où la trouvera-t-on, fi ce n'eft dans la Peinture ? Un de nos Artiftes les plus remplis de talent traite fupérieurement les fiennes, mais toutes ont un air de famille, & n'ont que rarement le caractère de la beauté. Leurs yeux, tout criftallins qu'ils font, paroiffent toujours un peu fombres; on diroit qu'elles vont pleurer l'abfence des Grâces ; l'objet des beaux-arts n'eft pas fimplement d'imiter la nature, mais la belle nature. Le raviffant concert qu'une fymphonie où l'on exprimeroit d'une manière vraye le croaffement des grenouilles ! Pour peindre la beauté, l'Artifte, à Paris, n'a qu'à choifir. Cependant les Anciens, ne la cherchoient pas fur telle ou telle

figure ; ils s'en faiſoient, dit Cicé-
ron, l'idée la plus raviſſante, & c'é-
toit d'après ce modèle de leur imagination, qu'ils la repréſentoient.
(1). C'eſt-à-dire qu'en copiant les
détails d'après nature, ils les rap-
prochoient de l'idée qu'ils s'étoient
faite de la beauté. Mais n'allez pas
adopter le goût de Maroc ou
d'Alger, & vous faire un modèle
chargé d'embonpoint. Ne donnez
pas non plus dans le goût des Por-
tugais pour les ſquelettes. Évitez
les deux extrêmes. On ne ſupporte
pas mieux des figures trop ſveltes
que des chairs enflées & molles.
On aime des formes arrondies.
Voyez la Vénus de Médicis. Quel

_______________

(1) *Illi vel in ſimulacris, vel in picturis, non
contemplabantur aliquem, à quo ſimilitudinem du-
cerent, ſed ipſorum in mente inſidebat ſpecies pul-
chritudinis eximia quædam, quam intuentes, in
eaque defixi, ad Illius ſimilitudinem, artem & ma-
num dirigebant.* Cicer. *In orat.*

heureux choix ! .... Cependant fi
Cléoméne avoit voulu repréfenter
une des Grâces, & non pas la
Déeffe de la beauté, je crois qu'il
auroit fait les jambes un peu plus
courtes, les pieds plus petits, je
dis un peu, rien de plus. Enfin c'eft
par les formes les plus élégantes,
choifies par un goût pur, expri-
mées par la touche la plus fuave,
que l'œil du fpeⅽtateur peut être
arrêté. Confultez Mignard, quoi
de plus aimable que fa Flore & que
fa nuit ( 1 ) ? La Vierge dans l'an-
nonciation de Hallé ( 2 ) Celle du
repos en Egypte par Boullogne ( 3 ),
ont la plus heureufe phyfionomie. Le Jéfus dans les Pélerins
d'Emmaüs, par Charles Coypel ( 4 ),

---

( 1 ) Dans la galerie de Saint-Cloud, au plafond.

( 2 ) Dans le chœur de Notre-Dame.

( 3 ) Ibidem.

( 4 ) A Saint-Merry, dans une chapelle, à
droite.

inspire l'intérêt le plus doux. Quelques praticiens critiquent le coloris du Jésus, ils le trouvent foible. Comment ne voyent-ils pas qu'il est ce qu'il doit être après la résurrection ? Quoiqu'il en soit, il ne s'agit pas ici du méchanisme de l'art ; je parle des Grâces. Or on diroit, à voir beaucoup de tableaux & de statues, que les Artistes habitent la Tartarie. Jettez les yeux & fixez les, si vous pouvez, sur le mausolée du Cardinal de Fleuri. Peut-on voir rien de plus lourd ? Et ces quatre vertus de la place de Louis XV ? Ce sont vraiement des figures de bronze ; en fait d'ouvrages nationaux on devroit bien commencer par soumettre les modèles au jugement du public. Il paroît pourtant que la sculpture s'est réveillée. On pourroit citer quelques ouvrages qui méritent les plus grands éloges, entre autres une

Madonne en pierre qu'on voit dans l'Église de Saint-Chaumont ( 1 ), celle de Saint-Nicolas des Champs eſt jolie, mais l'autre eſt du plus grand caractère & de la plus heureuſe expreſſion. J'ignore ſi les détails en ſont rendus avec la délicateſſe convenable, ne l'ayant pas vue de bien près, mais c'eſt vraiement une beauté céleſte, & l'on peut dire, en la voyant, ce que Michel - Ange diſoit de quelques ſtatues de terre cuite qu'on a toujours attribuées au Corrége : « ſi » cette terre devenoit du marbre, » elle égaleroit les ſtatues anti» ques ( 2 ) ? » Seulement la draperie de celle-ci pourroit être un peu plus légère. L'Enfant-Jéſus eſt nud

_______________

( 1 ) Rue Saint - Denis. Elle eſt ſouſcrite Furet, 1782.

( 2 ) » Ces terres cuites ſont à Modéne au » Couvent des Cordeliers ».

comme il doit l'être ; or, le contraste paroît brusque. D'ailleurs la
Syrie n'est pas un pays froid. C'est
bien pis à l'Eglise de Saint-Sulpice.
On voit, à côté du grand autel, 
une Vierge enveloppée d'une
énorme pièce d'étoffe, à peine
montre-t-elle une main. L'on ne
s'y prendroit pas autrement si l'on
vouloit représenter l'hiver invo-
quant le soleil. Les autres statues
qu'on voit autour du chœur, sont
dans le même cas. Vous les voyez
presque toutes occupées à s'enve-
lopper de leur étoffe. C'est toujours la même idée. Elles n'ont pas
d'autre contenance. Il faut en ex-
cepter le Saint-Pierre, il est beau,
très-beau ; qu'étoit donc devenu le
cizeau des Girardon, des Pujet, des
Desjardins ? Rassurons-nous. Quelques-uns de nos contemporains
l'ont retrouvé.

268. Du reste, ce n'est pas au deffin qu'on doit uniquement s'appliquer, lorfqu'on exécute fon fujet. Il ne doit fervir qu'à préfenter & développer des idées. Il faut donc en acquérir & s'inftruire comme l'ont fait tous les grands Artiftes. C'eft le moyen d'être pour la poftérité ce que les Anciens font aujourd'hui pour nous. Prefque tous ont été Poëtes, Architectes, Phyficiens, leurs ouvrages le prouvent. Ils font pleins de penfées fines ou fublimes fuivant la nature des fujets qu'ils traitoient. On naît fans doute avec le germe du talent, mais c'eft la culture qui le féconde, le fait éclore, le nourrit & lui donne des aîles. Eft-il de plus trifte fociété que celle d'un fot? De même, que peut-on attendre d'un tableau qui n'eft, ni trifte, ni gai, qui ne dort, ni ne veille, qui n'a point

d'ame ? On a prétendu que la multitude n'eſt touchée que des couleurs & de l'image extérieure, & que s'il renferme une penſée elle n'exiſte pas pour elle. Je croirois volontiers le contraire. La foule aime à pénétrer le ſens de ce qu'elle voit, & c'eſt, les trois quarts du tems, faute de pouvoir le deviner, qu'elle paſſe & laiſſe là le tableau, mais avec quel plaiſir elle en écoute l'explication ! Vous la voyez ſe récrier dès qu'elle en peut ſaiſir la penſée. J'ai trouvé des gens du Peuple, dans certains jours de proceſſion, plantés devant des tapiſſeries, s'occupant à les étudier & treſſaillir quand ils en avoient ſeulement compris le ſujet. C'eſt le ſujet ſeul qui les occupe, Les couleurs & les formes ne ſont rien pour eux.

Faites donc en ſorte que vos productions ne ſoient pas comme

un livre écrit dans une langue in-
connue.

Le tems, le lieu de la scène,
la qualité des Acteurs, leurs habits, & ce qu’on nomme le cofthume, enfin tous les accessoires
doivent aider à les faire comprendre.

269. Mais c’est l’expression de la
physionomie des personnages qui
contribue le plus à faire ressortir
l’expression générale du tableau.
Celle des sentimens & des pas-
sions de chacun d’eux doit être
analogue au caractère qu’on lui
suppose, & tous ses mouvemens,
ses gestes, ses regards, doivent
s’y rapporter. Il est rare qu’ils
soient tous affectés des mêmes sentimens; & de-là naît cette heureuse diversité que produisent les
contrastes. Voyez la famille de
Darius par le Brun. Quelle admi-

table variété d'expreſſions. Je lève
en ce moment les yeux ſur un tableau de Bertin, daus un autre
genre. C'eſt un militaire de retour de l'armée qui, pendant le
déjeûné, fait le récit d'un combat
à la famille aſſemblée. Sa mère l'é-
coute avec la plus avide curioſité.
Sa femme eſt ſaiſie de terreur. Son
père, vieux officier, rit de l'effroi
de celle-ci. La femme-de-chambre,
une caffetière à la main, ſe tourne
pour la regarder, & marque de
l'inquiétude. Un petit garçon promène en triomphe l'épée de ſon
père, dont ſa petite ſœur, qui
crie, veut arracher le nœud de
ruban.

270. Mais il faut ſe pénétrer
ſoi-même du ſentiment qu'on veut
exprimer & s'identifier avec le perſonnage qu'on fait agir & parler.
Comment rendre l'enthouſiaſme

de la Pucelle d'Orléans, si l'on n'est
soi - même emflammé de l'amour
de la patrie. Il ne faut pourtant rien
exagérer ; en voulant renchérir sur
la nature, on devient faux, les
figures grimacent & repoussent le
spectateur qu'elles devroient attirer. Un discours gigantesque &
boursouflé n'est que du *pathos*. La
véritable éloquence est toujours
simple, & chacun pense tout bas
qu'il en auroit dit autant. Point
de doute, en un mot, que l'expression particulière des figures
dans un tableau, ne soit le moyen
le plus sûr d'en expliquer le but &
la pensée générale. C'est une admirable expression, par exemple ,
que celle de la Magdelaine de le
Brun ( 1 ); rien de plus touchant
que son repentir. On y voit tout

_______________

( 1 ) Aux Carmélites de la rue Saint-Jacques,
dans une chapelle, à gauche.

le

le mépris des richesses, des grandeurs & des plaisirs. On sent que son cœur plein de regret de leur avoir trop sacrifié, mais brûlant d'amour, s'élance vers le Dieu des miséricordes. Le groupe du grand autel à Notre - Dame, offre de même la plus belle expression. Vous y voyez la résignation de la Vierge au travers des larmes qu'elle ne peut refuser à la nature, idée qui répond bien mieux à son caractère, & conserve davantage sa dignité que celle de la repréfenter renverfée & fans connoiffance, comme l'ont fait quelques Artiftes. On voit, dans le Moïfe fauvé d'Antoine Coypel, briller à la fois fur le vifage de la mère, qui s'eft approchée pour offrir de lui fervir de nourrice, la joye que lui donne la protection de la Princeffe pour fon fils, & la crainte qu'elle a d'effuyer un refus. L'enfant lui tend

N

les bras, poussé par l'instinct de la
nature. On sent les efforts qu'il fait
pour s'élancer vers elle.

271. On trouve dans le Persée
qui délivre Andromède par Charles
Coypel ( 1 ) des expressions également touchantes & variées. On
ne peut rendre les mouvements de
l'ame d'une manière plus pathétique, & la nature même ne va pas
plus loin.

272. Mais voulez-vous un modèle d'expression d'un autre genre.
Jettez les yeux sur le sacrifice d'Abraham par le même Artiste (2).
L'Ange vient d'arrêter le coup
fatal. Le ravissement d'Abraham,

---

( 1 ) Au cabinet du Roi.

( 2 ) Dans la salle d'assemblée de l'Académie
de Peinture, au Louvre, à côté de la cheminée.

la joie d'Isaac, mêlée d'un reste de saisissement, sont d'une telle énergie & d'une si grande vérité, qu'on ne peut les considérer un instant sans éprouver l'émotion la plus tendre. Abraham serre son enfant dans ses bras. Isaac est encore pâle & blême. Tous deux, les yeux humides & brûlans.....Quelle expression! quelle ame! Il faut le voir pour s'en faire l'idée. Si quelqu'Artiste avoit besoin d'être électrisé, qu'il regarde ce tableau seulemeut trois minutes. A cet égard, en un mot, c'est un des plus beaux morceaux qu'il y ait dans toute l'Europe.

273. Quant aux expressions douces, fines, spirituelles, on en trouve à chaque pas des modèles exquis. Ce même Coypel a peint une bergère courroucée contre son berger, mais qui paroît l'être à

regret, & sur laquelle on fit, très-à-propos, ces jolis vers :

» Sa bouche vainement dit qu'elle veut punir,
» Ses yeux difent qu'elle pardonne ».

274. Les têtes des Santerre, des Rigaud, des Latour, ne laiffent non plus rien à défirer à cet égard. On trouve également la fécondité la plus heureufe dans les Wateau, les Lancret, les Boucher. Ce dernier, depuis quelque temps, a perdu dans l'opinion, car la mode retire fa faveur avec autant de rapidité qu'elle l'accorde. Et c'eft un grand exemple. Il eft vrai que le deffin de Boucher n'eft pas toujours bien pur, & que fon coloris eft affez fouvent factice. Mais ce font toujours les conceptions les plus ingénieufes, les penfées les plus délicates. En général les Artiftes françois ont excellé dans cette

partie, ainsi que dans l'élégance &
les grâces. On ne peut voir rien
de plus piquant, rien de plus fin
que leurs expressions; & c'est dans
la Peinture la première des qualités, comme dans l'ordre social
une belle ame est le premier des
titres. Quoique je n'aye parlé que
d'eux, je ne nie pas que l'Italie
n'offre de très-bons modèles ; je
suis fort loin de chercher à les ra-
baisser ; mais on les a bien assez
vantés, & s'il y a beaucoup à louer,
on ne peut disconvenir qu'il n'y
ait aussi beaucoup à critiquer. Il
est tems d'être juste, & c'est assez
que je me sois imposé la loi de ne
point citer les Artistes vivants, quelqu'envie que j'en eusse, car j'ai vu
des choses délicieuses. Mais je ne
pouvois en nommer quelques-uns
sans mortifier, peut-être, ceux que
je n'aurois pas nommés.

N iij

275. Je me contenterai d'observer, en général, qu'ils ont bien senti la dignité de l'art; ils ont compris qu'il en est de la Peinture comme des travaux de Thalie & de Melpomène; ce ne seroit pas assez de parler aux yeux, il faut parler à l'esprit, il faut sur - tout parler au cœur, sans quoi l'on n'obtient que des succès éphémères.

276. Après l'expression, le costume contribue beaucoup à donner l'intelligence du sujet. L'habitude que quelques Artistes ont pris en copiant les Anciens, leur donne de l'éloignement pour les sujets modernes, à cause de la différence du costume, comme si l'on ne pouvoit habiller avec grâce une figure sans l'accabler sous cet énorme faix de draperies dont ils emmaillotent les leurs. Voyez dans

la prédication de Vincent de Paule, sur une galère ( 1 ), comment Restout s'est joué de cette prétendue difficulté. Quelle noblesse, quelle élégance dans les deux Commandants, quoiqu'ils soient dans le costhume d'alors. Il n'y a pas encore long-temps qu'on n'auroit pas fait un portrait de femme sans l'assommer d'un effroyable manteau. Si même on représente un sujet national, on le drape de fantaisie. En sorte qu'on ne sait pas si les Acteurs sont des Polonois, des Géorgiens ou des François. Le costume des divers siècles tempéré par le goût, dans ce que la fureur de la mode avoit pu lui donner de ridicule ( 2 ), auroit l'agrément de

---

( 1 ) Dans l'Église des Lazaristes, rue du faux bourg saint Denis, près de l'autel, à droite.

( 2 ) Par exemple, sous Charles VI, les femmes asservies à la mode « portoient des

N iv

la variété (1); par-là du moins on préviendroit les équivoques. N'at-on pas vu des gens prendre Renaud, qui s'éloigne d'Armide, pour Ulisse, partant d'Ithaque. La postérité demandera quelque jour en voyant certaines statues de Louis XIV & de Louis XV, si ce ne sont pas celles de Thésée ou de Silla. Que répondre, lorsqu'on est démenti par le costume ?

277. Quoiqu'il en soit, les draperies doivent jouer avec grâce, & le personnage ne doit point avoir

---

» coëffures pointues, d'une aune de hauteur, » desquelles dépendoient par derrière de longs » crêpes, comme étendarts ». Quelques années après, les mêmes coëffures prirent en largeur ce qu'elles perdirent en hauteur. Mais les personnes sensées ne donnoient pas dans cet excès. Il n'en est pas de même aujourd'hui. Les sages le modèlent sur les foux.

(1) *Nec verbum verbo curabis reddere, fidus interpres.*

l'air de s'en occuper. Rien de si plaisant que de voir un homme en action, par exemple un Orateur, qui s'embarraffe les bras dans les circonvolutions d'une vafte pièce d'étoffe..... Mais les ftatues antiques ? Laiffez-les faire ; ne voyez-vous pas, fervile imitateur, qu'elles repréfentent des hommes en repos. Voyez d'ailleurs les bonnes. Sentent-elles le manequin ?

278. Au refte, fi l'on néglige trop les étoffes légères, on néglige encore plus de les embellir. Ce n'eft que du jaune, du rouge & du bleu, pourquoi toujours des couleurs dures ? Quelquefois des ornements femés fans profufion dans le tiffu, feront un bon effet. De Troi n'a pas craint de jetter ce genre de magnificence dans fes compofitions , & s'en eft bien trouvé. Mais on facrifie les accef-

foires de peur qu'ils n'éclipfent le principal. La lumière bien ménagée, ce qu'on nomme l'artifice du clair obfcur, prévient cet inconvénient.

279. D'une part trop d'obfcurité rend fombre & même trifte l'afpect des lieux couverts de tableaux. De l'autre, les ouvrages de ceux qui fe font jettés dans le clair ont un air fade & blafard. Que les ombres de vos Acteurs foient fortes & vigoureufes, mais de peu d'étendue, & tenez les clairs un peu lumineux, fans cependant bleffer l'harmonie, ou tomber dans la féchereffe. Quelques Artiftes ont placé leur fujet dans un air ferain, découvert & frappé des rayons du foleil. D'autres le placent dans un lieu fombre & répandent fur les figures le jour d'une porte ou d'une fenêtre. On

pourroit introduire, par exemple, une très-grande lumière fur une partie du tableau, jetter fur ce fond les perfonnages qui ne doivent pas dominer, &, fur l'autre partie, dont le fond eft obfcur, peindre les Acteurs principaux qu'on peut fuppofer très-éclairés. Ainfi la lumière répandue fur eux, les fera fortir d'un fond rembruni, tandis que les figures fubordonnées, peintes en clair-obfcur fur un fond plus argentin, ne reçoivent qu'un jour réfléchi.

280. Tel eft à-peu-près ce tableau de Raoux qui repréfente l'origine de la Peinture (1). Dibutadis peint fur la muraille, à la lueur du flambeau de l'Amour, les traits de fon amant prêt à partir.

---

(1) C'eft chez un Brocanteur que je l'ai vu. J'ignore dans quelles mains il a paffé depuis.

La figure de l'Amour eſt dans l'ombre. Elle couvre le flambeau dont la lumière frappe une partie de celle du jeune homme. Dibutadis trace les extrémités de l'ombre que la figure de ſon amant porte ſur le mur. La ſienne eſt très-éclairée ſur ce fond privé de jour.

281. L'intelligence des dégradations de la lumière qui conſtituent l'artifice du clair-obſcur eſt un ſecret que tous les maîtres n'ont pas poſſédé. L'on n'en trouve pas même l'apparence chez la plûpart des Anciens. Rien ne ſort de la toile. Pas le moindre relief.

282. On peut voir encore un ſuperbe effet de lumière dans un tableau de Natoire. C'eſt celui des vendeurs chaſſés du Temple ( 1 ).

---

(1) A Saint - Sulpice dans une chapelle du côté de la chaire.

Une partie de l'édifice eſt éclairée des rayons du ſoleil. Les ſigures ſe détachent parfaitement. Vous les voyez fuir, elles vont, dans leur trouble, ſe jetter ſur vous. C'eſt une excellente compoſition. Le coloris d'ailleurs en eſt ferme & la touche hardie.

283. Je l'ai déjà dit; le coloris eſt dans un tableau, comme dans la nature, la partie la plus attrayante. C'eſt une épreuve qu'on fait tous les jours dans deux femmes qu'on rencontre, l'une eſt remplie de mérite, mais ſes dehors ne préviennent pas. L'autre eſt fraîche, délicate, quoique d'ailleurs d'un mérite médiocre. Il eſt pourtant vrai qu'on accorde à celle-ci, dès le premier abord, une attention que l'autre n'obtient qu'après qu'on l'a bien étudiée. Or, vat-on ſe donner la peine de ſe jetter

dans cet examen, si l'on n'est pas prévenu ? De même, on ne va pas se tourmenter à chercher dans un tableau des beautés qu'on ne peut découvrir qu'à la suite d'un examen approfondi. Ne négligez donc jamais le coloris. Consultez l'Argillière ; étudiez-le bien.

284. Je vois souvent, disoit Salvator Rose, donner pour un écu des morceaux qui n'ont aucun défaut du côté du dessin, pendant que d'autres, quoique moins corrects, mais d'un coloris flatteur, se vendent mille écus. Pesez bien cela.

285. Mais outre quelques-uns des tableaux dont nous avons déjà parlé, tels que le Lazare de Champagne, la Nativité de la Fosse, on peut étudier le coloris du Saint-

Barthelemi de la Hire ( 1 ), la Pen-
tecôte, de Jacques Blanchard (2),
le Saint-Pierre, de Bourdon ( 3 ),
la Conception, par la Fosse (4),
& sa Résurrection de la fille de
Jaïre (5), le mariage du Duc de
Bourgogne ( 6 ) & le Prévôt des
Marchands (7); tous deux de
Largilliere, quelques portraits par
Mignard, l'Extrême-Onction, de
Jouvenet (8), superbe tableau qui
mériteroit d'être un peu mieux

___________

( 1 ) A Saint-Jacques du haut-pas, dans la
nef, au dernier pilier sur la droite.
( 2 ) A Notre-Dame, au premier pilier de la
croisée, à gauche.
( 3 ) *Ibidem.* Même croisée, au-dessus de la
porte.
( 4 ) Au grand autel des Récolettes, rue du
Bac.
( 5 ) Aux Chartreux, dans la nef, à gauche.
( 6 ) A l'Hôtel-de-Ville, dans la grande salle,
à gauche en entrant.
( 7 ) Dans la seconde sacristie des Minimes de
la place royale.
( 8 ) A Saint-Germain l'Auxerrois, dans la
croisée, à droite.

placé, beaucoup d'autres enfin qui
font répandus par-tout, principalement dans les cabinets des amateurs, & que je ne cite point, parce
qu'il en paffe de temps en temps
une partie chez les étrangers.

286. On peut enfin le dire.
Rome, Venife, Bologne, ont été
long-temps notre école, mais on
verra, fi l'on veut juger fans par-
tialité, que nous ne fommes pas
loin de leur rendre ce que nous en
avons reçu. Nous aurions pu multiplier les exemples, il en eft une
foule d'autres que nous regrettons
de n'avoir pas rappellés, mais cela
nous auroit conduit trop loin.
Nous nous fommes bornés pour la
plûpart, à ceux qu'on a chaque
jour fous les yeux, ou qu'on peut
voir avec le plus de facilité.

287. Nous aurions à défirer que

quelques-uns des plus capitaux
fuſſent éterniſés par le ſecours de
la Moſaïque, genre de peinture
qui ſe pratique avec des morceaux
de verre coloré qu'on réunit au
moyen d'un ciment très-dur. On
peut en voir deux échantillons aux
Carmes de la Place Maubert, d'a-
près des portraits aſſez médiocres.
Mais cet art ne s'eſt point encore
établi parmi nous. La gravure y
ſupplée en partie ; elle donne au
moins l'idée du ſujet, de l'ordonnance, du deſſin, de l'expreſſion
même ; il n'y a que le coloris qui
s'y refuſe, & cette partie de la
Peinture eſt trop importante pour
ne pas laiſſer des regrets. Auſſi
beaucoup d'amateurs préfèrent-ils
une bonne copie à la plus belle gravure, & ce n'eſt pas ſans raiſon.
De deux traductions d'Homère,
celle qui ſe rapproche le plus de
l'original n'eſt-elle pas la meilleure?

Mais tel est l'enthousiasme de certaines gens pour les gravures, qu'on les voit rechercher, à grands frais, des productions dont la rareté fait tout le mérite. Ils s'extasient devant quelques gravures muettes & nulles, comme si c'étoit le *nec plus ultra* de l'esprit humain.

Ces divers moyens de perpétuer les fruits du talent, nous conduisent à celui de fixer le pastel : nous allons nous en occuper dans le Chapitre qui suit.

# CHAPITRE VI.

*Des moyens de fixer le paſtel.*

288. ON conçoit bien que ſi l'on pouvoit faire pénêtrer dans la Peinture au paſtel quelque ſubſtance tranſparente & de nature concrète en diſſolution dans une liqueur, le paſtel reſteroit aſſujetti ſur le tableau dès que le paſtel auroit ſêché. Nul doute que ce ne fût un grand avantage, car la facilité de la Peinture au paſtel & la liberté qu'elle a de ſoigner, finir, retoucher un tableau tant qu'elle veut, lui donneroient bien des avantages ſur la freſque & ſur la détrempe. Mais comment appliquer une liqueur ſur des couleurs qui ſe détachent auſſitôt qu'on les touche.

289. Cette difficulté se lève en un seul mot. Qu'on incorpore au pastel, au travers d'un tissu léger qui le garantisse du frottement, quelque liqueur propre à le pénétrer, de la matière solide & transparente dont elle sera chargée, & le voilà fixé.

Mais il ne faut pas juger sur cet apperçu du moyen que je propose. On va se convaincre qu'il est aussi sûr que simple, sur-tout si l'on se donne la peine d'en faire l'épreuve comme je vais l'expliquer.

290. D'abord le pastel ne s'enlève de dessus le canevas qu'autant qu'il éprouve quelque frottement ou qu'on le heurte avec un peu de violence.

Or, si l'on se contente de poser légèrement, sur la Peinture, un chassis monté d'un taffetas qui ne fasse qu'effleurer le pastel sans frottement, ni fecouffe, il eft clair qu'il n'en recevra pas la moindre altération, & que par conféquent l'on peut infinuer au travers de ce tiffu la liqueur propre à fixer le paftel fans l'enlever ni l'effacer.

291. Cette principale difficulté levée, il ne s'agit que de trouver la fubftance convenable & la liqueur capable de s'en charger.

292. Parmi les matières concrè-tes & tranfparentes, les réfines pa-roîtroient les fubftances les plus propres à cet ufage ; de même qu'elles font la bafe des vernis. Mais toutes, à l'exception du camphre, qui n'a point de confiftance, changent entièrement la nuance des couleurs. On ne peut donc employer que les gommes ou les colles qui n'ont aucune couleur par elles - mêmes, lorfqu'elles ont peu

d'épaisseur, & qui n'altèrent pas la nuance des matières colorées.

293. Mais comment les incorporer au pastel, si l'eau qui seule peut les dissoudre, ne peut, d'un autre côté, pénêtrer certaines couleurs, telles que le bleu de Prusse, les laques? &c.

294. Voici la réponse. Il n'est aucune couleur dont l'esprit de vin ne pénètre parfaitement la substance. Il est vrai qu'il ne peut dissoudre les gommes, non plus que l'eau ne peut dissoudre les résines. Mais si l'on combine ensemble l'une & l'autre liqueur, la difficulté s'évanouit. Il est évident qu'elles incorporeront au pastel la substance concréte dont elles sont chargées.

295. C'est en effet le résultat

qu'on obtiendra lorfqu'après avoir diſſous dans l'eau quelque gomme ou colle, & verſé dans cette eau partie à-peu-près égale d'eſprit de vin, l'on humecte le paſtel au travers d'un taffetas intermédiaire, avec un plumaceau chargé de ces deux liqueurs combinées. Le paſtel fera ſur le champ pénètré par l'un & l'autre menſtrue au travers du taffetas, qu'il faudra tout de ſuite enlever de deſſus la Peinture auſſi légèrement qu'on l'y a poſé.

296. Peut-être penſera-t-on que le paſtel doit alors s'attacher au tiſſu qui le touche. Il eſt vrai que j'en avois cette opinion moi-même au premier eſſai que j'en fis, & je fus étonné que le taffetas n'en eût rien enlevé quoique je n'euſſe pas apporté de bien grandes précautions.

297. On pourroit croire enfin que la liqueur ne sauroit manquer d'altérer les nuances du pastel en l'imbibant de la substance, même la plus transparente, lorsqu'on voit que la moindre goute d'eau claire qui tombe dessus y laisse une tache.

298. Mais il faut observer que cette tache n'en seroit pas une si la goute d'eau s'étendoit sur toute la surface du tableau. Seulement il paroîtroit moins farineux, ou si l'on veut moins velouté, parce que les molécules du pastel seroient un peu plus rapprochées, & sa fleur plus adhérente, voilà tout. Car dès que les pastels sont préparés avec de l'eau, sans en éprouver d'altération, de nouvelle eau ne peut leur en occasionner aucune. Quant à la substance dont l'eau sera le véhicule, nul doute qu'elle ne pût

altérer

altérer les couleurs suivant que
cette substance pourroit, par elle-
même, influer sur la nuance des
couleurs, comme le font toutes les
matières huileuses concrétes ap-
pellées résines, telles que la gomme
élémi, la sandaraque, le mastic en
larmes, ou qu'elle seroit plus ou
moins colorée elle-même, comme
la gomme - gutte, le sang - dragon, &c.

299. Mais dès qu'on employe
une matière non résineuse & sans
couleur sensible, capable seulement d'acquérir la même consistance que les résines par l'évapo-
ration de l'eau qui la tenoit en dissolution, les couleurs n'en seront
pas plus altérées qu'avec l'eau
pure.

300. Or, de toutes les substances concrétes, solubles dans

l'eau, les plus propres à remplir le but proposé, comme n'ayant aucune couleur , font la gomme adragant, la gomme arabique & les colles. Il est vrai que les gommes ont peu de corps & ne forment qu'une croûte assez légère, qui ne résistant point à des frottemens un peu rudes, laisseroit le pastel à découvert. Il vaut donc mieux, quelque limpides que soient les gommes , employer la colle & choisir la plus belle & la plus transparente. A ce titre, la colle de gants, celle de parchemin, & par-dessus tout la colle de poisson, méritent la préférence.

Par ce moyen, les couleurs ne feront point altérées, & le pastel se trouvera très-bien fixé. Voici le méchanisme de cette opération.

301. Choisissez la colle de pois-

son (1) la plus nette & la plus
blanche, & faites en couper une
demi-once en très-petits morceaux.
Comme elle est en feuilles roulées, & que le dedans est toujours
d'une qualité médiocre, il faut le
jetter. Mettez-la dans une caraffe
avec une livre, à peu près, d'eau

------

(1) La colle de poisson, (*icthibcolla*), n'est
autre chose que la vessie d'air qu'on tire dans les
contrées arrosées par le Volga; des différentes
espèces d'esturgeons (*accipenser huso, accipenser
ruthenus, accipenser stellatus*) qu'on pêche dans
ce fleuve, principalement vers Saratof, Sim-
birks, & dans tous ceux qui se jettent dans la
mer Caspienne. On fait tremper dans l'eau ces
vessies toutes fraîches, on les frotte avec un linge
un peu rude pour emporter la peau qui les couvre, on les roule ensuite sur elles-mêmes, & on
les suspend sur des cordes pour les faire sécher.
Il y a des endroits où l'on fait bouillir ces vessies
toutes fraîches pour en extraire la colle que l'on
coule dans des moules. On en fait aussi de la vessie
d'air des barbues. Les notions que donnent sur cet
objet l'Encyclopédie, le Dictionnaire d'Histoire
Naturelle & le Cours d'Agriculture, ne sont pas
exactes. Voyez le voyage de MM. Gmélin,
Pallas, &c.

bien claire. Le lendemain vous mettrez la caraffe dans un poëlon presque plein d'eau, fur la braife. C'eft ce qu'on appelle bain-marie. Tenez tout cela, fur le feu, trois ou quatre heures fans ébullition, mais toujours prêt à bouillir. Remuez de tems en tems la colle avec une cuiller de bois. Au bout de ce temps la colle fera prefqu'entièrement diffoute. Verfez-la dans un autre vafe au travers d'un linge. Si c'eft dans une bouteille il faut attendre que la liqueur foit prefque froide, fans quoi le verre éclateroit. Quand vous voudrez l'employer, verfez-en dans une affiète une quantité proportionnée au befoin. Joignez-y partie à peu près égale d'efprit de vin rectifié, mêlant un inftant les deux liqueurs avec un plumaceau.

302. La colle, ainfi préparée,

couchez votre tableau sur une
table, la Peinture en haut. Ayez
un taffetas bien tendu sur un
chassis. Posez-le sur le tableau, de
manière que le taffetas touche légèrement la Peinture. Il est même
bon de l'assujettir, en mettant, sur
les bords de ce chassis, deux ou
trois morceaux de brique. Trempez
un plumaceau dans la liqueur dont
nous venons de parler & passez-le
un peu légèrement sur le taffetas
d'un bout à l'autre. Évitez de passer
deux fois sur le même endroit. La
liqueur dans l'instant pénétrera le
pastel au travers du taffetas. Otez
aussitôt adroitement le chassis, &
laissez votre tableau sécher à l'ombre sans le remuer, le pastel paroîtra fort rembruni d'abord ; mais,
semblable aux crayons qui sont
toujours obscurs, jusqu'à ce qu'ils
soient secs, la Peinture en séchant
reviendra ce qu'elle étoit.

O iij

303. Cependant, si les crayons avoient été composés sans choix, ou que les couleurs du tableau fussent tourmentées, il pourroit arriver que les teintes resteroient un peu plus brunes qu'elles ne l'étoient avant l'opération ; d'autant que le blanc de Troyes ayant peu de corps, les couleurs, alliées à ce blanc, dominent un peu dessus (1). Pour prévenir cet inconvénient, tenez un peu plus clairs que vous n'auriez fait tous les tons de votre tableau sans exception. Par ce moyen, les touches seront toutes au point convenable.

304. On conçoit que par ce méchanisme très-simple on peut peindre au pastel des tableaux de la plus grande étendue, & fixer en-

_______________

(1) On peut substituer à la craye, lorsqu'on se propose de fixer le pastel, les autres blancs dont j'ai parlé, nos. 66 & 68.

fuite la Peinture à la faveur d'un chaffis mobile de taffetas ou de crin fort ferré. La Peinture au paftel, n'eût-elle d'autre avantage que celui d'être infiniment expéditive, c'en feroit affez pour qu'on l'employât dans les tableaux deftinés à des places où le jour n'eft pas favorable à la Peinture à l'huile. Pour jouir de ceux-ci, par exemple, il faut être placé du côté même par lequel vient la lumière. Auffi les tableaux fort élevés & ceux des chapelles, qu'on ne peut voir dans ce point de vue, font-ils comme des tréfors enfouis. Le paftel fixé n'auroit pas cet inconvénient. Pour cet effet, on n'auroit qu'à faire préparer une toile très-fine, montée fur un chaffis de la grandeur convenable, & la faire imprimer à la colle avec de la craye. C'eft ce qu'on appelle en détrempe. Le paftel adhère très-bien fur un pareil canevas, fi l'on peint deffus, & peut-être fixé comme fur un tableau de chevalet. C'eft une opération de deux minutes. On peut employer également du papier qu'on aura collé fur une toile, ainfi que ces papiers peints en détrempe, & qui fervent de tapifferie; ils réuffiffent parfaitement. Nous reviendrons tout-à-l'heure fur cet article.

305. Mais dans ce cas il feroit bon, pour plus de précaution, d'avoir deux ou trois de ces chaffis mobiles dont nous venons de parler, afin d'arrofer & laver d'eau chaude, avec une éponge, celui qui viendroit de fervir pendant qu'on employeroit l'autre, parce que s'il s'étoit par hafard attaché quelques particules de paftel au tiffu du taffetas, on ne les porteroit

pas sur les autres parties du tableau. De même il seroit bon d'avoir au lieu de plumaceau deux ou trois pinceaux faits exprès pour pouvoir les laver de temps en temps dans l'eau chaude. Ces pinceaux doivent avoir à peu près la forme des vergettes dont on brosse les habits & la longueur d'environ six pouces, non compris la poignée qui doit être un peu recourbée. Mais ils ne doivent guères avoir que deux rangs de poil de Bléreau d'environ deux pouces de sortie, parce qu'il ne faut pas répandre, à la fois, trop de liqueur, elle pourroit s'épancher & confondre les teintes, quoique je n'aye jamais éprouvé cet inconvénient. Je me suis quelquefois servi d'une patte de lièvre.

306. S'il arrivoit, car il faut tout prévoir, qu'en étendant la liqueur,

les poils du pinceau pénétraſſent dans le tiſſu du taffetas, & ſe char-geaſſent de couleur, on s'en apper-cevroit ſur le champ. La liqueur ne manqueroit pas de devenir louche dans l'aſſiète à meſure qu'on y tremperoit le pinceau pour en prendre. En ce cas, il faudroit re-nouveller ſur le champ la liqueur & changer d'aſſiète.

307. On doit cependant com-poſer peu de liqueur à la fois, parce qu'elle pourroit ſe corrompre au bout de quelques jours, à moins qu'on ne mêlât tout de ſuite la diſ-ſolution de colle avec pareille quantité d'eſprit de vin, ce qu'il faut faire en incorporant les deux liqueurs, de manière qu'on verſe alternativement dans la bouteille un verre de diſſolution de colle avec autant d'eſprit de vin. D'ail-leurs dans un tems froid cette diſ-

folution fe coagule & refte en mu-
cilage. Mais pour lui rendre la
fluidité néceffaire, il fuffit de
mettre la bouteille dans de l'eau
qu'on fera chauffer un inftant.
Mettez auffi, dans les temps froids,
l'affiète fur l'eau chaude, pour tenir la compofition plus liquide
pendant l'opération.

308. Mais au furplus, comme
on pourroit faire quelque méprife,
la première fois qu'on voudra la
pratiquer, il convient d'en faire
l'effai, par précaution, fur quelqu'ouvrage de peu de conféquence,
ou même fur la moitié feulement
d'un tableau qu'on aura peint tout
entier pour cet ufage, afin de juger de la différence des tons, lorfqu'il fera fec, & de l'effet de la liqueur fur le paftel.

309. Il eft même bon d'attacher

quelques morceaux de carte fur·
les angles du chaſſis de taffetas, ſi
l'on ſe propoſe d'en faire uſage,
pour fixer le paſtel fur de grands
tableaux, parce que le papier des
cartes, en effleurant le paſtel, n'en
emporte pas la moindre particule,
quand même le chaſſis y feroit
quelque frottement.

Telle eſt la manière dont j'ai
fixé le paſtel fur des canevas, ſoit
de toile imprimée en détrempe,
ſoit de velin, ſoit de papier.


310. Monſieur Loriot s'eſt ſervi
d'un autre procédé, qu'il a fait
connoître enfin le 8 janvier 1780,
à l'Académie de Peinture. Il employoit la même compoſition,
mais il la faiſoit jaillir fur le paſtel
en forme de pluie, avec une ver-
gette qu'il trempoit légèremeut
dans la liqueur. Il faiſoit revenir à
lui les ſoies de cette broſſe, avec

une baguette de fer courbe, & les
laissant ensuite échapper, elles ré-
pandoient sur la Peinture, en se
redressant brusquement par l'effet
de leur élasticité, des goutes de
liqueur qui la couvroient insensiblement toute entière, si l'on con-
tinuoit d'arroser ainsi tout le tableau. Ce procédé réussit assez
bien, mais il exige de la patience
& beaucoup d'adresse. Il faut aussi
que la dissolution de colle soit ex-
trèmement claire, & même assez
chaude, sur-tout en hiver, autrement elle se fige en l'air & fait des
taches.

311. Quant au procédé de M. le
Prince de San-Severo, c'étoit à-
peu-près la même composition,
c'est-à-dire de la colle de poisson
qu'il faisoit dissoudre dans l'eau
pure, & qu'il mêloit ensuite avec
de l'esprit de vin. Mais il commen-

çoit par la faire infuſer dans du vinaigre diſtillé. Ce n'eſt pas d'ailleurs ſur le paſtel qu'il appliquoit
immédiatement la liqueur, mais
par derrière le canevas, qu'il tenoit
renverſé la Peinture en deſſous, de
manière qu'elle s'inſinuoit au travers & venoit imbiber le paſtel.
Ce procédé réuſſit parfaitement,
l'on ne court pas le moindre riſque
de gâter le tableau, mais on ne
peut l'employer que ſur un canevas
de taffetas ou de papier bleu. Sur
tout autre, la liqueur ne pénètre-
roit pas.

312. Il y a douze ou quinze ans
qu'un Peintre italien, qui ſe nommoit le Chevalier Saint-Michel,
fit inſérer, dans le mercure de
France, un projet de ſouſcription,
dans lequel il s'engageoit à publier la manière de compoſer les
crayons en paſtel & de le fixer. Il

ne m'a pas paru qu'on se soit em-
pressé d'accueillir ses offres qu'il
mettoit à un très-haut prix. J'i-
gnore si son secret, pour composer
les pastels, ne se réduisoit pas à
faire usage de l'esprit de vin. Mais
ce dont je ne puis douter, c'est que
son moyen de le fixer n'étoit autre
que celui du Prince de San-Severo
qui n'en a jamais fait mystère, &
que l'on connoissoit en France par
la relation de M. de la Lande, pu-
bliée en 1769. Cet Artiste peignoit
sur le taffetas, & ne faisoit que de
petits bustes qu'il couvroit d'une
glace, quoiqu'il eût fixé le pastel.
Je ne sai s'il n'est pas allé mettre
ses secrets en vente chez quelqu'autre nation. Dans la carrière
des arts, le moyen de manquer la
fortune c'est de courir après ; on ne
peut l'atteindre que sur les aîles
de la gloire.

313. On voit que dans les trois procédés rapportés ci-deſſus pour fixer le paſtel, la compoſition de la liqueur eſt la même, & qu'il n'y a de différence que dans la manière de l'appliquer. L'uſage & le tems apprendront quelle eſt la plus commode, la plus expéditive, & la moins ſujette aux inconvéniens. Rien n'empêche au ſurplus qu'avant de faire diſſoudre dans l'eau, ſur le bain-marie, la quantité de colle indiquée, on ne commence par la faire infuſer vingt-quatre heures dans une once de vinaigre diſtillé, ſuivant le procédé du Prince de San-Severo. Mais les proportions de colle qu'il indique ſont trop fortes. Quant au vinaigre, nul doute qu'il ne ſoit avantageux contre la piquûre des inſectes que la colle peut attirer, & ne contribue à les écarter.

Il ne manquoit à la Peinture au pastel que de la solidité. L'y voilà parvenue.

Il nous reste à dire un mot du canevas même sur lequel ce genre de Peinture peut se pratiquer. C'est un éclaircissement qu'on ne trouve pareillement nulle part.

# CHAPITRE VII.

## Du Canevas & du Chassis.

314. LE canevas est l'étoffe même sur laquelle on travaille au pastel. Le chassis est un assemblage de petits ais de bois sur lequel le canevas est étendu.

315. Les uns employent pour canevas, du papier bleu, préparé sans colle, d'autres du velin ; quelques-uns du taffetas. On peut employer aussi de la toile ou du papier blanc préparés comme nous le dirons tout-à-l'heure.

316. Le papier bleu prend très-bien le pastel. On tend ce papier sur le chassis avec de la colle d'A-

midon ou de la manière suivante.
On démêle d'abord dans une af-
siète de terre avec un verre d'eau
froide une petite cuillerée de poudre à cheveux ou de farine. On
met l'assiète sur le feu. L'on remue
de temps en temps le mêlange. Dès
qu'il a pris deux ou trois bouillons,
la colle est faite. Alors, on étend
un peu de cette colle sur les bords
extérieurs du chassis, avec une
brosse. On applique une toile dessus. On la replie vers les bords sur
la colle, on y clouë quelques
pointes. On étend de même un
peu de colle sur les bords de la
toile. On la couvre ensuite avec le
papier bleu qu'on replie sur les
bords du chassis. On mouille aussitôt ce papier d'un bout à l'autre.
Il devient plus mou que du linge.
Il faut le tendre dans tous les sens,
en le tirant par les bords, mais
très-peu, mais avec précaution

pour ne pas le déchirer. En séchant, ce papier se tendra comme
une peau de tambour, quoiqu'il
fit des ondes ou des vallons pendant qu'il étoit encore mouillé.
Quelques-uns employent sous le
papier une toile imprimée à l'huile.

317. Rien n'empêche qu'au lieu
de toile on ne mette sous le papier
bleu, pour le soutenir, une feuille
de grand papier très-fort. On le
mouille comme le papier bleu pour
le tendre & le coller sur le chassis. Il
fait le même effet que la toile.
Mais il est un peu moins solide.

318. Les défauts du papier bleu
font d'être un peu raboteux & souvent trop velu. Ce n'est pas fans
beaucoup d'art que la Peinture y
prend, vue de près, un œil suave;
mais il lui donne de la force. Autrefois ce papier se tiroit de Hol-

lande. Nos fabriques se sont ravi-
sées. Elles en sont aujourd'hui qui
ne vaut pas moins. Elles en pré-
parent même de semblable en
d'autres couleurs.

319. Le velin s'applique sur le
chassis de la même manière que le
papier bleu ; mais il ne faut pas de
toile par-dessous pour le soutenir.
On peut, au lieu de velin, se servir
de parchemin. L'un & l'autre,
ayant plus de consistance que le
papier bleu, ne demandent pas
autant de précautions. On peut les
tendre avec plus de force, ils s'y
prêtent fort bien, quand ils sont
mouillés. Le pastel ne mord pas
bien sur cette espèce de canevas.
Aussi les ouvrages de ceux qui s'en
servent, ont-ils toujours de la mo-
lesse & peu de relief. Mais si les
tons y sont foibles, ils y prennent
un moëlleux & un tendre qui ne

laiffent pas de faire des conquêtes.
Il y a des gens qui favent préparer
le velin de manière que le paftel
mord très-bien deffus & que les
tons y reçoivent beaucoup de force
& de vigueur. Leur fecret, c'eft
d'enlever l'épiderme avec une
pierre ponce. Le frottement, continué le tems néceffaire, rend le
parchemin cotonneux & velouté.
Le paftel s'attache alors à cette furface que la pierre ponce a rendue
moins liffe, il y prend plus d'é-
paiffeur, & par conféquent plus de
corps.

320. Si l'on employe du papier très-fort, au lieu de parchemin, tel que les papiers nommés
grand aigle, impérial, grand cha-
pelet, il faut le préparer de la manière fuivante. Mouillez - le fur
une table, tendez-le enfuite fur
le chaffis comme nous l'avons dit

en parlant du papier bleu. Quand il sera sec il faudra le coucher sur la table & jetter dessus à deux ou trois reprises de l'eau bouillante, puis le frotter légèrement chaque fois avec une brosse douce, pour emporter la colle dont il est enduit. Ne répandez pas l'eau bouillante sur les bords, afin qu'il ne se détache pas du chassis. Au bout de trois ou quatre heures il sera sec, du moins en été. Pour lors passez dessus une pierre ponce arrondie, pour en emporter les inégalités & le grain. Si la pierre étoit anguleuse elle feroit des rayes. Il peut même arriver qu'en frottant un endroit plus que l'autre il s'y formât des vallons. Mais, en l'humectant de nouveau par derrière, d'un bout à l'autre, tout cela disparoîtra. Ce papier préparé de la sorte, aura tous les avantages qu'on peut désirer, sans avoir le moindre inconvénient. Le velin ni le papier bleu ne reçoivent pas le paſtel avec plus de grâce.

321. Un canevas qu'on peut employer encore d'une manière avantageuſe, c'eſt le taffetas. Il faut qu'il ſoit un peu fort, tel à-peu-près que le gros de Florence. Trop clair & trop mince il laiſſe-roit échapper le paſtel au travers du tiſſu. Le taffetas eſt encore plus expéditif que le papier dont nous venons de parler, & les coups de crayon ſont tout à la fois moëlleux, nets & vigoureux. Pour aſſujettir le taffetas ſur le chaſſis, il faut l'y coller avec l'eſpèce de pâte dont nous avons parlé (n°. 268.) S'il reſtoit quelques inégalités ou des traces des plis, il ſuffira de le mouil-ler; il ſe tendra parfaitement. Le paſtel tient peu ſur le taffetas, il faut néceſſairement l'y fixer. On

peut

peut le faire par le procédé du Prince de San-Severo.

322. Quelques Artistes ont imaginé d'employer pour canevas une feuille de cuivre qu'ils font bien applanir & dépolir afin que le pastel morde mieux dessus. Il est difficile qu'à la longue le cuivre n'altère pas les couleurs si peu qu'elles contiennent de particules salines. On connoît la disposition du cuivre à se convertir en vert de gris, au moins dans des lieux exposés à l'humidité. Cette rouille en s'amalgamant avec les couleurs ne les embellit pas.

323. A Rome, quelques Peintres en pastel font enduire une toile avec de la colle de parchemin, dans laquelle ils ont jetté de la poudre de marbre & de pierre ponce bien tamisées. Ils unissent ensuite ce

P

canevas avec la pierre ponce pour en emporter les inégalités. Ils ne couvrent la toile de cette espèce d'enduit, que lorsqu'elle est déjà tendue sur le chassis. Le pastel prend très-bien dessus, & cette méthode réussit au mieux.

La toile, au reste, peut être préparée de la même manière sans poudre de marbre ni de pierre-ponce, mais avec une forte couche de craye mêlée avec la colle,

324. On peut enfin peindre en pastel fort commodément sur du papier de tenture. C'est ce papier, peint en détrempe, dont on tapisse les cabinets. Il suffit de l'appliquer sur un chassis avec une toile intermédiaire ou du papier très-fort pour le soutenir. Le pastel prend très-bien dessus, pourvû qu'il n'ait pas été lissé; tout autre papier collé, qui ne seroit pas empâté de la sorte

avec de la craye, eſt ingrat, & le
paſtel n'y prend pas bien.

325. Quant au chaſſis même ſur
lequel doit être tendu le canevas,
ce ſont des tringles ou liſteaux de
bois d'un pouce de largeur, ſoli-
dement aſſemblés par leurs extrémités, & ſans chape. S'il excédoit
vingt ou vingt-quatre pouces, on
ne pourroit guères ſe diſpenſer de
le garnir de traverſes. Mais en ce
cas il faut que les traverſes ayent
moins d'épaiſſeur que les montants
du chaſſis, pour que le canevas ne
porte pas deſſus.

326. Voilà tout ce que nous
avons à dire ſur les matières qui
peuvent recevoir la Peinture au
paſtel. Nous remarquerons, pour
terminer ce Chapitre, que lorſqu'on a fini le tableau, ſoit qu'on
fixe ou qu'on ne fixe pas le paſtel,

on a coutume de le renfermer fous un verre blanc affujetti dans une bordure dorée, afin de le garantir de la poussière & des infectes. Il faut faire clouer derrière le verre des morceaux de bois ou de liége de deux ou trois lignes d'épaisseur, afin d'en éloigner un peu le chassis, & que le pastel ne touche pas au verre, fur-tout s'il n'est pas fixé, parce qu'il s'attacheroit à la furface intérieure du verre, & le rendroit opaque. Il faut de plus, coller par derrière fur le bois & tout le long des bords de la glace, des bandes de papier qui n'excédent pas la feuillure, afin de fermer tout passage à la poussière qui pourroit pénétrer entre la feuillure & le verre. Quand les bandes de papier font féches, on met le tableau dans la bordure, & l'on colle enfin par derrière, avec des bandes de papier plus larges, une feuille de carton presque aussi grande que le cadre même, pour garantir le tableau des accidents & de la poussière qui pourroit s'introduire de ce côté là.

Par ce moyen, la Peinture en pastel ne peut jamais éprouver d'altération. Si le verre se ternit, ce n'est qu'au dehors & l'on peut y remédier en l'essuyant avec un linge trempé dans l'eau-de-vie.

327. Mais si l'on fixe le pastel on peut très-bien se dispenser de de mettre le tableau sous un verre. Il suffit, lorsque le pastel est sec, après avoir été fixé, d'étendre dessus, à froid, une couche de colle de gants ou de parchemin. Puis, une seconde, quand la première a séché, même une troisième. La quantité n'y peut nuire. Voici comment cette colle se

compofe. On fait tremper le
foir dans de l'eau pure, une poignée des rognures de cette peau
dont on fait les gants, afin de la
bien nettoyer. Le lendemain on
jette cette eau. L'on fait bouillir
les rognures dans une pinte d'autre
eau bien nette, pendant trois ou
quatre heures. Enfuite on verfe la
colature aù travers d'un linge propre dans un vafe de fayance. Il ne
faut préparer cette colle que lorfqu'on veut l'employer. Elle fe gâte
aifément dans les tems chauds, &
n'eft plus bonne à rien. C'eft avec
une broffe très-douce qu'il faut l'appliquer fur la Peinture. Il ne faut
pas qu'elle foit chaude, elle pourroit diffoudre & délayer la colle
de poiffon qui fixe le paftel. On
peut l'éclaircir avec de l'eau, fur
le feu, lorfqu'elle fe trouve trop
épaiffe. Au refte, c'eft par furabon-
dance que je parle de la colle de

gants. On peut employer de même,
deux, trois & quatre couches de
colle de poiſſon. Mais comme
celle-ci doit être un peu chaude,
il faut néceſſairement ſe ſervir du
chaſſis de taffetas pour les appliquer, ſans quoi l'on délayeroit la
première couche, ce qui tourmen-
teroit les couleurs. On peut alors
ſupprimer l'eſprit de vin. De l'eau-
de-vie ſuffit ; & pourvû que la liqueur traverſe le taffetas, ce qu'elle
ne feroit point, s'il n'y avoit au
moins de l'eau-de-vie, elle ſe com-
binera très-bien avec la première
couche, & couvrira la Peinture d'un
enduit impénétrable. Au ſurplus,
pour fixer le paſtel, on peut employer indifféremment la colle de
gants on la colle de poiſſon. Mais
dans l'un comme dans l'autre cas il
faut abſolument faire entrer de l'eſprit de vin dans la première couche, afin que la colle puiſſe péné-

trer le paftel. Les couches fubféquentes n'ont d'autre objet que de couvrir la Peinture déjà fixée, & la garantir à la place du verre. On n'a befoin, dans la fuite, pour nettoyer le tableau, que d'y paffer un linge mouillé d'eau-de-vie.

328. On peut même l'enduire, d'une, deux & trois couches de vernis, pourvû qu'on ait eu le foin d'étendre auparavant fur la Peinture, au moins, trois ou quatre couches de colle de poiffon. Le vernis la rapprochera tellement de la Peinture à l'huile, qu'il feroit aifé de s'y méprendre. Il eft néceffaire d'interpofer plufieurs couches de colle, parce que les réfines qui compofent le vernis, changeroient le ton des couleurs, fi le vernis pénétroit jufqu'au paftel. Le jaune deviendroit fouci, le rofe violet, ainfi des autres. Les couches inter-

médiaires de colle préviennent cet inconvénient. Par ce méchanisme plus difficile à décrire qu'à pratiquer, la Peinture au paſtel imite une ancienne Peinture à l'huile, comme je viens de le dire, au point de tromper ceux qui n'en auroient pas l'idée.

329. Le vernis dont on ſe ſert le plus ordinairement pour les tableaux, ſe fait avec du maſtic en larmes qu'on fait diſſoudre, dans l'eſſence de thérébentine, ſur la cendre chaude. On peut employer encore un blanc d'œuf dans lequel on fait diſſoudre un peu de ſucre candi; mais il faut y mêler du ſuc de rue pour écarter les inſectes. Ce vernis peut s'enlever avec de l'eau tiéde.

330. C'eſt d'un vernis à-peu-

près semblable qu'on enduit les tableaux peints à l'huile. Ces sortes de vernis fort légers valent mieux, pour cet usage, que les vernis gras. Ils n'ont pas autant de solidité. Mais c'est une qualité de plus. On peut les enlever, quand on le juge à propos, avec de l'esprit de vin, pour en mettre de nouveau. Cette méthode sert en même tems à nettoyer les tableaux. Certaines gens employent pour cela de la lessive de cendres ou de l'eau de savon. C'est le moyen de les perdre. Ces liqueurs alkalines dissolvent l'huile & délayent les couleurs. L'eau-de-vie ou l'esprit de vin suffisent, mais il faut les affoiblir avec de l'eau, pour que la partie spiritueuse ne pénètre pas la couleur, encore cette méthode est-elle dangereuse.

331. Quelques particuliers fa-

vent même enlever la Peinture de
deſſus une vieille toile, & la reporter ſur une toile neuve. Ils dé-
truiſent l'ancienne avec une pierre
ponce, & lui ſubſtituent la nouvelle
qu'ils collent par derrière contre la
Peintnre ; mais je n'ai pas une idée
aſſez ſûre de leur procédé pour l'expliquer, ſans courir le riſque d'in-
duire en erreur. J'invite ceux qui
le connoiſſent à le publier. Tout ce
que je puis aſſurer, c'eſt que j'ai vu
des Titien que des reſtaurateurs
avoient maſſacrés ( 1 ).

332. Mais en ſe tenant en garde
contre le charlataniſme, il faut applaudir aux efforts qu'on a faits pour

_______________

( 1 ) Voyez le Traité de la Peinture en
émail, par M. de Montamy, vers la fin.

conferver les reftes des monuments
précieux que les Anciens nous ont
laiffé de leur génie & de leur goût.
Tous les peuples de l'Europe fe les
difputent à l'envi. Quelques modernes, qui de temps en temps les
remplacent, jouiffent de la même
gloire. Ainfi dans tous les temps &
chez toutes les nations, les hommes
ont trouvé de l'attrait dans l'imitation de la nature. Les fauvages
même, livrés à l'exercice des armes
& de la chaffe, repréfentent, à leur
manière, leurs combats & leurs
triomphes. Combien les jeux du
théâtre, qui font eux-mêmes une
image en action des fcènes de la
vie, n'attirent-ils pas de fpectateurs? En un mot, tel eft le plaifir
qu'infpire l'imitation, qu'il n'y a
pas un homme de goût dont les
appartements ne foient peuplés des
perfonnages de la fable ou de l'hiftoire. C'eft qu'il n'eft guère de fo-

ciété plus douce. Tantôt on se promène avec Baptiste, parmi les fleurs. Ces roses si tendres ne craignent pas le souffle de Borée, & n'ont pas besoin, pour conserver leur fraîcheur, des larmes de l'Aurore. Tantôt, au milieu d'un naufrage, on s'élance, parmi les rochers, sur les débris d'une barque fracassée, pour secourir des malheureux qui se noyent. Quelquefois on traverse une fête de village pour aller chercher au pied d'une colline un lieu solitaire. Mais on s'arrête au milieu de ces heureux villageois pour partager leurs plaisirs. Ici, graces à Latour, on voit un bienfaiteur de l'humanité. L'on s'entretient avec lui. Sa physionnomie qui nous rend son ame toute entière nous rappelle ses pensées, & nous fait sentir, par un heureux contraste, que le froid égoïste mérite de ne rencontrer sur la terre que des êtres qui lui ressemblent; ailleurs, c'est une jeune beauté qui rêve, incertaine, irrésolue. Elle est entre deux portiques, à l'un desquels sont suspendues des guirlandes & des couronnes de fleurs. Un enfant tout radieux & qui porte un arc est à l'entrée; il rit & l'appelle. Mais sous le portique même est une femme qui pleure sur des rochers arides. L'entrée de l'autre portique est étroite, difficile, escarpée. Mais elle conduit dans un vallon délicieux. Une Déesse qui lui tend la main d'un air majestueux, l'invite à l'y suivre, & lui présente l'hymen couronné de roses.

333. Faut-il s'étonner que la Peinture & la Poësie ayent tant de partisans? Tout est de leur ressort. Leur empire s'étend jusques

sur les objets métaphysiques. Par elles, ils prennent un corps pour nous instruire en nous amusant. La Peinture dit les choses, la Poësie les peint.

334. Il peut se trouver des détracteurs des Beaux-Arts, & peut-être est-il des rigoristes qui ne regardent la Peinture que comme un luxe frivole; ces sortes de gens sont comme des sourds auxquels il est inutile de répondre. Encore, un sourd entendra-t-il ce que dit un tableau. Ne sait-on pas que l'ame n'est point affectée par les oreilles avec autant d'énergie que par les yeux (1)? C'est ainsi qu'autrefois un Artiste, nouveau Démosthêne, en-

-------------------------------------

(1) *Segnius irritant animos demissa per aurem, quam quæ sunt oculis subjecta.* HOR.

flamma les Athéniens & les fit
marcher au combat avec un tableau
qui leur montroit un guerrier recevant la couronne des mains de la
Victoire. C'est ainsi que les Mexi-
cains firent comprendre à Mon-
tezume ce que c'étoit que les Ef-
pagnols, leurs chevaux, & leur
tonnerre, dont ils ne pouvoient
parvenir à lui donner l'idée. Une
femme, long - tems imprudente,
veut inftruire fon mari qu'elle eft
enfin revenue des écarts de la jeu-
neffe. Mais timide, incertaine,
confufe, elle ne fait de quel moyen
fe fervir. Comment hafarder une
explication s'il eft aliéné fans retour? Elle fe fait peindre affligée,
éperdue, les yeux remplis de larmes, & fait mettre ce portrait à
la place d'un autre précédent que
fon mari prenoit autrefois plaifir
à voir. Il entendit ce langage, &

vola, transporté de joye, lui pro-
tester qne tout étoit oublié.

Ce trait a été puisé dans la nature.


335. Ce goût-là sans doute peut
devenir absurde & dégénérer en
engoûment s'il n'est pas éclairé.
N'a-t-on pas vu des tableaux, d'un
mérite médiocre, se vendre au
poids de l'or? Ce n'étoient que des
rochers, des nuages, des chevaux,
des figures sans ame, ou des ma-
gots aussi froids que hideux. C'est
en vain qu'on interroge ces com-
positions-là. Ni le tableau, ni même
les figures ne vous disent rien.
Les délicieux morceaux pour les
gens qui n'ont que des yeux! Laiss-
sons aux brocanteurs le soin d'en
vanter *la fraîcheur*, *la touche fine*,
*le précieux fini*, *l'harmonie*. En un
mot, ce sont, en fait de Peinture,

ce que les Marionettes font en fait de Spectacle. Ne les prisons que ce qu'ils valent du côté du méchanisme, & ne mettons pas le Versificateur au-dessus du Poëte.

## FIN.

# TABLE
## DES MATIERES.

*Les chiffres désignent les numéros & non les pages.*

---

## A

## C.

Q

## D.



## E.

Q ij

### F.



### G.

## H.

## N.

## P.

## R.



## S.

*Fin de la Table des Matieres.*

---



---

de Paris, Baillifs, Sénéchaux, leurs Lieutenans-Civils &
autres nos Justiciers qu'il appartiendra : SALUT. Notre
amé le Sieur *Defer de Maisonneuve*, Libraire, Nous a
fait exposer qu'il desireroit faire imprimer & donner au Public *le Traité de la Peinture en Pastel, &c.* s'il nous plai-
soit lui accorder nos Lettres de Permission pour ce nécessaires. A CES CAUSES, voulant favorablement traiter
l'Exposant, nous lui avons permis & permettons par ces
Présentes, de faire imprimer ledit Ouvrage autant de fois
que bon lui semblera, & de le faire vendre & débiter par tout
notre Royaume, pendant le temps de cinq années con-
sécutives, à compter du jour de la date des Présentes.
FAISONS défenses à tous Imprimeurs, Libraires & autres
personnes, de quelque qualité & condition qu'elles soient,
d'en introduire d'impression étrangère dans aucun lieu de
notre obéïssance; A LA CHARGE que ces Présentes seront
enregistrées tout au long sur le Registre de la Communauté
des Imprimeurs & Libraires de Paris, dans trois mois de
la date d'icelles; que l'impression dudit Ouvrage sera faite
dans notre Royaume & non ailleurs, en beau papier &
beaux caractères; que l'Impétrant se conformera en tout
aux Réglemens de la Librairie, & notamment à celui du
10 Avril 1725, & à l'Arrêt de notre Conseil du 30 août
1777, à peine de déchéance de la présente Permission ;
qu'avant de l'exposer en vente, le manuscrit qui aura servi
de copie à l'impression dudit ouvrage, sera remis dans le
même état où l'Approbation aura été donnée ès mains de
notre très-cher & féal Chevalier Garde-des-Sceaux de
France, le Sieur BARENTIN, qu'il en sera ensuite remis
deux exemplaires dans notre Bibliothéque publique, un
dans celle de notre Château du Louvre, un dans celle de
notre très-cher & féal Chevalier Chancelier de France, le
Sieur DE MAUPEOU, & un dans celle dudit Sieur

BARENTIN, le tout à peine de nullité des Préfentes ; DU CONTENU defquelles vous MANDONS & enjoignons de faire jouir ledit Expofant & fes ayants caufe pleinement & paifiblement, fans fouffrir qu'il leur foit fait aucun trouble ou empêchement. VOULONS qu'à la Copie des Préfentes, qui fera imprimée tout au long au commencement ou à la fin dudit Ouvrage, foi foit ajoutée comme à l'original. COMMANDONS au premier notre Huiffier ou Sergent fur ce requis, de faire pour l'exécution d'icelles, tous Actes requis & néceffaires, fans demander autre permiffion, & nonobftant clameur de Haro, Charte Normande & Lettres à ce contraires. Car tel eft notre plaifir. DONNÉ à Paris le vingt-neuvième jour du mois d'Octobre, l'an de grace mil fept cent quatre-vingt-huit, & de notre règne le quinzième.

*Par le Roi, en fon Confeil.* LE BEGUE.

*Regiftré fur le Regiftre XXIV de la Chambre Royale & Syndicale des Libraires & Imprimeurs de Paris, No. 1783, fol. 70, conformément aux difpofitions énoncées dans la préfente Permiffion, & à la charge de remettre à ladite Chambre les neuf Exemplaires preferits par l'Arrêt du Confeil du 16 Avril 1785. A Paris, le 18 Novembre 1788.*

CAILLEAU, *Adjoint.*

De l'Imprimerie de CAILLEAU, rue Galande,

No. 64.